Measure What Matters

3.1840 in

2.0120 in

メジャー・ホワット・マターズ

伝説のベンチャー投資家がGoogleに教えた成功手法OKR

ジョン・ドーア クライナー・パーキンス会長
ラリー・ペイジ［序文］ 土方奈美［訳］
John Doerr
with a Foreword by Larry Page

日本経済新聞出版

Measure What Matters

How Google, Bono, and the Gates Foundation
Rock the World with OKRs

by

John Doerr

This edition published by arrangement with Portfolio, an imprint of Penguin Publishing Group,
a division of Penguin Random House LLC
through Tuttle-Mori Agency, Inc., Tokyo.

アン、メアリー、エスター、その無条件の愛情に感謝を込めて。

序文

アルファベットCEO　グーグル共同創業者　ラリー・ペイジ

19年前、グーグルを創業したときに、この本があればよかった。いや、それよりもっと前、管理すべき相手が自分だけという時代にあったら！　僕はプロセスと名の付くものは大嫌いだが、優れたアイデアが完璧に実行されたとき、初めて魔法が起こる。だからOKRが必要なのだ。

１９９９年のある日、ジョン・ドーアがグーグルにやってきて、自らのインテルでの経験を引きながら、「目標と主要な結果（OKR）」とは何か、それに基づいて会社を経営するとはどういうことかを講義してくれた。僕らもインテルの経営が優れていることは知っており、ジョンの話には直観的に納得できる部分が多かった。そこでやってみることにした。グーグルでは非常にうまくいったと思っている。

OKRとは、さまざまな組織が目標に向かって前進するのに役立つシンプルなプロセスだ。グーグルでもこの間、常に使い方を見直してきた。みなさんにも、OKRを基本的枠組みととらえ、実現したい目標に合わせて、自分たちに合った使い方を見つけてほしい。

ラリー・ペイジ（左）とジョン・ドーア。2014年撮影

ＯＫＲを使うと、リーダーにとって組織の可視性は一気に高まる。また建設的な反論の材料となる。たとえばこんな具合だ。「なぜユーザーはユーチューブに瞬時に動画を投稿できないんだ？　そのほうが君たちの次の四半期目標よりも、重要なんじゃないか？」

ジョンは本書の末尾でビル・キャンベルの思い出をすてきな言葉で語っており、僕もこの機会にひと言加えたい。ビルはすばらしく心の温かい人物で、たいていのこと、特に人物の評価においてほぼ常に正しい判断を下すという稀有な才能を持っていた。誰に対しても臆することなく「君の話はまったくくだらないな」と言うことができ、それでもなぜか相手はビルを嫌いにはならなかった。ビルの毎週のお説教が懐かしい。誰もが人生においてビル・キャンベルのようなコーチに恵まれますように！　そして少しでも彼に近づく努力ができますように！

僕は序文というものをあまり書かない。それでも本書に書いたのは、あのときジョンがグーグルにすばらしい贈り物を与えてくれたからだ。ＯＫＲは僕らが10倍成長を遂げ、しかもそれを何度も繰り返すうえで重要な役割を果たしてきた。「世界中の情報を整理する」というとんでもなく大それたミッションが、もしかすると手の届くものになったのもＯＫＲがあったからだ。本当に重要な局面で、僕をはじめ会社全体が、やるべきときに、やるべきことに集中できたのは、ＯＫＲのおかげだ。それをぜひみなさんにお伝えしたいと思ったのだ。

Measure What Matters

伝説のベンチャー投資家がGoogleに教えた成功手法 OKR

C O N T E N T S

目　次

序文　ラリー・ペイジ——2

第1部　企業はOKRをどう使っているのか

PART ONE　OKRs in Action

第1章　グーグル、OKRと出会う——12
第2章　OKRの父——36
第3章　クラッシュ作戦——インテルのケーススタディ——60
第4章　OKRの威力①　優先事項にフォーカスし、コミットする——78

第5章 フォーカスする――リマインドのケーススタディ ―― 92
第6章 コミットする――ヌナのケーススタディ ―― 108
第7章 OKRの威力② アラインメントと連携がチームワークを生む ―― 120
第8章 アラインメント――マイフィットネス・パルのケーススタディ ―― 136
第9章 連携する――インテュイットのケーススタディ ―― 152
第10章 OKRの威力③ 進捗をトラッキングし、責任を明確にする ―― 168
第11章 トラッキング――ゲイツ財団のケーススタディ ―― 186
第12章 OKRの威力④ 驚異的成果に向けてストレッチする ―― 196
第13章 ストレッチ――グーグル・クロームのケーススタディ ―― 210
第14章 ストレッチ――ユーチューブのケーススタディ ―― 224

第2部 働き方の新時代

PART TWO The New World of Work

第15章 継続的パフォーマンス管理――OKRとCFR ―― 250
第16章 年次勤務評定を廃止する――アドビのケーススタディ ―― 268
第17章 明日はもっとおいしく焼こう――ズーム・ピザのケーススタディ ―― 278
第18章 文化 ―― 300
第19章 文化の変革――ルメリスのケーススタディ ―― 314
第20章 文化の変革――ボノのONEキャンペーンのケーススタディ ―― 328
第21章 これからの目標 ―― 344

献辞——347
参考資料①　グーグルのＯＫＲ実践マニュアル——358
参考資料②　標準的なＯＫＲサイクル——370
参考資料③　パフォーマンスを話し合う——371
参考資料④　まとめ——376
参考資料⑤　参考文献——384
謝辞——386
原註——398

第1部

企業はOKRをどう使っているのか

PART ONE

OKRs in Action

第1章

グーグル、OKRと出会う

Google, Meet OKRs

目的地がどこであるか知らなければ、そこにたどりつくことはできないだろう。

——ヨギ・ベラ

1999年秋、私はシリコンバレーの中心部、国道101号線を降りたところにある2階建てのL字型の建物に向かった。そこは創業まもないグーグルの本社で、私は贈り物を届けに行ったのだ。

パロアルト中心部のアイスクリーム店の上にあった旧オフィスが手狭になったので、グーグルは2カ月前にその建物を借りたばかりだった。そのさらに2カ月前、私は足掛け19年にわたるベンチャー・キャピタリスト人生で最大の賭けに出た。スタンフォード大学院を中退した2人の若者が興したベンチャー企業の株式の12％を取得するのに、1180万ドルを投じたのだ。グーグルの取締役会にも加わり、この企業の成功を財務面と精神面から全力で支える決意をしていた。

会社設立からまだ1年も経っていなかったが、グーグルの目標は明確だった。「世界中の情報を整理し、世界中の人々がアクセスできて使えるようにする」。大言壮語のようでもあったが、私はラリー・ペイジとセルゲイ・ブリンを信頼していた。2人は自信満々で、傲慢ともいえるほどだったが、同時に好奇心旺盛で思慮深かった。他人の話に耳を傾け、何より結果を出した。

セルゲイは陽気で気分屋で、はっきりとモノを言い、どんな知的難題でもひょいと飛び越えてしまうところがあった。旧ソ連で生まれ、移民としてアメリカにやってきた。交渉相手としては抜け目なく機転が利き、リーダーとしては一本筋が通っていた。現状に安住せず、常に向上しようとする。会議の真っ最中でも突然床で腕立て伏せを始めてしまうタイプだ。

一方、コンピュータ・サイエンスのパイオニアを父に持つラリーは、エンジニアのなかのエ

1999年のラリー・ペイジ（左）とセルゲイ・ブリン。グーグル誕生の地、メンローパークのサンタ・マルガリータ通り232番地のガレージにて

ンジニアだ。穏やかだが、社会規範などものともせず、「10倍主義」を掲げる反逆児で、インターネットの使い勝手を飛躍的に高めるというのがその野望だ。セルゲイがグーグルのテクノロジーを使ったビジネスを構築するかたわら、ラリーはプロダクト開発をしつつ、実現不可能とも思える目標を探しつづけた。地に足のついた夢想家と言えるだろう。

その年の前半、グーグルを売り込むために私のオフィスにプレゼンに来た2人のパワーポイントは、スライドわずか17枚。しかもそのうち数字が含まれていたのはたった2枚だ（スライドの見栄えを良くするため、イラストは3点入っていた）。ワシントン・ポスト紙からちっぽけな契約は獲得していたが、キーワードを使ったターゲティング広告という金脈はまだ掘り当てていなかった。ウェブの検索エンジンとしては18番手と、かなり出遅れていた。スタート時点で競合企業とこれだけ差があるというのは、ふつうなら致命的であり、テクノロジーの世界ではなおさらだ。*

だがラリーはそんな現実などお構いなしに、既存の検索市場のお粗末さ、どれほど改善の余地があるか、今後どれだけの成長が見込めるかを熱心に語った。ラリーもセルゲイも事業計画などなくても、自分たちが最終的勝者となることを微塵も疑っていなかった。グーグルの「ペイジランク」アルゴリズムはまだベータ版に過ぎなかったが、それでも同業他社のものよりダ

＊数少ない例外は、真の破壊的イノベーターだ。グーグル以外の例を挙げれば、iＰｏｄがある。登場した当時、デジタル・オーディオプレーヤー市場には少なくとも9個の先行商品があったが、3年以内にiＰｏｄの市場シェアは70％を超えた。

ントツに優れていたのだ。

私は2人にこう尋ねた。「この事業はどれだけ大きくなると思う?」。心のなかで、すでに見積もりはしていた。すべて計画どおりに行けば、グーグルの時価総額は10億ドルに達するかもしれない。しかし私は彼らの夢がどれだけのものなのか、聞きたかった。

するとラリーが答えた。「100億ドル」

確認のため、私は重ねて尋ねた。「時価総額のことだよね?」

するとラリーはきっぱり否定した。「いや、時価総額じゃない。売上高だ」

私は圧倒された。黒字化したテクノロジー企業の通常の成長率を当てはめれば、売上高100億ドルなら時価総額は1000億ドルになる。それはマイクロソフト、IBM、インテルの領域だ。ユニコーン以上の珍種である。ラリーが大ぼらを吹いている様子はなく、ただ冷静に、熟慮した結果を語っているだけだった。私は反論しなかった。心底感服していたのだ。ラリーとセルゲイは世界を変えるつもりだ。そして私は、彼らならチャンスはあると思った。

Gメール、アンドロイド、あるいはクロームが登場するずっと以前から、グーグルには壮大なアイデアがうなるほどあった。2人の創業者は正真正銘のビジョナリー(先見性のある経営者)で、ケタ違いの起業家精神の持ち主だった。ただ、マネジメント経験が欠けていた。* グーグルが業界で決定的な影響力を持つには、というよりそもそも離陸するには、困難な決断を下し、チーム全体が進むべき道を踏み外さないようにする方法を身につける必要があった。創業者たちのリスク許容度の高さを考えれば、負け戦からさっさと手を引くこと、すなわち「速く失敗すること」を学ぶ必要もあった。[**]

なによりグーグルに必要だったのは、タイミングよく適切なデータを手に入れる方法だ。進捗状況を確認するため、そして重要な事柄を測定するために。

だからあのうららかな秋の日、私は贈り物を携えてマウンテンビューのグーグルを訪ねたのだ。世界最高レベルの業務遂行を可能にする、効果抜群のツールである。私が最初にそれと出会ったのは1970年代、技術者としてインテルで働いていたときだ。当時最高の、というより史上最高の経営者であるアンディ・グローブが率いていたインテルほど、経営の優れた会社を私は見たことがなかった。その後メンローパークのベンチャー投資会社、クライナー・パーキンスに入社してからというもの、私は50社以上のスタートアップ企業にグローブの教えを広めてきた。

改めて断っておくと、私は起業家を心から尊敬している。根っからの技術者なので、イノベーションを崇高なものと思っている。ただあまりにも多くのスタートアップ企業が成長や規模

＊2001年、2人は私の勧めもあり、私のサン・マイクロシステムズ時代の同僚だったエリック・シュミットをグーグルCEOに迎えた。エリックは列車が時刻表どおりに発車するよう目を光らせ、2人の判断が割れたときには決定的な1票を投じた。続いて私は3人のコーチ役としてビル・キャンベルを紹介した。

＊＊私自身がそれを学んだのは、1970年代にインテルで働いていたときだ。アンディ・グローブの前任CEOで、伝説的な経営者、ゴードン・ムーアは「今年の失敗は、来年再挑戦する機会と考えよ」と常々語っていた。

拡大に躓《つまず》き、やるべきことをできずに低迷する姿を目の当たりにして、次のような信念を抱くようになった。

アイデアを思いつくのは簡単。実行がすべてだ。

1980年代初頭、私はクライナーから14カ月のサバティカル（長期休暇）を得て、サン・マイクロシステムズのデスクトップ部門を率いることになった。突然数百人の部下を管理する立場になったわけで、もちろん恐ろしかった。そんななかでアンディ・グローブの手法は私のよりどころであり、とりまとめ役を務めるすべての会議の意義を明確にする手段となった。また幹部チームの武器となり、部門全体を活気づけた。もちろんそれなりに失敗もあったが、その後ワークステーション市場でのサンの優位を決定づけることになるマイクロプロセッサ向けの「RISC」命令セット・アーキテクチャを開発するなど、すばらしい成果をあげることができた。何十年も後にこの手法をグーグルに持ち込んだ理由の1つが、この個人的な経験だ。

インテル時代の私を支え、サンで私を救った（そして今でも新たな気づきを与えてくれる）この手法はOKRと呼ばれる。**目標（Objectives）**と**主要な結果（Key Results）**の頭文字を取ったものだ。企業やチーム、個人が協力して目標を設定するための手順である。もちろんOKR

は万能ではない。優れた判断力、強力なリーダーシップ、クリエイティブな職場環境といったものの代わりにはならない。ただこうした基礎条件がそろっていれば、ＯＫＲはあなたを頂点へと導いてくれる。

あの日グーグルでは、私の話を聞こうとラリーとセルゲイ、さらにマリッサ・メイヤー、スーザン・ウォジスキ、サラー・カマンガーなど30人ほど、つまり当時の社員ほぼ全員が集まってきた。ピンポン台の周りを囲む者もいれば（取締役会もそれを囲んで開かれた）、ビーズクッションに座る者など、大学の学生寮のような雰囲気だった。用意したスライドの1枚目に、私はＯＫＲの定義を書いた。「会社内のあらゆる組織が、同じ重要な課題に全力で取り組むようにするための経営管理手法である」

それからさらに説明を続けた。**目標（Ｏ）**とは「何を」達成すべきかである。それ以上でもそれ以下でもない。当然ながら、重要で、具体的で、行動を促し、（理想を言えば）人々を鼓舞するようなものだ。目標をきちんと立てて展開すれば、曖昧な思考、そして曖昧な業務執行を防ぐワクチンとなる。

主要な結果（ＫＲ）とは、目標を「どのように」達成しつつあるかをモニタリングする基準だ。有効なＫＲは具体的で時間軸がはっきりしており、意欲的であると同時に現実的だ。何より重要なこととして、測定可能で検証可能でなければならない（ＯＫＲの優等生だったマリッサ・メイヤーは「数字が入ってなければＫＲとは呼べないわ」とよく言っていた[1]）。ＫＲの要求事項は「満たしているか」「満たしていないか」がはっきりしている。グレーゾーンや疑問の余地はない。指定された期限が来たら（通常は四半期）、ＫＲが達成されたか否かを判断する。目標が1年あるいはそれ以上にわたって延長されるような長期的なものであれば、その進捗に合わせてＫＲも見直していく。ＫＲがすべて達成されれば、目標は必ず達成されているはずだ（そうでなければ、そもそもＯＫＲの設定がまずかったことになる）。

集まった若きグーグラーたちに、私はこう語りかけた。今日の私の「目標」はグーグルのために事業計画の仕組みを構築することであり、その達成状況は3つの「主要な結果」で測定する、と。

ＫＲ① 私はプレゼンを時間どおりに終わらせる。
ＫＲ② 全員でグーグルの四半期ＯＫＲのサンプルセットを作る。
ＫＲ③ ＯＫＲを3カ月間試運用することに経営陣の合意を得る。

具体例として私はＯＫＲにまつわる2つの事例を示した。1つは架空のアメフト・チームに関するもので、ゼネラルマネジャーが経営のトップレベルの目標をどのように組織図の底辺まで落としていくか、という話。2つめは私自身が特等席で見る機会に恵まれた実在のドラマだ。インテルがマイクロプロセッサ市場での支配的地位を取り戻すために展開した「クラッシュ作戦」である（詳しくは後述）。

プレゼンの最後に、私は今日《こんにち》でもまったく変わることのないＯＫＲの意義を繰り返した。

OKRはみなさんの最も重要な目標を明確にする。全員の努力のベクトルを合わせ、協力させる。組織全体に目的意識と連帯感をもたらし、多様な活動を結びつける。

プレゼンが終わったのは開始から90分後、時間ぴったりだった。あとはグーグルの人々に委ねられた。

2009年、ハーバード・ビジネススクールは「暴走する目標」と題した論文を発表した。[2] そこには「破滅的な目標追求」の事例が列挙されていた。「フォード・ピント」の燃料タンクの爆発、シアーズの自動車修理センターにおける大規模な水増し請求、エンロンの無謀なまでに高い販売目標、8人の登山者が死亡した1996年のエベレスト遭難事件などだ。論文の著者らは、目標は「処方薬並みに強力なクスリであり、慎重な服用と厳しい管理が必要だ」

⚠ 警告!

目標は、視野を狭め、非倫理的行動やリスクテイクを助長し、協力意識やモチベーションを損なうなど、組織的問題を引き起こす可能性がある。

組織の目標設定は慎重にすること

と警鐘を鳴らした。警告ラベルまで作っている。「目標は、視野を狭め、非倫理的行動やリスクテイクを助長し、協力意識やモチベーションを損なうなど、組織的問題を引き起こす可能性がある」[3]。目標設定の弊害は、あらゆる効用を凌駕することもある。少なくとも著者らはそう主張した。

この論文はかなりの共感を呼び、今でも頻繁に引用されている。この警告が完全に誤っているというつもりはない。どんな経営管理システムにも言えることだが、ＯＫＲも使い方によってはプラスにもマイナスにもなる。本書の目的は、みなさんがそれを上手に使えるようお手伝いすることだ。ただ誤解しないでいただきたい。仕事において高いパフォーマンスを目指す者には、目標は絶対に必要だ。

ちょうどインテルが創業した１９６８年に、メリーランド大学の心理学教授、エドウィン・ロックが提唱したある理論は、アンディ・グローブに大きな影響を与えた。ロックはこう言った。第１に、「困難な目標」のほうが、楽な目標よりパフォーマンスを高めるのに有効である。第２に、**具体性のある**困難な目標のほうが、曖昧な文言で書かれた目標より「アウトプットの水準が高くなる」[4]。

それからの半世紀で１０００件以上の研究が行われ、ロックの発見は「あらゆる経営理論のなかで最も多く検証され、証明されたものの１つとなった」[5]。現場で行われた実験の90％で、明確に定義された困難な目標によって生産性が高まることが確認されている。

ギャラップの意識調査では毎年、「従業員の熱意の世界的危機」が報告されている。アメリカの労働者のうち「自らの仕事と職場に関心と熱意がある」のは3分の1に満たない。[6] 熱意のない数百万人の労働者のうち、半数以上は20%以下の賃金アップでも転職する意志がある。テクノロジー産業で働く人の3人に2人が、2カ月以内にもっと良い仕事が見つかると思っている。[7]

企業にとって、従業員の心が離れることは抽象的で観念的な問題ではない。利益に直結する問題だ。仕事への思い入れ《エンゲージメント》の強い集団ほど、多くの利益を生み出し、離職率も低い。[8] 経営とリーダーシップ育成のコンサルティングをしているデロイトによると「経営者にとって社員の定着と熱意の醸成は、自社の優位性を世界規模で確立することに次ぐ重要な問題となっている」。[9]

しかし熱意は具体的に**どうすれば**醸成できるのか。デロイトが2年間かけて実施した調査によると、「目標が明確に定義され、明文化され、オープンに共有されていること」以上に影響力の大きい要因はない。また「目標は組織の団結、明確さ、仕事に対する満足度につながる」。[10]

目標設定は万能ツールではない。「矛盾する優先課題がある、あるいは目標が不明確、無意味、恣意的に変更されることがあると、従業員の不満は募り、冷めた態度を取るようになり、意欲は削《そ》がれる」。[11] ＯＫＲのような効果的な目標管理システムは、目標を組織の大きな使命と結びつける。状況変化に対応しつつ、目標や締め切りの安易な変更は認めない。フィードバックを促し、大小にかかわらず成果を称える。何より重要なこととして、それはわれわれの限界を広げる。一見手の届かないものに向けて懸命に努力するよう背中を押してくれる。

「暴走する目標」の著者らですら、目標は「従業員を鼓舞し、パフォーマンスを改善する」[12] のに役立つことは認めている。私がラリーとセルゲイをはじめグーグルの人々に伝えようとしたのは、要はそういうことだ。

質疑応答の時間が始まると、聴衆が興味を持っているのがわかった。ＯＫＲを試してみるかもしれないとは思ったが、彼らがあれほどの決意で取り組むとは予想もしていなかった。「たしかに、僕らには何か体系的なルールが必要だ。今のところ何もないから、これでもいいだろう」とセルゲイは言った。しかしグーグルのＯＫＲへの取り組み方は、決して生半可なものではなかった。たとえて言えば、それはすばらしいインピーダンス整合、あるいはグーグルのメッセンジャーＲＮＡへの完璧な遺伝子転写だった。ＯＫＲはグーグルのような自由奔放でデータを重んじる会社にぴったりの、しなやかでデータ駆動型《ドリブン》な経営ツールだ。* ＯＫＲはオープンソース、オープンシステム、オープンウェブなど、オープンをデフォルトとする組織にふさわしい透明性をもたらした。また「良い失敗」や、この時代を代表する野心家２人の挑戦を後押しした。

グーグルとＯＫＲ、まさに完璧な組み合わせだった。

企業経営についてほとんど知識のなかったラリーとセルゲイだが、目標を明文化することが、その実現につながることはわかっていた。** だから自分たちにとって一番重要なことを書き出し（1～2ページで簡潔に）、それを全社員に公開するという発想が気に入った。激しい競争や急激な成長といった嵐のなかでも、組織が正しい方向に進みつづけるのにＯＫＲが役立ちそうだと、直観的に理解していた。

2年後にグーグルCEOとなったエリック・シュミットとともに、ラリーとセルゲイは粘り強く、厳しく、ときには対立も恐れずOKRの使用を徹底させていった。エリックはジャーナリストのスティーブン・レヴィにこう語っている。「グーグルの目標は、体系的にスケールを実現するイノベーターになることだ。つまり新しいことに大規模に、体系的に、しかも再現可能なアプローチで取り組むことだ[13]」。3人はグーグルに、経営トップがOKRの価値を確信して支持するという、OKRの成功に不可欠な要素をもたらした。

私は投資家として、OKRを買いだと思っている。グーグルやインテルの出身者が転職した先でOKRを普及させ、いまや業種も規模もさまざまな何百という会社が体系的な目標設定に取り組んでいる。OKRはあらゆる環境に適したスイス・アーミーナイフだ。OKRの採用が最も進んでいるのは、機敏さとチームワークが成功の絶対条件とされるテクノロジー業界だ（本書で取り上げた企業以外にも、AOL、ドロップボックス、リンクトイン、オラクル、Slack、スポティファイ、ツイッターなどが採用している）。だがシリコンバレーにとどまらず、アンハ

＊スティーブン・レヴィは『グーグル　ネット覇者の真実』にこう書いている。「ドーアはグーグルに成果の測定基準を与えた」。

＊＊創業当初は各自の仕事の進捗状況を3～4行で記載した「スニペット」を使って管理していた。

イザー・ブッシュ、ＢＭＷ、ディズニー、エクソン、サムスンなど数多くの名だたる企業がＯＫＲを取り入れている。今日《こんにち》の経済環境において、変化は避けがたい現実だ。かつての成功方法にしがみつき、運を天に任せるわけにはいかない。曲がり角の先に道を切り拓くためには、頼りになる大鎌が必要だ。

全社員が同じ方向に向かって突っ走らなければならない小規模なスタートアップ企業にとり、ＯＫＲは生き残りに必須のツールだ。とりわけテクノロジー業界では、手元資金が枯渇する前に出資者を見つけるため、急速な成長を遂げる必要がある。体系的目標は出資者にとって、企業の成功を測る尺度となる。**「われわれはこのプロダクトを開発します。25社の顧客と交渉をした結果、これだけの金額を支払うという回答を得ており、市場性は証明されています」**といった具合に。一方、急速に拡大している中規模の会社では、ＯＫＲは業務遂行のための共通言語となる。ＯＫＲは期待事項を明確にする。**「われわれがしなければならないこと（それもできるだけ早急に）は何か、そして誰がそれにとりかかっているのか」**と。それによって垂直的にも水平的にも、社内の意思統一が図れる。

大企業におけるＯＫＲは、ネオンに照らされた道路標識のようなものだ。社内のタコツボ化を防ぎ、多様な部門のあいだに文化的結びつきを醸成する。現場に自律性を持たせることで、まったく新しい解決策が出てくることもある。さらにＯＫＲは、どれほど成功を収めている企業にもさらなる高みに向けて努力を促す。

非営利組織の世界でも、ＯＫＲは同じような恩恵をもたらす。２００億ドルの資金力を持つスタートアップともいえるビル＆メリンダ・ゲイツ財団において、ＯＫＲはビル・ゲイツがマラリア、ポリオ、ＨＩＶとの戦いを遂行するのに必要なリアルタイム・データを提供する。シルビア・マシューズ・バーウェルはゲイツ財団在籍中に学んだＯＫＲを、アメリカ合衆国行政管理予算局、続いて保健福祉省に持ち込み、エボラ熱との戦いに活用した。

だがグーグルほど効果的にＯＫＲの全社的活用に成功した企業はないだろう。本家インテルでもここまではないかもしれない。アンディ・グローブの考案した管理方法は概念的にはシンプルだが、その実行には厳格さ、熱意、明晰な思考、意識的コミュニケーションが必要だ。目標のリストを作って年2回チェックすればよい、といった単純な話ではない。ＯＫＲは組織のキャパシティ（能力）、すなわち目標を達成するための筋肉を高める手段であり、それなりに筋肉を増やそうと思えば痛みがともなうのは当然だ。しかしグーグルの創業者たちは決して揺らがなかった。2人の学習や改善への意欲はいまだ衰えない。

エリック・シュミットとジョナサン・ローゼンバーグが著書『How Google Works』に書いているように、ＯＫＲは創業者たちの「発想を大きく《シンク・ビッグ》」という精神をシンプルなツールに落とし込んだものと言える[14]。グーグルの創業初期には、ラリー・ペイジは四半期ごとに丸2日を確保し、1人ひとりのソフトウエア技術者のＯＫＲを自ら精査していた（私自身、こうしたレビューに立ち会ったことがあるが、ラリーの曲芸のような分析力、膨大な数の変動要因のなかに一貫性を見いだす超人的能力は鮮明に記憶に残っている）。会社が大きくなっても、ラリーは各四半期の初めにリーダーシップ・チームの目標についてマラソン会議を開いた。

私がピンポン台でスライドを使ったプレゼンをしてから20年近く経った今も、ＯＫＲはグーグルの日常の一部でありつづけている。成長とそれに付随する複雑化にともない、グーグルのリーダーがもっとお役所的な管理手法に切り替えたり、ＯＫＲをお払い箱にして流行の経営管理ツールを取り入れたりしてもおかしくなかった。しかしそうはしなかった。ＯＫＲは今でも活発に、きちんと運営されている。ＯＫＲはグーグル検索、クローム、アンドロイド、グーグルマップ、ユーチューブ、グーグルプレイ、Ｇメールなど、それぞれユーザー数が10億人を超える7つの主要プロダクトをはじめ、グーグルの看板プロダクトを支えてきた。

「コードイエロー」（グーグルの社内用語で「非常事態」の意味）を発令し、天敵である「レイテンシー（クラウドからデータを読み出す際のタイムラグ）」の撲滅に取り組んでいた２００８年には、全社的ＯＫＲを通じて全社員をこの問題の解決に動員した。[15] 一方、ボトムアップのＯＫＲは、現場の技術者に本業以外の有望なプロジェクトに取り組む時間を与える「20％ルール」と対になっている。

管理職に直接報告する部下を最大7人に制限する「7人ルール」を導入している企業は多い。一方グーグルはその逆で、一部では最低7人としている（ジョナサン・ローゼンバーグがプロダクト・チームの責任者だったときには、直属の部下が20人もいた）。[16] というのも、直接報告する部下が多いほど、組織がフラットであることを意味するからだ。つまりトップダウンの指示が少なく、現場に自律性が認められ、新たなブレークスルーが生まれやすくなる。ＯＫＲはそうした好ましい効果をもたらすのに役立つ。

２０１８年10月、グーグルではＣＥＯが率先し、全社をあげて、トップレベルのＯＫＲに対する進捗評価を実施するはずだ。グーグルではこれが75四半期も途切れなく行われている。それを受けて11月から12月にかけて、すべてのチームとプロダクト領域がそれぞれの翌年の事業計画を立て、それをＯＫＲに落とし込む。年が明けて1月には「再び会社全体に視点を移し、『これがわれわれのトップレベルの戦略であり、それに対して今年のＯＫＲはこれだ』といった議論をする」とＣＥＯのサンダー・ピチャイは言う*（会社の伝統にならい、このとき経営陣は前年の全社ＯＫＲも評価し、未達のものは徹底的に分析される）。

それからの数週間から数カ月で、何千人ものグーグル社員がチームや自分のＯＫＲを作成し、討議し、見直し、評価する。グーグルの常として、誰もがイントラネットへの完全なアクセスを持っており、他のチームがどのように成功を測定しているか自由に見られる。そのおかげで自分たちの仕事が上下や横の組織とどのようにつながっているのか、グーグルの全体像のなかでどのような位置を占めているのかを確認できる。

＊グーグルは当初、四半期ＯＫＲを導入し、その後年間ＯＫＲを追加して二重構造のプロセスにした。ラリー・ペイジからＣＥＯを引き継いだピチャイはそれを年間ＯＫＲだけに簡素化した。ＯＫＲプロセスの実効性を高め、期限の区切られた目標が順調に進捗していることを確認するため、各部門は四半期ごと、ときには6週間ごとに進捗状況を取りまとめている。これが事実上の主要な結果（ＫＲ）だ。持ち株会社アルファベットＣＥＯとなったラリーは、他の子会社でのＯＫＲの運用に目を光らせている。また今でも四半期ごとに自分自身のＯＫＲを作成している。

まだ20年も経たないが、あの日私の度肝を抜いたラリーの将来予測はいまや控えめに思える。本書が印刷所に向かう時点で、持ち株会社アルファベットの時価総額は7000億ドルを超え、世界第2位となっている。2017年にはグーグルが《フォーチュン》誌の「働きがいのある会社」ランキングで6年連続1位を獲得した。[17] この圧倒的成功が、強力で安定したリーダーシップ、技術的人材の豊富さ、価値観を重んじる透明性の高い文化、チームワーク、そして絶えざる革新に根差しているのは間違いない。ただOKRも間違いなく重要な役割を果たしてきた。私にはOKRの存在しないグーグルプレックス（グーグルの本社）など想像もできないし、ラリーとセルゲイも同じだろう。

本書を読んでいただくと、「目標《O》と主要《K》な結果《R》」が、やるべきことと責任の明確化、そして一段と高い目標への飽くなき追求を促すことがおわかりいただけるだろう。エリック・シュミットの言葉を引用しよう。**「OKRは会社のあり方を根本的に変えた」**

私はここ数十年OKRの伝道者として、20枚のスライドを携えてアンディ・グローブの教えの布教に邁進してきた。だが表面をかすっているだけで、本質を伝えられていないのではないかという思いは常にあった。そこで数年前、もう一度挑戦しようと決めた。今度は本のかたちで、このテーマにふさわしい深い議論をしよう、と。本書とウェブサイト「whatmatters.com」は、私が長年情熱を傾けてきたOKRをみなさんにお伝えするための試みである。みなさんにとって有益なものになれればと願っている。OKRによって、私の人生が変わったことは断言できる。

私は世界で最も野心的な非営利組織やアイルランド出身の伝説的なロックスターに、ＯＫＲシステムを紹介してきた（本書では彼らにも直接話を聞いている）。そしてたくさんの人たちが、体系的にモノを考え、明確なコミュニケーションをし、目的を持って行動できるように、ＯＫＲを実践する姿を見てきた。本書にＯＫＲを設定するなら、その目標はきわめて壮大なものになる。「人々の人生、あなたの人生をより実り多いものにすること」だ。

グローブは時代の先を行っていた。集中すべき対象を明確にし、オープンに情報共有し、成果をとことん測定し、無謀な挑戦を許容した。いずれも今日《こんにち》では研究によって、目標を達成する組織の顕著な特徴とされるものだ。組織にＯＫＲが浸透すると、能力主義が年功序列を駆逐する。管理職はコーチとなり、メンターとなり、戦略を描くようになる。言葉より行動（そしてデータ）がモノを言う。

グーグルでは、ＯＫＲが傑出した企業経営に役立つ強力なツールであることが証明されてきた。あなたにも同じ効果が期待できるのではないか。

ＯＫＲそのものと同じように、本書も相互補完的な２つのセクションから成る。第１部はＯＫＲシステムの主要な特徴を説明し、それがどのように、優れたアイデアの完璧な遂行と従業員満足度の向上につながるかを見ていく。まずはアンディ・グローブ時代のインテルで、ＯＫＲがどのように誕生したかを振り返る。私が熱心なＯＫＲ信者となったのもその頃だ。

続いて「フォーカス（集中）」「アラインメント（方向性の一致）」「トラッキング（追跡）」「ストレッチ（高みへの挑戦）」というＯＫＲの４つの「威力」を見ていく。

ＯＫＲの威力①　優先事項にフォーカスし、コミットする（第４～６章）

ＯＫＲがうまく機能している組織は重要な事柄に集中する。また重要ではないことも同じように明確にする。ＯＫＲはリーダーに厳しい選択をさせるのだ。ＯＫＲは、組織に所属する部門、チーム、個人に対して正確なコミュニケーションを行う手段となる。混乱を排し、組織が勝つために必要な優先事項への集中をもたらす。

ＯＫＲの威力②　アラインメントと連携がチームワークを生む（第７～９章）

ＯＫＲという透明性の高いシステムによって、ＣＥＯ以下全員の目標がオープンに共有される。個人は自らの目標を会社の戦略と結びつけ、他部門との補完関係を理解し、連携する。トップから現場までのアラインメントによって、すべてのコントリビューター（組織に貢献する従業員）が組織の成功と結びつき、仕事にやりがいが生まれる。ボトムアップのOKRは、従業員の責任感を高め、仕事へのエンゲージメント（積極的関与）とイノベーションを促す。

OKRの威力③　進捗をトラッキングし、責任を明確にする（第10～11章）

OKRはデータに基づくシステムだ。それに生命を吹き込むのが、定期的な確認、客観的評価、そして継続的再評価である。いずれも主観を排し、責任を明確にすることが目的だ。主要な目標の到達が危ぶまれる事態になれば、立て直すためのアクションの作成、あるいは必要に応じて目標を修正・変更する。

OKRの威力④　驚異的成果に向けてストレッチする（第12～14章）

OKRは不可能に挑戦し、傑出した成果を出すことを促すシステムだ。限界に挑戦させ、失敗を許容することで、誰もが持つ創造力と野心を最大限に解き放つ。

第2部では、マネジメントが変わるなかで、OKRがどのように役立つか、またどのような意味を持つかを考えていく。

CFR（第15～16章）

年1回の勤務評定の限界から生まれたのが、「継続的パフォーマンス管理」という優れた代替手段だ。ここではＯＫＲの弟分とも言える「ＣＦＲ」を紹介する。これは、対話（Conversation）、フィードバック（Feedback）、承認（Recognition）の頭文字を取ったものだ。ＯＫＲとＣＦＲを組み合わせることで、リーダー、コントリビューター、組織は新たな次元に到達できる。

継続的改善（第17章）

体系的な目標設定と継続的パフォーマンス管理の良好事例として、ロボティクスを活用した宅配ピザ会社が、キッチンからマーケティング、販売まで、事業のあらゆる分野にＯＫＲを取り入れている様子を見ていく。

文化の重要性（第18〜20章）

ここではＯＫＲが職場に与える影響と、それが組織文化の変革の下地を整え、それを後押しすることを見ていく。

本書では、ボノがアフリカの飢餓救済のために立ち上げた「ＯＮＥキャンペーン」から、10倍成長を目指したユーチューブまで、多種多様な組織の舞台裏に踏み込み、ＯＫＲとＣＦＲがどのように実践されているかを見ていく。

こうした事例を通じて、体系的な目標設定と継続的パフォーマンス管理のもたらす幅広い影響と潜在力、そして両者がわれわれの働き方にどのような変化をもたらしているかがおわかりいただけるだろう。

第2章

The Father of OKRs

OKRの父

やたらと頑張っているのに、まったく成果をあげていない人があまりに多い。

——アンディ・グローブ

ことの始まりは、ふられた恋人とよりを戻したいという思いだった。アンは私に別れを告げ、シリコンバレーで働きはじめたが、どこの会社かはわからなかった。1975年夏、私はハーバード・ビジネススクールの休暇を利用して、ヨセミテ国立公園を突っ走り、シリコンバレーにやってきた。仕事も住む場所もなし。将来の見通しはまるでなかったが、コンピュータのプログラミングはできた。* ライス大学大学院で電気工学修士課程に在籍していたときには、ベンチャー企業の創業にも携わった。メインフレーム業界で「七人のこびと」と呼ばれたIBMの弱小ライバルの1つ、バロース向けにグラフィック・ソフトウエアを開発する会社で、本当に胸の躍る日々だった。

シリコンバレーのベンチャー・キャピタル会社でインターンの仕事にありつけないかと期待していたが、ことごとく断られた。そのうちの1社が、出資先であるインテルという名のサンタクララの半導体メーカーを受けてみたらどうかと勧めてくれた。当たってくだけろとばかりにインテルに電話をかけ、一番偉い人に電話をつないでもらったところ、出てきたのがマイクロコンピュータ部門責任者のビル・ダビドウだ。私がベンチマーク・プログラムを書けると言うと、ビルはとりあえず会社に来いと言ってくれた。

サンタクララ本社の内部は、当時はまだ珍しかった低いパーティションで仕切られたキュー

*コンピュータ・オタクを夢中にさせたミニコンピュータ「PDP‐11」で身につけた。

ビクルが並ぶ広々としたオフィスだった。ビルとしばらく話すと、部下のマーケティング・マネジャーのジム・ラリーに引き合わされ、ジムがさらに自分の部下に紹介してくれた。午後5時には、ハイテク業界の新星というべきインテルでサマーインターンとして働けることが決まった。幸運は重なるもので、別れた恋人ともそこで再会した。同じ職場の目と鼻の先で働くことになったのを知って、向こうはあまり嬉しそうではなかったが（それでも9月の声を聞く頃には、アンと私は再び交際を始めていた）。

オリエンテーションの途中、ビルが私を呼び寄せてこう言った。「ジョン、1つだけ教えておこう。ここの事業を仕切っているのは、アンディ・グローブという男だ」。当時のグローブの肩書は上級副社長。ゴードン・ムーアからCEOを引き継ぐのはその12年後だが、いずれにせよアンディはインテルのコミュニケーション担当であり、傑出した指揮官であり、現場監督だった。会社を動かしているのが彼であることは、誰の目にも明らかだった。

30年にわたってインテルを率いた「トリニティ（三位一体）」と呼ばれる3人組のなかで、グローブだけはやや毛色が違った。ゴードン・ムーアは「コンピュータの処理性能は2年ごとに倍増する」として、テクノロジーの指数関数的成長を予見した「ムーアの法則」の生みの親だ。内気だが、思慮深い人物として尊敬を集めていた。ロバート・ノイスは集積回路（マイクロチップ）の共同発明者の1人で、カリスマ的な業界の顔役だった。連邦議会の公聴会で証言するときも、シリコンバレーの人気バー〈ワゴン・ウィール〉で店中の客に飲み物をおごるときも、同じように悠々としていた。

アンディ・グローブ。1983年撮影

そして3人目がアンドラシュ・イシュトヴァン・グローフである。ナチスの迫害を逃れ、20歳のときにハンガリーからアメリカへ難民としてやってきた。一文無しで英語も話せず、しかも難聴だった。猫背の小柄な男で、巻き毛と偏執狂的な情熱が特徴的だった。意志の強さと知力だけでシリコンバレーで最も尊敬される会社のトップにのし上がり、驚異的成長に導いた。グローブがCEOを務めた11年間、インテルは株主に年率40%以上のリターンをもたらした。まさにムーアの法則を地で行く劇的な成長だ。

グローブにとって、インテルはマネジメントのイノベーションを生み出すための実験場だった。人にモノを教えるのが好きで、インテルはその恩恵を大いに享受した。[*] 私は採用された数日後、戦略と事業運営に関する「インテルの組織、理念、経済学講座」、通称「iOPEC」への招待を受け取った。多くの人が一度は出てみたいと憧れるセミナーだ。担当講師はもちろん、アンディ・グローブ博士その人である。

わずか1時間で、グローブはインテルの歴史を1年ずつたどってみせた。[1] そしてインテルの核となる目標を挙げていった。業界平均の2倍の利益率、参入したすべての製品市場における支配的立場、「やりがいのある仕事」と全従業員への「成長機会」の創出である。[**] いずれももっともなことで、ビジネススクールでも聞いたような話だった。

だが続いてグローブが語ったことは、私に強烈な印象を残した。彼の前職であるフェアチャイルドでの経験だ。グローブはそこでノイスとムーアと出会い、その後シリコンウエハーの研究で成果をあげた。フェアチャイルドは業界を代表する企業だったが、1つ大きな欠点があった、とグローブは言った。「実績重視」の姿勢が欠けていたのだ。

「フェアチャイルドでは、専門知識を何より重視していた。採用も昇進もそれで決まった。一方、そうした知識を具体的な成果に転換できるかは軽視されていた」。そしてこう続けた。

「インテルはまさにその逆を志向する。あなたが何を知っているかなど、どうでもいい。自分の知識を使って何ができるか、何を獲得できるか、具体的に何を達成できるかを重視する」。会社のスローガンにもそれは表れている。「インテル・デリバーズ（インテルは結果を出す）」と。

あなたが何を知っているかなど、どうでもいい。知識は二の次、何より重要なのは実行である。ハーバードでもそんな話は聞いたことがなかった。私はこの発言にゾクゾクした。経歴より実績だと、現役経営者が断言したのだ。だがそれで終わりではなかった。グローブは最高のメッセージを最後にとっておいた。講義の最後の数分間で、インテル設立から3年後の１９７１年に構築しはじめたシステムの全体像を説明した。私が一定の手順に基づく目標設定というものに初めて触れたのはこのときで、たちまち夢中になった。

「ＯＫＲの父」のざっくばらんな物言いを、そのまま引用しよう。***


２つのキーワードを紹介しよう。「目標」と「主要な結果」だ。２つの目的にそれぞれ

*スタンフォード大学も恩恵を受けた。グローブはビジネススクールの学生60人への講義に毎年１００時間を割いた。
**グローブの講義の映像は以下で閲覧できる。www.whatmatters.com/grove
***生涯抜けることのなかったわずかなハンガリー訛りをイメージしながら読んでほしい。

が対応している。「目標」とは進むべき方向のことだ。「ミッドレンジのマイクロコンピュータのコンポーネント市場で支配的地位を獲得したい」。これは目標だ。目指すべき場所だ。それに対して今四半期の「主要な結果」の1つはこうだ。「『8085』を使った設計を新たに10件受注すること」。これはマイルストーンだ。このように2つは別物だ。「主要な結果」は、測定可能なものでなければならない。期末にそれを見て、達成できたかできなかったか、イエスかノーか、議論の余地なく判断できなければならない。単純な話だ。そこには主観は一切挟まれない。

さて、インテルはミッドレンジのマイクロコンピュータ市場を支配できたのか？ それは何年か後にわかる話だ。ただ次の四半期末には、新たな設計が10件受注できたか否かはわかる。

これは「とても、とてもシンプルなシステムだ」とグローブは言った。聴衆である技術者たちにとっては、シンプルさがマタタビのようなものであることを知っていたのだ。一見、この概念は論理的で常識的で、しかもワクワクするものだった。グローブは当時のカビの生えたようなマネジメント理論に背を向け、新鮮で独創的な仕組みを創ったのだ。ただ厳密にいうと、グローブの「目標と主要な結果」は無から生まれたのではない。その原型は存在した。グローブはウィーン生まれの伝説的思想家で、「近代的」経営理論の先駆者であるピーター・ドラッカーの手法に従ったのだ。

MBOの起源

フレデリック・ウィンスロー・テイラーやヘンリー・フォードなど、20世紀初頭の経営学の祖先とも言うべき人々は、いち早く生産高を系統的に測定し、どうすればそれを高められるかを分析した。そして最も効率的で収益性が高いのは、権威主義的組織であると主張した。* テイラーはこう書いている。科学的経営とは「従業員にすべきことを正確に理解させ、それを最適かつ最も安価な方法で行わせることである」と。[2] その結果誕生したのが「明快な階層組織である。そこには命令を下す者と、それを受けて、なんの疑問も持たずに実行する者しかいなかった」とグローブは指摘した。[3]

その半世紀後、テイラーとフォードのモデルを完全に否定したのが、大学教授、ジャーナリスト、そして歴史家でもあったピーター・ドラッカーだ。ドラッカーは結果重視の、それでいて人間本位の新たな経営理論を提唱した。企業とは「利益を生み出す機械ではなく、労働者へ

＊同じ頃、マサチューセッツ州のソーシャルワーカーであったメアリー・パーカー・フォレットがもっと進歩的なモデルを提唱したが、ほとんど注目されなかった。フォレットは1926年、「The Giving of Orders（指示を出す）」と題した論文で、経営者と従業員が権限を共有し、協力的に意思決定することで、より良い解決策が生まれると主張した。テイラーとフォードが階層を重視したのに対し、フォレットはネットワークを重視した。

の信頼と尊敬に基づくコミュニティであるべきだ」と。さらに会社の目標について、管理職以外の労働者の意見も聞くべきである、とドラッカーは訴えた。従来型の危機管理の代わりに、データに基づいて調和のとれた長期計画と短期計画を策定し、職場での定期的な対話によって充実させていくことを提唱した。

　ドラッカーが示そうとしていたのは「個人の強みと責任感を発揮させつつ、同時に全員のビジョンと努力の方向性を一致させ、チームワークを醸成し、個人の目標と全員の幸福を調和させるような経営の原則」である。[4]ドラッカーは人間性に関する基本的真実を見抜いていた。「人に自らの進む道を選択させると、最後までやり遂げる可能性が高まる」と。１９５４年に出版された代表作『現代の経営』では、この原則を「目標と自己統制による管理」としてまとめた。これがアンディ・グローブの出発点となり、今日《こんにち》われわれがＯＫＲと呼ぶものの起源となった。

　１９６０年代には「目標による管理（ＭＢＯ）」のプロセスは、すでに先見性のある多くの企業が取り入れていた。その最たる例がヒューレット・パッカードで、有名な「ＨＰウェイ」の一部となっていた。こうした企業は一握りの最優先課題に意識を集中させ、目覚ましい成果をあげた。70件の研究のメタ分析によると、ＭＢＯに熱心に取り組む企業の生産性は56％向上したのに対し、熱心に取り組まない企業の向上率は６％にとどまった。[5]

　だがやがてＭＢＯの限界も明らかになった。多くの企業では、目標は本社が中央集権的に決め、それが組織の末端まで降りていくのに恐ろしく時間がかかった。頻繁に更新しないために停滞したり、タコツボ化という罠にはまることもあった。あるいは魂も意義も抜け落ちた「重要業績評価指標（KPI）」という数値目標に化けてしまうこともあった。致命的だったのは、ほとんどの企業がMBOを給与や賞与と連動させたことだ。リスクを取ることがマイナス評価につながるのなら、なぜわざわざリスクを取る必要があるだろう。1990年にはMBO熱もすっかり冷めていた。ドラッカーでさえ冷めた目で見るようになった。「所詮MBOもツールの1つに過ぎず、効率の低い経営の特効薬にはならない」と語っている。[6]

アウトプットを測定する

アンディ・グローブが画期的だったのは、製造業の現場で用いられていた原則を管理部門、専門職、管理職などホワイトカラーにも持ち込んだことだ。「アウトプット（成果物）を重視する環境」[7]を創り、ドラッカーの言う「自己目的化の罠」に陥るのを避けようとした。「アウトプットを重視することは生産性向上のカギとなる。一方、労働時間を増やそうとするのはその逆の結果につながることもある」。工場の組立ラインでは、アウトプットと労働時間を区別するのは容易だ。頭脳労働者の場合、それは難しい。グローブは2つの難問と格闘した。「知識労働者のアウトプットをどう定義し、測定するのか」と「それを高めるにはどうすればよいのか」だ。

グローブは科学的経営者だった。登場したばかりの行動科学や認知心理学の文献は、すべて読み漁った。最新の理論は、ヘンリー・フォードの時代よりは「従業員に仕事をさせるまともな方法」を示していたが、大学の制御された環境での実験では「どちらがリーダーシップの方法として優れているかは判別できなかった。最善の経営手法というものはまだ存在しない、という結論だけははっきりしていた」。インテルでは「積極的な内向型」の人材を採用した。[8] 自ら迅速に、客観的に、系統的に、そして恒久的に問題を解決するようなタイプだ。グローブを模範に、彼らは他者の人格を攻撃せずに、問題解決にあたった。迅速に、協力的に、まっとうな意思決定をするため、社内政治は排除した。

インテルは事業のあらゆる側面をシステム化した。ドラッカーに敬意を表し、グローブは自ら考案した目標設定システムを「iMBO」と名づけた。「インテル流目標による管理」の略だ。ただその実態は、従来のMBOとはまったく異なるものだった。グローブは「目標」を常に「主要な結果」とセットにしていた。後者はグローブが独自に考案したもののようだ。混乱を避けるため、本書ではグローブの手法を「目標と主要な結果」という彼自身の表現を縮めて「OKR」と呼ぶことにする。OKRはあらゆる点において、従来型のMBOを否定していた。

1975年に私がインテルに入社した頃には、グローブのOKRシステムはすでに本格運用されていた。社内の知識労働者は全員、自分の「目標と主要な結果」を毎月作成していた。iOPECを受講した数日後には上司がやってきて、私にも作成するよう指示した。私に与えられた任務は「8080」用ベンチマークを書くことだった。「8080」はインテルが支配的立場にあった8ビット・マイクロプロセッサ市場に投入する新製品だった。私の目標は、それが競合商品と比べて高速で、全般的に高性能であると証明することだった。

私がインテルで働いていた頃にはまだクラウドは存在せず、作成したOKRは時間の砂に埋

MBO vs OKR

MBO	OKR
「何を」	「何を」「どのように」
年次	四半期ごと、あるいは月次
非公開、タコツボ化	公開、透明性
トップダウン	ボトムアップあるいは水平展開（〜50%）
報酬と連動	報酬とはほぼ完全に分離
リスク回避	積極的、野心的

もれてしまったが、最初に作ったものの骨子は今もはっきりと記憶に残っている。

インテルの活力源

自分のOKRを、IBMの「セレクトリック・タイプライター」で打ち出したことを、今も覚えている（商業用レーザープリンターが発売されるのは、その1年後だ）。それからハードコピーを自分のキュービクルに張り出し、通りかかった人が誰でも見られるようにした。自分の目標を書き出す職場、しかもCEOに至るまで他の人々の目標もすべて見られる職場など、初めてだった。そうすることで目標が定まり、意識が高まるのがわかった。それと同時に、気が楽になった。四半期の途中で誰かに突然新しいデータシートを作ってくれと言われたとき、憶することなく断れる気がした。OKRがその根拠となるからだ。それを見れ

目標 | OBJECTIVE

インテル「8080」がモトローラ「6800」より高性能であることを証明する

主要な結果 | KEY RESULTS （以下により測定）

1 5つのベンチマークを完成する

2 デモを制作する

3 現場部隊のために営業トレーニング教材を制作する

4 営業トレーニング教材の有効性を確認するため、顧客3社を訪問

ば、誰の目にも私の優先事項は明白だった。

アンディ・グローブの時代のインテルにおいて、OKRはその活力源だった。OKRは毎週の個人面談、隔週のスタッフ会議、月次と四半期ごとの部門会議の中心にあった。インテルが何万人もの従業員を管理し、シリコンや銅のチップに100万分の1メートルの精度で100万本の線を刻むという偉業を成し遂げる原動力となった。半導体製造というのは困難な事業だ。厳格さがなければ、破綻してしまう。歩留まりが急落し、チップは機能しなくなる。OKRはわれわれに何をすべきかを常に思い出させてくれた。具体的に何を達成できているのか、何を達成できていないのかをはっきりと示していた。

私はベンチマークを作成するのと並行して、社内営業チームのトレーニングも担当した。数週間後、社内で「8080」に一番詳しいのは24歳のインターンであるという話がグローブの耳に入った。ある日グローブは私をつかまえると、こう言った。「ドーア、私と一緒にヨーロッパに来るんだ」。インターンの学生にとって、頭がクラクラするような誘いだった。私はグローブと妻のエヴァとともにパリ、ロンドン、ミュンヘンを回った。ヨーロッパの営業部隊を訓練し、大口の見込み客3社を訪問し、2件の新規取引先を獲得した。私は精一杯頑張った。ミシュランの星付きのレストランでは、グローブが慣れた手つきでワインリストをめくった。私のことを気に入ってくれたようだった。一方、私は彼の存在感に圧倒された。とてつもなくスケールの大きい男だった。

カリフォルニアに戻ると、グローブはビル・ダビドウに、私が翌年希望すればインテルに戻れることを約束する書面を書かせた。この夏の経験があまりに驚きに満ちた、刺激的なものだったので、私はハーバード・ビジネススクールを中退しようと思ったほどだ。インテルに残ったほうが、ビジネスについて学べるところが多いと考えたのだ。結局、折衷案としてハーバードに戻り、パートタイムでインテルで働くことになった。デジタル・イクイップメント・コーポレーション（ＤＥＣ）担当者として、腰の重いＤＥＣをマイクロプロセッサ時代に引っ張り込むのに一役買った。ハーバードで最後の学期が終わると、サンタクララにすっ飛んで帰り、それから4年間をインテルで過ごした。

ＯＫＲの体現者、アンディ・グローブ

１９７０年代半ばはパソコン産業が誕生した時期で、斬新なアイデアと起業家が続々と生まれていた。私はピラミッドの一番下、駆け出しのプロダクト・マネジャーだったが、グローブとの付き合いは続いていた。ある春の日、私はグローブをサンフランシスコのシビック・オーディトリアムで開催された「第１回ウェスト・コースト・コンピュータ・フェア（ＷＣＣＦ）」に引っ張っていった。そこでインテルの元幹部が、最新のグラフィック・ディスプレイを搭載したアップルⅡのデモをしているのに出くわした。私はこう言った。「アンディ、インテルにはオペレーティングシステムがある。マイクロチップはつくっている。コンパイラもある。ＢＡＳＩＣのライセンスもある。パソコンをつくるべきだ」と。しかしひとしきり会場をうろ

つき、ビニール袋に詰めたチップや部品を売るベンダーのブースを見たあと、グローブは最後に会場をじっと見渡してこう言った。「ふん、物好きの道楽だな。こんなものはやらない」。私の大いなる野望は砕かれた。インテルは結局、PC市場には参入しなかった。

表には出さなかったが、グローブは慈悲深いリーダーの一面も持ち合わせていた。仕事のできない管理職がいると、（職位は低くなるのが通常だが）別の仕事を探してやり、周囲の評価と敬意を再び得られるようにしてやった。そしてとことん「問題を解決できる人間」だった。あるインテル本の著者は「グローブは自分が何を望み、それをどのように達成しようとしているのか、正確に把握しているようだった」*と書いている。[9] いわば「歩くOKR」だった。

インテルが誕生したのはカリフォルニア大学バークレー校で「言論の自由運動」が起き、サンフランシスコのヘイト・アシュベリー地区をフラワーチルドレンが闊歩していた時代だ。若者のあいだで時間厳守は時代遅れの価値観と見られていた。若手技術者も例外ではなく、インテルも新入社員に出勤時間を守らせるのに苦労していた。グローブが編み出した解決策は、受付に名簿を置いて出勤時に署名させ、8時5分以降に出社した者を把握するという仕組みだった。社内では「アンディの遅刻者リスト」と呼ばれていた。グローブは毎日きっかり午前9時に名簿を回収しにきた（私は遅刻する日は、駐車場に9時5分までとどまってグローブと鉢合

＊傍点の強調は筆者による。

わせしないようにした）。それで誰かが給料を引かれたという話は聞いたことはなかった。それでもこの名簿が、ミスの許されない業界における自己規律の重要性を社内に示していたのはたしかだ。

グローブは他人に厳しかったが、それ以上に自分に厳しかった。たたき上げを自認し、ときには尊大にふるまうこともあった。くだらない人間や無意味に長い会議、生煮えの提案は許さなかった（机にはいくつかゴム印があったが、その1つには「たわごと」と刻まれていた）。問題解決の最善の方法は「創造的対立」、すなわち「相手と直接、率直に、歯に衣着せず向き合うこと」だと信じていた。*

カッとなりやすいところはあったが、グローブは現実的で親しみやすく、優れたアイデアにはいつもオープンだった。《ニューヨーク・タイムズ》紙にはこう語っている。「インテルのマネジャーたちは、会議室の外に肩書を置いてくる。大きな意思決定はすべてフリーディスカッションから始めるべきだ。インテルのプロセスはどこまでも平等主義的だ」[10]。グローブの敬意を勝ち取る方法は、異論を唱え、自分の立場を貫き、そして理想的には最後にその主張の正しさが証明されることだった。

プロダクト・マネジャーとして18カ月働いたところで、ジム・ラリーに声をかけられた。ジムはすでにシステム・マーケティング責任者に昇格しており、私の最高の相談相手でヒーローだった。「ドーア、いつか本当に優れたゼネラルマネジャーになる気があるなら、現場に出て、営業したり、客に断られたり、ノルマを達成したりといった経験を積む必要がある。この業界での成否を分けるのは、どれほど技術的知識があるかではなく、チームを率いて数字をあげられるかどうかだ」

私はシカゴを選んだ。1978年にアンと結婚してすぐに、私は中西部地域の技術営業担当となった。それはこれまでの人生で最高の仕事だった。顧客と協力しながら、これまでより優れた透析装置や信号制御器を開発するのは楽しくてたまらなかった。コンピュータの頭脳であるインテルのマイクロプロセッサを売るのが心底好きで、しかもかなりのやり手だった（実は、これは遺伝だ。私の父、ルー・ドーアは機械技術者で、人間が大好き、人間にモノを売るのも大好きだった）。「8080」用のベンチマークはすべて私が書いたので、プログラミングは完璧にわかっていた。1年目の売上ノルマは100万ドルという厳しいものだったが、達成できた。

シカゴでの任期が終わるとサンタクララに戻り、マーケティング・マネジャーとなった。小規模なチームをすぐに立ち上げ、進むべき方向を示し、期待される水準に対して達成度を測定しなければならない。それまで身につけた能力ではとても果たせない仕事で、このとき初めてグローブの創った目標設定システムのすばらしさが身に染みてわかった。社内のマネジャーの

＊その影響はスティーブ・ジョブズにはっきり表れていた。ジョブズとグローブのあいだには非常に親密な、そして複雑な絆があった。

コーチングを受けながらＯＫＲを実践し、私は規律と一貫性を身につけた。ＯＫＲを使ってメンバーと明確にコミュニケーションし、チームが最も重要な仕事をやり遂げられるようにした。いずれも簡単にできるようになったわけではない。「目標と主要な結果」というプロセスを、再度深く学び直した結果である。

１９８０年、クライナー・パーキンスから、新興企業と仕事をしたことのある私の経験を買いたい、という話が舞い込んだ。なぜ私がインテルを去るのか、アンディにはまったく理解できなかった（アンディにとってインテルは何よりも優先すべき対象だった。唯一の例外は孫たちだろう）。彼には相手の胸に手を突っ込み、本音を引っ張りだして、目の前に差し出すという稀有な才能があった。すでにインテル社長となっていた彼は、私にこう言った。

「ドーア、バカを言うなよ。ゼネラルマネジャーになって本物のＰ＆Ｌ（損益計算書）に責任を持ってみたくないか？　インテルのソフトウエア部門を任せてやるから」

そんな部門は存在しなかったが、立ち上げることはできたかもしれない。それからとっておきのセリフを付け加えた。

「ジョン、ベンチャー・キャピタルなんてのは、本物の仕事じゃない。不動産屋と変わらないぞ」

アンディ・グローブが残したもの

グローブがパーキンソン病との長くストイックな闘いの末、79歳で亡くなったとき《ニューヨーク・タイムズ》紙は「コンピュータとインターネットの時代において、最高の名声と影響力を手にした人物の1人」と評した。[11] ゴードン・ムーアのように理論家として歴史に名を刻んだわけでもなければ、ロバート・ノイスのようなカリスマ的有名人でもなかった。ピーター・ドラッカーと並んで経営哲学の殿堂に入るほど多くの著作を残したわけでもない。しかしグローブはわれわれの生き方を変えた。

フェアチャイルドで技術者として実験に明け暮れていた時代から30年後の1997年、グローブは《タイム》誌の「マン・オブ・ザ・イヤー」に選出された。[12]「マイクロチップの性能とイノベーションの可能性の驚異的拡大をもたらした最大の功労者」として。

アンディ・グローブは最高の技術者であると同時に、時代を代表する経営者でもあるという、稀有なハイブリッドだった。その空白はあまりに大きい。

Column

アンディ・グローブが示したＯＫＲの要諦

健全なＯＫＲ文化の本質（徹底的な知的誠実さ、利己心の排除、チームへの完全な忠誠）は、アンディ・グローブの人格そのものだ。

ただこの仕組みを機能させていたのは、アンディの実践的アプローチであり、その技術者気質である。ＯＫＲは彼が生み出した経営手法のなかでも、とりわけ持続的価値のあるものと言える。

以下に私がインテル時代にアンディから直接、あるいはその愛弟子であり、私のメンターでもあったジム・ラリーから学んだＯＫＲの要諦を挙げよう。

・絞り込む

「ひとにぎりの目標を厳選することで、何に『イエス』と言うべきか、何に『ノー』と言うべきかが明確に伝わる」とグローブは書いている。１サイクルあたりの目標を３～５個に限定すると、企業や組織や個人は最も重要なものを選ぶようになる。通常、個々の目標に連動する「主要な結果」は５個以下にする（第４章を参照）。

・目標はボトムアップで

組織や個人の意欲を引き出すには、上司と相談しながらOKRのほぼ半分を自分で決めさせるとよい。すべての目標をトップダウンで設定すると、意欲は削がれてしまう（第7章を参照）。

・押しつけない

OKRは優先事項を決定し、その進捗をどのように測るかを決めるための協力的な社会契約と言える。会社全体の目標についての議論がまとまっても、それに付随する「主要な結果」についてはまだ議論する必要がある。目標達成を最大限促すには、協力的な合意形成が不可欠だ（第7章を参照）。

・常に柔軟な姿勢で

事業環境が変化し、現在の目標が現実的ではない、あるいは妥当性を失ったと思われるときには、サイクルの途中でも「主要な結果」を修正したり、場合によっては捨ててもいい（第10章を参照）。

・失敗を恐れない

「全員がすぐには手の届かないような目標に向かって努力するとき、アウトプットは伸びる傾向がある。自分自身と部下に最大限のパフォーマンスを求めるのであれば、そのような目標設定はきわめて重要である」とグローブは書いている。事業目標のなかには絶対に達成しなければならないものもあるが、野心的ＯＫＲは、困難で達成できない可能性もあるものにすべきだ。グローブの言う「ストレッチ目標」には、組織を新たな高みへと引き上げる力がある（第12章を参照）。

・手段であって、武器ではない

「ＯＫＲという仕組みは、個人の仕事のペースを管理するためのものだ。自分自身のパフォーマンスを測るために、社員にストップウォッチを握らせるようなものである。勤務評定の根拠となるような正式文書ではない」とグローブは書いている。リスクテイクを促し、力の出し惜しみを防ぐには、ＯＫＲとボーナスは切り離すほうがいい（第15章を参照）。

・辛抱づよく、決然と

どんなプロセスにも試行錯誤はつきものだ。グローブがｉＯＰＥＣの講義で語っていたように、ＯＫＲの導入後「インテルは何度も躓いた。その基本的目的が何なのか、十分理解していなかったからだ。時間の経過とともに、少しずつうまくできるようになってきた」。

システムが軌道に乗るまでには、4〜5四半期のサイクルを繰り返す必要があるかもしれない。目標設定のための筋肉を十分身につけるには、さらに多くの時間がかかるだろう。

第3章

クラッシュ作戦——インテルのケーススタディ

Operation Crush:
An Intel Story

元マイクロコンピュータ・システムズ部門バイスプレジデント　ビル・ダビドウ

ＯＫＲの詳細なケーススタディの1本目は「クラッシュ作戦」だ。創業初期のインテルの生き残りをかけた闘いである。クラッシュ作戦には「フォーカス」「アラインメント」「トラッキング」「ストレッチ」というＯＫＲの４つの威力がはっきりと表れている。何よりこの目標管理システムが、多くの部門と何千人という個人を共通の目標に向かって動かすものであることがよくわかる。

私が退社する少し前、インテルは存亡の危機に陥った。そのとき経営上層部はアンディ・グローブの指揮のもと、わずか４週間で会社の優先事項を見直し、再スタートを切った。ＯＫＲによってインテルは、戦闘計画を明確にして、正確に、また目もくらむような速さで実行することができた。全従業員がとんでもなく意欲的な目標に向けて一丸となって取り組むようギアチェンジした。

１９７１年、インテルの技術者だったテッド・ホフが、１枚のチップにプロセッサの機能を集約した世界初の汎用マイクロプロセッサを生み出した。１９７５年、ビル・ゲイツとポール・アレンは第3世代のインテル「８０８０」を使い、パソコン革命に火をつけた。１９７８年にはインテルはさらに性能の高い史上初の16ビット・マイクロプロセッサ「８０８６」を開発し、瞬く間に市場を席巻した。だがまもなく「８０８６」より高速でプログラムしやすい２つのライバル製品が登場した。モトローラの「６８０００」とザイログの「Ｚ８０００」で、形勢は逆転した。

１９７９年11月下旬、地区営業マネジャーであったドン・バックアウトが、８ページにわたるテレックスで現場の窮状を訴えた。それを受け取った上司のケイシー・パウエルは、当時社長兼最高執行責任者（COO）だったアンディ・グローブに送った。この報告によって、インテルの聖戦の火ぶたが切られた。1週間と経たないうちに、この悲惨な知らせに対応するため、幹部チームが招集された。その1週間後には、精鋭メンバーから成る特別タスクフォースが集まり、対抗策を練った。ザイログはたいした脅威ではない、とチームは判断した。しかし業界のガリバーで、国際的ブランド力を持つモトローラは明らかに差し迫った脅威だった。ジム・ラリーは来るべき闘いをこう定義した。

> われわれの敵はモトローラ1社だ。「68000」は競合製品だ。モトローラを抹殺する、それだけだ。あのいまいましいゴロツキどもをぶっ潰す。徹底的に叩き潰し、二度と立ち直れないようにするんだ。[1]

これがクラッシュ作戦の鬨《とき》の声となった。[*] 市場リーダーという正当な地位を取り戻すための作戦だ。1980年1月、アンディ・グローブの全軍へのビデオメッセージを携えたクラッシュ・チームの面々は、世界中の支社へ飛んだ。同年第2四半期には、全営業員が新たな戦略を実践していた。第3四半期には、顧客の製品や装置に「8086」を採用するという契約（デザインウィン）を2000件獲得するという、ハイテク史上まれに見る大胆な目標の達成が見えてきた。この年が終わる頃には、インテルは敵を駆逐し、圧倒的勝利を収めていた。

インテルがクラッシュ作戦のために改良した製品は1つもない。グローブ以下幹部チームは、顧客とのかかわり方を変えたのだ。会社の強みを生かすように、マーケティングを刷新した。そして顧客には、目先の使いやすさより、長期的なシステムとサービスの価値に目を向けるよう促した。またプログラマー相手の営業をやめ、CEOに営業をかけはじめた。

グローブは、マイクロコンピュータ・システムズ部門の責任者であったビル・ダビドウを作戦の指揮官に「指名」した。ビルは技術者、経営幹部、マーケティングの達人、ベンチャー投資家、思想家、作家として長年多彩な活躍をした。しかし特に私の心に残っているのは、ビルがインテルのOKRのために生み出したキーワードだ。「以下を尺度として」という表現である。たとえば「われわれは以下の『主要な結果』を尺度として、この『目標』を達成する」という具合に使う。ビルが考案したこの表現を使うことで、暗黙の了解が誰にとっても明白な約束事となった。

2013年にコンピュータ歴史博物館が開催したパネルディスカッションでは、クラッシュ作戦の古参兵が、インテルの体系的目標設定の大切さ、そして「目標と主要な結果」がどのように「最前線まで」浸透していたかを振り返った。[2] 70ページにクラッシュ作戦のOKRのサンプルを

＊70年代、アメフト・チーム、デンバー・ブロンコスの強力なディフェンス陣は「オレンジ・クラッシュ」と呼ばれ、恐れられた。この作戦名はそこからとられた。

載せたが、これはまさにお手本と呼べる出来ばえだ。期限が明確で、曖昧さがなく、「何を」と「どのように」がもれなく書き込まれている。何より重要なのは、これが成果をあげたことだ。

ジム・ラリーは私にこう語った。「グローブと膝詰めでその重要性を議論するまで、『目標と主要な結果』には懐疑的だった。全員に『ヨーロッパの中心に行け』と命じたとき、ある者はフランスへ、別の者はドイツへ、また別の者はイタリアへ向かっていたら、まずいことになる。特に本来の目的地がスイスならなおさらだ。矢印がすべてバラバラの方向を指していたら、それをすべて集めてもゼロだ。だが全員が同じ方向を目指せば、結果は最大になる。グローブはそう言って私を説得した。最後にこう言った。『これを君が全員に教えるんだ』と」

ビル・ダビドウがここで述べているとおり、OKRはクラッシュ作戦におけるグローブの秘密兵器だった。OKRというターボチャージャーを得て、規模が大きく多様な組織は驚異的な俊敏さで目標に向かって邁進した。団結し、明確な目標を持ったインテルを前に、モトローラに勝ち目はなかった。

ビル・ダビドウ　OKRはアンディ・グローブ流の、社員に正しい働き方を叩きこむ方法だった。アンディはインテルを偉大な企業にすることだけを考えていた。部下が他社の取締役に就任するのには嫌な顔をした。インテルに全身全霊を捧げるのが当然だと考えていたからだ。

個々の社員がインテルのためにどれだけの仕事をするのか、それをまとめたものがＯＫＲだ。経営の最高幹部と言われる立場になると、他人を教えるのが仕事になる。アンディはまさにそれをした。ＯＫＲはインテルの経営管理システムに組み込まれていたが、それと同時に経営理念であり、優れた教育システムだった。成果を測定すれば、仕事はうまくいくようになる。インテルでは誰もがそれを学んだ。

インテルの幹部会議では、アンディとともに会社のトップレベルの目標を検討した。全員でテーブルを囲み、「これだ」というものを決めたのだ。私は部門の責任者として、全社的な「主要な結果」のうち、自分たちに関係するものを部門の目標とした。それを部門の幹部会議に示し、１週間かけて次の四半期に何をすべきか議論した。

インテルという組織がこれほど強かったのは、アンディが「会社としてこれをやる」と宣言すると、誰もが全力でその実現に取り組んだからだ。われわれは勝利集団の一員であり、勝ちつづけたいと思っていた。

組織の末端に近づくほど、社員の「目標と主要な結果」は、やるべき仕事とほぼイコールになる。しかし管理職にはそれ以外にも日々の仕事がある。私の目標が、美しいバラの茂みを育てることなら、わざわざ確認しなくても、そこには周囲の芝生を美しく保つことも含まれているのは自明である。私が自分の「主要な結果」に「社内をまわり、従業員の士気の高さを確認しておくこと」といった項目をわざわざ含めたことはない。ＯＫＲには、特別な注意を向けるべき事柄を書き出していた。

アンディ・グローブ(左)とビル・ダビドウ。インテル本社にて1980年撮影

インテルの危機感

１９７９年12月、アンディ・グローブの幹部会議に出た私は、不満でいっぱいだった。マイクロプロセッサ部門はもっと「８０８６」のデザインウィンを取れるはずだと思っていたからだ。敵に立ち向かい、自信を取り戻せと彼らの尻を叩きたかった。するとアンディに「問題を解決しろ」と命じられた。こうしてクラッシュ作戦は私が担当することになった。

「８０８６」そのものの売り上げはそれほど大きくはなかったが、波及効果は大きかった。私の部門はインテルのマイクロプロセッサを使ったシステム向けの「設計支援」、すなわちソフトウエア開発システムを販売していた。部門の成長率は非常に高かったが、すべては顧客が製品にインテルのマイクロチップを採用してくれるか否かに左右された。つまりまず「８０８６」を採用してもらえれば、「ＥＰＲＯＭ」〔インテルが１９７１年に発明した消去可能プログラマブルＲＯＭ〕や周辺プロセッサや制御チップの契約も取れた。すべてを合算すれば、「８０８６」だけの売上高の10倍に膨らむこともある。しかし顧客が「８０８６」を切れば、私の部門の売り上げもなくなってしまう。

このように状況は切迫していた。メモリチップのサプライヤーとして評価を確立したインテルだったが、いまや敵に包囲されていた。ＤＲＡＭ〔最も広く採用されていた安価なコンピューターメモリ〕の主導権はとあるベンチャー企業に奪われたばかりで、とても挽回できそうになかった。日本企業は収益性の高いＥＰＲＯＭ市場を侵食しようとしていた。インテルの将来的な頼みの綱はマイクロプロセッサだけで、何としてもトップに返り咲く必要があった。初期のプレゼンの冒頭のスライドは今もはっきりと覚えている。

クラッシュ作戦の目的：危機感を醸成し、会社の存亡にかかわるライバルの挑戦に対抗するための重大な全社的決定を下し、行動計画を始動させること。

特別タスクフォースは12月４日火曜日に招集された。それから連続３日間、ひたすら会議を重ねた。まるで巨大なパズルを解くような知的挑戦だった。「８０８６」を作り直す時間はなかったので、われわれの売りは何か、どうすればモトローラに対する競争優位性を取り戻せるかを徹底的に議論した。

新しいストーリーを語れば勝てるのではないか、と私は考えた。今日《こんにち》のマイクロプロセッサの選択は、次の10年を左右する最も重要な決断である、と顧客を説得するのだ。もちろんモトローラは「『６８０００』のほうが命令セットは優れていますよ」と言うだろう。しかし製品群の幅広さやシステムレベルのパフォーマンスでは、とてもインテルに及ばない。インテルの周辺のすばらしいテクニカルサポートや所有コストの低さには太刀打ちできない。「インテルの周辺製品を使えば、製品を迅速に、かつ安価に市場に送り出すことができますよ」「インテルの設計支援を使えば、技術者の仕事を効率化できますよ」。そんなことを顧客に改めて伝える必要があった。

モトローラは送受信無線機からポケットテレビまで、幅広い製品群を手がける巨大企業だ。一方、インテルはメモリチップとマイクロプロセッサ、そしてそれらを支えるシステムに特化したテクノロジーリーダーである。何か問題が発生したとき、どちらに頼りたいだろうか。常に業界の最先端にとどまると期待できるのはどちらだろう？

特別タスクフォースには優れたアイデアがたくさんあり、それをとりまとめる必要があった。ジム・ラリーがすべてをホワイトボードに書き出した。「未来の製品カタログを作成する」「50回のセミナーを企画し、出席者にカタログを渡す」など。金曜日には全社を巻き込む計画が完成した。週末を挟んで火曜日には、9つのプロジェクトから成る戦略が承認された。そこには数百万ドルを投じる広告キャンペーンなど、インテルにとって初めての試みも含まれていた。それから1週間も経たずに戦略は営業部隊に伝えられた。もとはと言えば本社に危機を気づかせてくれたのは彼らで、戦略は大いに歓迎された。

これがすべてクリスマスまでに終わったのである。

モトローラも経営が非常に優れた会社だったが、危機感が違った。ケイシー・パウエルから危機を知らされると、インテル本社は2週間以内に対応した。一方、モトローラはわれわれの脅威に気づいても、それほど速くは動けなかったはずだ。モトローラのマネジャーが、私にこ

インテルの全社目標 | OBJECTIVE

「8086」を業界最高性能の16ビット・
マイクロプロセッサ・ファミリーにする。
以下をその尺度とする

主要な結果 | KEY RESULTS （1980年第2四半期）

1 「8086」ファミリーの性能の優位性を示すベンチマークを5つ開発し、公表する（アプリケーション）

2 「8086」ファミリーの全製品をリリースし直す（マーケティング）

3 8MHz版の製造を開始する（技術、製造）

4 演算コプロセッサのサンプルを遅くとも6月15日までに製作する（技術）

技術部門の目標 | OBJECTIVE （1980年第2四半期）

5月30日までに8MHz版500個をCGWに届ける

主要な結果 | KEY RESULTS

1 4月5日までに最終図版をフォトプロットにする

2 4月9日までに「Rev2.3」マスクを工場に届ける

3 5月15日までにテストテープを完了する

4 遅くとも5月1日までに工場のレッドタグを開始する

う語ったことがある。「インテルがクラッシュ作戦を立ち上げるまでの時間で、モトローラならシカゴからアリゾナまでの飛行機の切符を買う決済すら下りなかっただろう」

インテルが非常に優れていたのは、問題の全体像を伝え、それを行動可能な組織的プログラムに落とし込む能力だ。戦略を構成する9つのプロジェクトが、それぞれ全社的な「主要な結果」となった。1980年第2四半期のクラッシュ作戦の全社OKRと、それに関連する技術部門のOKRを右に示した。

急旋回

時計の針を戻そう。この年の初め、ロバート・ノイスとアンディ・グローブはサンノゼ・ハイアットハウスでクラッシュ作戦のキックオフミーティングを開いた。集まったインテルの管理職に対し、2人が出した指示は単純明快だった。「われわれは16ビット・マイクロプロセッサ市場で勝利する。それは絶対に譲らない」。アンディはわれわれがしなければならないこと、その理由、そして達成するまでそれが会社の最優先事項でありつづけることを説明した。キックオフに集まったのは約100人。トップメッセージは経営階層のトップ2層に瞬く間に浸透した。第3層には24時間以内に伝達された。情報伝達の速度は驚異的だった。すでに10億ドル企業だったインテルは急旋回した。今日《こんにち》に至るまで、あんな光景は見たことがない。

またそれはOKRシステムがなければ実現しえなかった。アンディがOKRなしにサンノゼ

アンディ・グローブの檄文

INTEL CORPORATION
3065 Bowers Avenue
Santa Clara, California 95051
(408) 987-8080

intel

TO: All Intel Field Sales Engineers

From: Andy Grove

Subject: OPERATION CRUSH

OPERATION CRUSH is the largest and most important marketing offensive we have ever undertaken. It is large in terms of our commitment--it is the corporation's number one key result; it is large in terms of the manpower we have devoted to it--more than 50 man-years of CRUSH effort in the next six months alone; and it is large in terms of its impact on Intel's revenue--over $100 million in revenue over the next three years.

The importance of OPERATION CRUSH does not come from its size and business impact alone though. Strategically the success of this campaign will highlight a significant evolution that has taken place--and will continue to take place--in our business. We intend to establish ourselves as offering complete computer system solutions--in VLSI form. The 4 CPU's, 15 peripheral devices, 25 software products, and 12 system level products we will be announcing over the next 18 months are the most tangible and meaningful testimonials to the reality of this strategy. OPERATION CRUSH represents the articulation of this strategy.

As an Intel Sales Engineer you will play a major role in making OPERATION CRUSH a success. We are counting on your efforts in two major areas:

- Sell our total microcomputer solution. Use the information in this notebook and follow on material to sell your customers on the need for a complete and integrated microcomputer solution including both hardware and software, rather than just a set of components.

- Exploit all of Intel's resources to win current designs. Take the lead in formulating action plans that take advantage of all the OPERATION CRUSH resources described in the accompanying material.

With your help, I know OPERATION CRUSH and the Intel of the 1980's will succeed!

1980年1月、アンディ・グローブが営業部隊に「クラッシュ作戦」への協力を呼びかけた文書。左ページはこの翻訳。

宛先：　インテルの全フィールド・セールス・エンジニア
差出人：　アンディ・グローブ
件名：　クラッシュ作戦

「クラッシュ作戦」はインテル史上最大かつ最も重要なマーケティング・キャンペーンである。それはコミットメントという意味で最大であり（会社で最も重要な「主要な結果」）、投入する人員面でも最大であり（今後6カ月間だけで50人年《にんねん》）、企業収益への影響度でも最大である（今後3年間で売上高1億ドル以上）。

ただクラッシュ作戦が重要なのは、その規模と収益への影響のためだけではない。戦略的に見ると、このキャンペーンの成功は、インテルがこれまで実現してきた、そしてこれから実現しようとしている重要な成果を世に示す効果がある。われわれの目標は、超大規模集積回路（超LSI）という包括的な「コンピュータ・システム・ソリューション」を提供する会社として確固たる地位を確立することだ。これからの18カ月で発表する4個のCPU、15個の周辺プロセッサ、25のソフトウエア製品、12のシステムレベルの製品は、この戦略が本物であることを示す、きわめて具体的で価値のある証拠である。クラッシュ作戦はこの戦略を具体化するものだ。

みなさんはインテルのセールスエンジニアとして、クラッシュ作戦を成功に導く重要な役割を担っている。以下の2つの領域で、みなさんの成果を期待したい。

- インテルのマイクロコンピュータのトータル・ソリューションを売る。この資料と今後提供される資料の情報を活用して、バラバラなコンポーネントではなく、ハードウエアとソフトウエアの双方を含む包括的で統合されたマイクロコンピュータ・ソリューションの必要性を顧客に売り込んでほしい。
- インテルのあらゆるリソースを動員し、最新のデザインウィンを勝ち取ってほしい。添付資料に記載されたクラッシュ作戦のリソースを最大限活用した行動計画を、率先して作成してほしい。

みなさんの協力によって、クラッシュ作戦と1980年代のインテルが成功することを確信している。

のミーティングを開いていたら、クラッシュ作戦の名のもとにあれだけ多くの活動を同時に立ち上げることなどできなかったはずだ。私はこれまで、「よし、これから世界を征服しよう」と威勢よく会議を終了したのに、3カ月後には何も変わっていなかったというケースを数えきれないほど見てきた。社員はやる気になっても、それを何に振り向ければよいかまるでわかっていない。危機においては急速な変化を推進するシステムが必要だ。インテルにおいてOKRはまさにその役割を果たした。経営陣にとって迅速な戦略実行の手段となった。そして部下から成果の報告が上がってくれば、それを白黒はっきりと評価する基準でもあった。

クラッシュ作戦はOKRとして、組織のあらゆるレベルで展開された。トップが強力に推進しつつ、下からのインプットも取り込んだ。アンディ・グローブはもちろん、私のレベルでも勝利するために具体的に何をすべきか、事細かく把握していたわけではない。それは下から上へ伝えられるべき情報だった。部屋を掃除せよ、と部下に指示するのは構わないが、どの箒《ほうき》を使うかまで指示すべきだろうか。経営トップが「モトローラをぶっ潰せ」と言うのを聞いて、組織の末端では「ベンチマークがお粗末だから、私がもっと良いものを作ってやろう」という声が挙がる。インテルはそういう組織だった。

会社全体の利益のために

インテルは6カ月にわたって戦闘態勢を崩さなかった。私はアンディのスタッフで、直属の部下はいなかった。しかし必要なものは何でも手に入った。クラッシュ作戦がアンディにとってどれほど重要なものか、誰もがわかっていたからだ。各部門から上がってきた「主要な結果」に齟齬はまったくなかった。誰もが作戦に加わっていた。リソースは必要に応じて再配分した。私には独自の予算すらなかったと思う。

クラッシュ作戦は最終的に、トップマネジメント、全営業部隊、4つの異なるマーケティング部門、そして3つの地域を巻き込み、全員一丸となって取り組んだ。* インテルのどこが特別だったかと言えば、社内政治とは無縁だったことだ。管理職は会社全体の利益のために、自らの部門が犠牲を払うことを厭わなかった。たとえばマイクロプロセッサ部門が今後の製品のカタログを制作していて、「大変だ、周辺プロセッサが載っていない」と気づいたとする。するとすぐに話が周辺プロセッサ部門に伝わり、必要な知識を持ったエンジニアが割り振られたはずだ。営業部隊は顧客向けセミナーを企画したが、それにはアプリケーション技術者やマーケティング、そして私の部門の人々が協力した。本社広報部門は社内のさまざまな部門から記事になりそうな情報を集め、業界紙に売り込んだ。クラッシュ作戦は全組織的な取り組みだった。

今振り返っても、本当によく成功したと思う。そこから学ぶべき教訓は、企業文化が重要で

＊当時2000人いた全社員のうち、半数以上がクラッシュ作戦に動員されており、残りの社員もいつでも対応できるようになっていた。

あるということだ。アンディは常に社員に対し、問題があれば経営陣に報告することを期待していた。現場の技術者が直属のゼネラルマネジャーに対して「本社のあんたらは、市場で何が起きているかまるでわかっちゃいない」と報告してから2週間も経たずに、会社全体が方針転換したのである。「告発者が正しい。われわれはやり方を変える必要がある」と全員が合意した。ドン・バックアウトとケイシー・パウエルが報復を恐れずに真実を語ろうと思えたことは、非常に重要だった。彼らの告発がなければ、クラッシュ作戦も存在しなかったのだ。

アンディ・グローブは締めの言葉を言うのは常に自分の役割だと思っていた。だからここでも最後に彼の言葉を紹介しよう。

「ダメ会社は危機で潰れる。良い会社は危機を乗り切る。最高の会社は危機を糧《かて》にする」

クラッシュ作戦はその最たる例だった。

1986年に、インテルが創業期の事業柱だったメモリチップから撤退し、マイクロプロセッサに特化することを決断した時点で、「8086」は16ビット市場で85%のシェアを握っていた。その廉価版である「8088」は、やがてパソコンのプラットフォームとなった初代「IBM PC」に採用されるという栄誉と幸運に恵まれた。今日《こんにち》、コンピュータ、自動車、スマート・サーモスタット、血液バンクの遠心機などを制御する何百億個というマイクロプロセッサは、すべてインテルのアーキテクチャで動いている。

ここまで見てきたとおり、その立役者となったのがＯＫＲだ。

第4章

Superpower #1:
Focus and
Commit to Priorities

OKRの威力①
優先事項にフォーカスし、コミットする

人の真価は、どのような能力があるかより、どのような選択をするかでわかる。

——J・K・ローリング

重要な項目を測定する第一歩は、次の問いに答えることだ。

これからの3カ月（あるいは6カ月、12カ月）で一番重要なことは何か？

成功する組織は、決定的な違いを生む可能性があるごく少数のプロジェクトに**フォーカス**し、それほど緊急ではないことは後回しにする。リーダーは選択されたプロジェクトに**コミット**する（全力で打ち込む）姿勢を言葉と行動で示す。厳選された最上位のOKRを全面的に支持することで、社内に羅針盤と評価基準を与える（誤った意思決定は、結果が出始めれば修正することもできる。意思決定をしない、あるいはすぐに決定を変えてしまうと、何も学べない）。

来期の最優先事項はなんだろう？　われわれは何にエネルギーをフォーカスすべきだろうか？

効果的な目標設定システムは、経営トップの規律ある思考から始まる。リーダーは何が重要か選択することに、時間とエネルギーを注がなければならない。

目標を絞り込むのは常に難しい。しかしその価値はある。ベテラン経営者なら誰もが知っていることだが、「全部やりきれる」個人や会社など存在しない。OKRを厳選することで、計画どおり、期限どおりに遂行すべき、ひとにぎりのきわめて重要な項目が浮かびあがる。

出発点

組織全体のOKRの責任は、経営上層部にある。それぞれが個人として、このプロセスの遂行に全力を尽くさなければならない。

では、どこから始めるか。本当に一番重要な項目をどうやって決めるのか。グーグルは常に自らのミッションステートメントに立ち戻った。「世界中の情報を整理し、世界中の人々がアクセスできて使えるようにする」。アンドロイド、グーグルアース、クローム、そして新たな改良版ユーチューブの検索エンジン。これらをはじめとする数十個のプロダクトには一貫性がある。いずれも開発の推進力となったのは創業者と経営陣であり、彼らはOKRを通じて何にフォーカスし、コミットすべきかを明確にした。

しかし優れたアイデアを生むのは経営トップとは限らない。最前線のコントリビューターからきわめて強力で刺激的なOKRが発案されることも多い。リック・クラウはユーチューブのプロダクト・マネジャーとして、世界第3位のアクセス数を誇るサイトのトップページを担当していた。当時問題だったのは、サイトにログインするユーザーの割合がきわめて低かったことだ。ログインしないと、動画を保存する、チャンネルに登録するといったユーチューブの重要な機能を使えない。つまり世界中の何億人というユーザーが、ユーチューブの利用価値をほとんど理解していなかったのだ。一方、ユーチューブもきわめて貴重なデータを取りこぼしていた。この問題を解決するため、リックのチームはサイトのログイン機能の改善を目指し、6カ月のOKRを設定した。チームはユーチューブのCEOだったサラー・カマンガーに自分たちのOKRの重要性を訴え、カマンガーはグーグルCEOのラリー・ペイジに相談した。ペイジはログインに関する目標を、グーグルの全社OKRに採択することを了承した。ただそこにひとひねり加えた。期限を6カ月ではなく、3カ月としたのだ。

全社の最上位のOKRになったことで「会社のあらゆる目が僕らのチームに注がれるようになった」とリックは振り返る。「すごい注目度だよ。どうすれば3カ月でやれるのか見当もつかなかったが、全社レベルのOKRの責任部署として、僕らの業務が最優先されることはわかった」。1人のプロダクト・マネジャーの目標にこれだけの重要度を付与することで、ラリーは他のチームに対しても明確なメッセージを送ったのだ。クラッシュ作戦のときと同じように、リックのチームの成功に全員が協力した。リリースこそ予定を1週間超過したものの、ユーチューブのチームは目標を期限どおりに達成した。

会社の最上位の目標をどのように決めるかにかかわらず、リーダーは自分自身の目標も設定しなければならない。価値観がメモ1枚では伝わらないのと同じように、体系的目標設定も命令すれば組織に浸透するというものではない。[*1] 第6章で詳述するが、ヌナのジニ・キムは失敗を通じて、OKRを成功させるにはリーダーが全力で取り組む姿勢を全社員に言葉と行動で示す必要があることを学んだ。CEOが「私の目標はすべて会社の目標と同じだ」と言うのは、まずいサインだ。口先だけでOKRを語っても意味がない。元インテュイットCEOで、その後グーグルの経営陣のコーチとなった故ビル・キャンベルの言葉を引用しよう。「会社のCEOあ

＊アンディ・グローブも著書『HIGH OUTPUT MANAGEMENT』で、そう指摘している。

るいは創業者は『これをやろう』と宣言したうえで、率先垂範しなければならない。自ら範を垂れなければ、誰もやらない」[2]

明確に伝達する

正しい意思決定を促し、団結心を高め、最高のパフォーマンスを実現するには、組織の誰もが最上位の目標を明確に理解している必要がある。しかし企業の3分の2は、こうした目標を組織に一貫性を持って伝達できていないと考えている。[3] 1万1000人の企業幹部や管理職を対象とする意識調査では、大多数が自らの会社の最優先課題を2つ以上挙げられなかった。1つだけ挙げられた人も、半数に過ぎなかった。[4]

リーダーは、**何を**だけでなく、**なぜ**も伝えなければならない。社員の意欲を引き出すためには、目標を示すだけでは足りない。彼らはやりがいを求め、自分の目標が会社のミッションとどのように結びついているかを理解したいと思っている。そして最上位のOKRを、四半期に一度の全社会議で発表するだけではいけない。リンクトインのCEO、ジェフ・ワイナーの口癖がある。「うんざりするほど繰り返してようやく、みんなが耳を傾けるようになる」

主要な結果——手をかけ、水をやる

「目標」と「主要な結果」は目標設定の両輪だ。原則と実践、ビジョンと実行である。目標とは人々を鼓舞する、はるか遠くにあるものだ。「主要な結果」はもっと身近で、指標と結びついている。通常は売上高、成長率、アクティブユーザー数、品質、安全性、市場シェア、顧客のエンゲージメントなどにかかわる具体的な数値目標が含まれている。ピーター・ドラッカーも指摘するように、組織が着実に前進するには、管理職が「目標と比較してパフォーマンスと結果を測定する能力」を持つ必要がある。[5]

言葉を換えれば「主要な結果」とは、目標達成の条件として狙うべき的《まと》のようなものだ。きちんと定義された目標であれば、達成条件となる「主要な結果」は3〜5つで十分だ。数が多すぎると散漫になり、進捗が把握しにくくなる。それに「主要な結果」はどれも、達成困難なものでなければならない。確実に達成できると思えるのであれば、おそらく十分高いレベルに設定されていないのだろう。

何を、どうやって、いつまでに

ＯＫＲは既存の秩序に衝撃を与えるので、徐々に慣れさせるのが妥当かもしれない。目標設定を非公開から公開に、あるいはトップダウンのプロセスを共同作業に変更する際、まずは年1回のサイクルから始める会社もある。一番望ましいのはおそらく、年間あるいはもっと長期のＯＫＲと、それを支える短期のＯＫＲ（目先の目標）を併用するプロセスだろう。ただ頭に入れておいてほしいのは、現実の業務遂行を促すのは短期の目標であることだ。短期目標が年間計画を実のあるものとし、その実行を可能にする。

時間軸を明確にすると、フォーカスや熱意が強まる。締め切りほど強力な推進力はない。世界市場で勝者となるには、組織はこれまで以上に機敏でなければならない。私の経験では今日《こんにち》の変化の激しい市場環境では、四半期サイクルでＯＫＲをまわすのが最適だと思う。3カ月先に締め切りが見えていれば、仕事を先延ばしすることはできず、本物のパフォーマンス向上につながる。リーダーシップの教科書ともいえる『HIGH OUTPUT MANAGEMENT』で、アンディ・グローブはこう指摘している。

> フィードバックに実効性を持たせるには、評価対象となる活動が終わった直後に行う必要がある。したがってＯＫＲシステムでは、目標を比較的短い時間軸で設定しなければならない。たとえば事業計画が年単位であれば、それに対応するＯＫＲは少なくとも四半期単位、あるいは月単位でまわすべきだ。[6]

ルールは絶対的なものではなく、あらゆる組織が採用すべき単一のパターンはない。技術チームは開発競争についていくために、6週間サイクルのＯＫＲを選択するかもしれない。製品の市場への適性を見きわめる過程にあるアーリーステージの会社なら、月次サイクルが有効かもしれない。最適なＯＫＲサイクルとは、あなたの会社の事業環境や文化に適したものだ。

数値と品質——主要な結果を対にする

「フォード・ピント」の悲劇には、一面的なOKRの危険性が表れている。1971年、燃費の高さを売り物にする日本車やドイツ車に押され、市場シェアを失いつづけていたフォードは、対抗商品として低価格のサブコンパクトカー「ピント」を売り出した。リー・アイアコッカCEOの猛烈な要求に応えるため、プロダクト・マネジャーは企画と開発段階での安全確認をおろそかにした。たとえば新モデルのガソリンタンクは、薄っぺらな後部バンパーからわずか15センチしか離れていなかった。

ピントは火災リスクが高く、フォードの技術者はそれを認識していた。しかし「重量2000ポンド（約907キログラム）以下、価格2000ドル以下」という数値目標が大々的に宣伝され、「アイアコッカは厳格にそれを守らせた。（中略）衝突試験によって、重さ1ポンド（約450グラム）、価格1ドルのプラスチック片を追加すればガソリンタンクの破壊を防げることが判明しても、余計なコストと重量を増やすだけだとして却下された」[7]。ピントの社内資料には、3つの製品目標が掲げられていた。「真のサブコンパクト（大きさ、重量）」「低い所有コスト（初期費用、燃費、信頼性、保守性）」「明確な製品の優位性（外見、乗り心地、機能、操作性、性能）」である。そこに安全性は含まれていなかった[8]。

乗っていたピントが追突され、数百人が死亡し、さらに数千人が重傷を負った。1978年、フォードはピントと姉妹モデルの「マーキュリー・ボブキャット」合計150万台をリコールするという代償を払うことになった。自動車業界で史上最大のリコールだ。フォードの財務と信頼性は当然、地に落ちた。

今から振り返っても、フォードには目標も「主要な結果」もあった。しかし、その目標設定プロセスには致命的欠陥があった。「具体的かつ困難な目標（市場への投入速度、燃費、コスト）は、明記されなかった別の重要な特性（安全性、倫理的行動、企業評価）を犠牲にして達成された」[9]

同じような訓話としては、ウェルズ・ファーゴの個人向け銀行部門で起きたスキャンダルも記憶に新しい。これも一面的で苛烈な売上目標が原因となった。それにプレッシャーを感じた支店長らは、顧客が必要もなく、希望もしていない口座を何百万個も不正に開設した。ある支店長は10代の娘に24口座、夫には21口座も開設していた。[10]最終的に5000人以上が解雇され、同社のクレジットカード事業と当座預金事業は半分以下に縮小した。ウェルズ・ファーゴ・ブランドの受けた打撃は回復不能かもしれない。

OKRが野心的なものであればあるほど、重要な評価基準を見逃した場合のリスクは大きくなる。数値目標を追求しつつ、品質を守るための方法の1つが、「主要な結果」を対にすることだ。グローブの『HIGH OUTPUT MANAGEMENT』の表現を借りれば、それによって「プラス効果とマイナス効果の両方」が測れる。「主要な結果」になんらかの数値目標を採用するときの注意点として、グローブは次のように指摘する。

数値目標と対になる「主要な結果」は、仕事の品質を示すものでなければならない。たとえば買掛金部門の場合、処理されたバウチャーの数は、監査で発見された、あるいは取引先に指摘された誤りの数と組み合わせて評価すべきだ。別の例としては、清掃チームが掃除した面積を数値目標とするならば、それはその建物にオフィスを持つ上級マネジャーによる品質評価と対にすべきだ。[11]

最善は善の敵

グーグルCEOのサンダー・ピチャイから、目標設定の過程ではチームで「考え込む」ことも多い、と聞いたことがある。「たった1行のOKRをめぐって、本当にユーザーのためになることにフォーカスしているのか、1時間半も思い悩むこと

数値目標と品質目標を対にした「主要な結果」の例

数値目標	品質目標	結果
新機能3つ	品質保証テストで、各機能あたりバグは5つ以下	デベロッパーがクリーンなコードを書くようになる
四半期の売上高5000万ドル	四半期の保守契約1000万ドル	営業担当が顧客をフォローしつづけることで、顧客の成功と満足度が上昇する
顧客訪問10件	新規受注2件	新規受注の目標を意識することで、見込み客の質が高まる

質の高いOKRとは？

悪い	ふつう	良い
目標： カーレースのインディ500で優勝する **主要な結果：** ・ラップスピードを速くする ・ピットストップの時間を短縮	**目標：** カーレースのインディ500で優勝する **主要な結果：** ・平均ラップスピードを2％速くする ・ピットストップの平均時間を1秒短縮	**目標：** カーレースのインディ500で優勝する **主要な結果：** ・平均ラップスピードを2％速くする ・風洞試験を10回実施 ・ピットストップの平均時間を1秒短縮 ・ピットストップのエラーを50％減らす ・ピットストップを毎日1時間練習する

がある」と。それは仕方のないことではあるが、ヴォルテール風に言えば「最善を善の敵にしてはならない」[*]。OKRはサイクルの途中で修正したり、場合によっては破棄することも可能だということを忘れないでほしい。ときには「正しい」「主要な結果」が、目標を設定した数週間後、あるいは数カ月後に初めて見えてくることもある。OKRは石碑に刻まれた戒律のようなものではなく、常に仕掛かり中のプロセスだ。

ではここで、目標設定の基本的ルールをいくつか確認しておこう。「主要な結果」は簡潔で、具体的で、測定可能であること。アウトプットとインプットを組み合わせることが有用であること。最後に、すべての「主要な結果」を完了すれば、必ず目標は達成される。さもなければ、それはOKRとは言えない[**]。

絞り込む

スティーブ・ジョブズは「イノベーションとは1000個の提案に対してノーと言いつづけることだ」と語っていた。通常、四半期OKRは3～5項目であるのが理想的だ。もっと多くの目標を盛り込みたくなるかもしれないが、それはたいていうまくいかない。目標が多すぎる

＊シェリル・サンドバーグも「完璧を目指すより、やりきるほうが重要」と言っている。
＊＊詳しくは本書巻末の参考資料①「グーグルのOKR実践マニュアル」を参照してほしい。

と、本当に重要な項目へのフォーカスが弱まったり、他のおもしろそうな課題に注意が向いてしまうリスクがある。健康・フィットネスのアプリを開発するマイフィットネス・パルCEOのマイク・リーは「僕らは多くを盛り込みすぎていた。あまりにも多くのことをやろうとして、優先順位が十分明確になっていなかった。そこでOKRの数を減らし、本当に重要なものだけが選ばれるようにした」と語る。

私自身がインテル時代に身をもって学んだように、個人も選択的な目標設定によって、手を広げすぎるのを防ぐことができる。個々のコントリビューターが上司と話し合い、ひとたび四半期のOKRを決定したら、新たな目標や「主要な結果」を加えるには既存のものとの整合性を確認しなければならない。**「新しい目標は、すでに設定したものと比較してどうなのか？」「新たな目標を追加するために、既存の目標を削るべきだろうか？」**。OKRシステムがしっかり機能している組織では、トップダウンで「とにかくもっと働け」と指示が出されることがなくなる。上司は指示の代わりに、こう問いかけるようになる。「一番重要なことはなんだ？」こと目標設定に関しては、アンディ・グローブは絞り込むことの重要性を強く意識していた。

OKRシステムが卓越した組織にもたらすものの1つが、フォーカスである。それは目標の数を絞り込むことでしか得られない。何かにコミットするのは、他のことにコミットする機会を放棄することにほかならない。もちろんこれは有限な経営資源を配分するうえで避けがたい結果である。計画を立てる立場の者は、プロジェクトを開始するだけでなく打ち切る、「イエス」とほほ笑むだけでなくきっぱり「ノー」と言うための胆力と誠実さと規律を持たなければならない。すべてに注力しようとすれば何事にも注力できないことを理解し、その理解に基づいて行動しなければならない。[12]

何より重要なのは、最上位の目標は「重要なもの」でなければならないということだ。OKRはとりあえず何でも書き込んでおくリストでもなければ、チームの日常業務を書き出したものでもない。特別な注意を払うべき目標を厳選し、今すぐに全員が動き出すための手段である。それは会社が達成すべきもっと大きな目標と結びついている。

「優れた経営とは、一見重要度が同じような数多くの活動のなかから、圧倒的に影響力の大きいものを1つか2つか3つ選び、そこに集中する能力にほかならない」とグローブは書いている。[13]

ラリー・ペイジはそれをこんな言葉で表現している。勝利する組織は「少ない矢を全身全霊で射《う》つ」と。OKRの1つめの威力は、この短いフレーズに凝縮されている。

第5章

Focus:
The Remind Story

フォーカスする——リマインドのケーススタディ

共同創業者　ブレット・コプフ

アメリカの教育制度に改革が必要なのは誰もがわかっている。ブラウン大学のある調査は、1つの解決策を示している。教師と家庭のコミュニケーションを改善する、というのがそれだ。夏休みの補習を担当した教師が、6年生の児童の家庭に毎日電話やテキストメッセージ、あるいはメッセージカードで連絡を取ったところ、宿題の提出率は42％、出席率は50％近く上昇した。[1]

企業は過去何十年にもわたり学校にテクノロジーを導入することで子供たちの学業成績を高めようとしてきたが、うまくいかなかった。しかしふと気づけば、アメリカでは何千万人という子供たちがポケットに革新的なハイテク製品を入れて登校してくるようになっていた。スマホが普及したおかげで、テキストメッセージはティーンエイジャーの主要なコミュニケーション・ツールとなった。そこに商機を見いだしたのがリマインドだ。テキストメッセージを校長、教師、生徒、保護者にとって安全かつ実用的なコミュニケーション・システムにする、というのがリマインドの目標だ。

正しい目標を選ぶには、フォーカスが欠かせない。それはもみ殻からOKRという小麦をより分ける作業とも言える。ブレット・コプフは、教師、生徒、親が安心・安全にテキストメッセージを送受信できる環境を提供するリマインドを立ち上げる過程で、フォーカスの重要性に気づいた。同社はOKRを使って最優先事項に照準を合わせ、この国の未来を決める何百万という人々に役立っている。

私はブレットに会ったとき、顧客に尽くそうとする彼の情熱に深い感銘を受けた。リマインドはとことん教師たちにフォーカスしていた。とあるビルの最上階にあるちっぽけなオフィスを訪問したとき、トイレの鏡、便器の真向かいに会社の目標がテープで貼ってあったのは今でも忘れない。これこそ真剣にゴールに向き合っているサインだ。

　ブレットは優先事項を特定し、他の人々を巻き込むのがとても上手だ。２０１２年には兄のデビッドとともに、《フォーブス》誌の栄えある「教育版　フォーブスが選ぶ30歳未満の30人」に選ばれている。ただリマインドの成長が加速するなかで、フォーカスの重要性は一段と高まっていった。ＯＫＲは、リマインドですでに動き出していたプロセスを、確固たるものにしたと言える。


ブレット・コプフ　私はイリノイ州スコーキーで育ったが、学校では集中できず苦労した。動きまわらずに、ずっと机に向かっているのは私にとって拷問に等しかった。40分の数学の授業は永遠に続くかと思われた。まわりの生徒に話しかけたり、紙くずを投げたりするような子供だった。とにかく授業に集中できなかった。

　小学5年生で、注意欠陥多動性障害（ＡＤＨＤ）と失読症の診断を受けた。言葉や文字を体系的に理解するのが難しく、それ以上に数字が苦手だった。

　私の両親は起業家で、ともに朝5時から働く姿を見てきた。私も懸命に努力したが、成績は下がりつづけ、自信もなくなっていった。シカゴのノースサイドの高校に進学すると、状況はさらに悪くなった。まわりの生徒にバカ呼ばわりされると、そのとおりだと思った。

しかし高校3年のとき、デニス・ホワイトフィールドという名の教師がマンツーマン指導をしてくれたことで、私の人生が変わった。ホワイトフィールド先生は毎日、まずこう聞いた。「今日は何をしなければいけないの？」。私がリストを報告する。歴史のワークシート、国語の小論、そして数学テストの準備。すると先生は魔法の言葉を発する。「わかったわ。ではまずそのうち1つを選んで、考えてみましょう」。私たちは一度に1つの課題に的を絞り、確実にやり遂げていった。「とにかく続けなさい。必ずできるわ。私が1日付き合うから」。すると私の心のなかのパニックが落ち着いた。勉強が得意になることはなかったが、自分にもできるんだと思えるようになった。

私の母は毎週ホワイトフィールド先生と話し、少なくとも月1回は学校に足を運んだ。彼らは「チーム・ブレット」として一丸となり、私が落ちこぼれないように全力で支援してくれた。2人が連携することの重要性を完全に理解していたわけではなかったが、それは私のなかに種をまいてくれた。

ただ学校の成績は良くなったものの、4時間じっと動かず、600問に解答させる「大学入学学力テスト（ACT）」はADHD患者には悪夢に等しかった。それでもなんとかミシガン州立大学に合格できたのは、私の人生初の大勝利だった。

アメリカの深刻な教育問題に取り組もうとするとき、たいていの人はカリキュラムや「成績責任」（学校予算が学業成績で変動する方式）に注目する。そこから抜け落ちているのは、人と人との連携という発想だ。リマインドはそこに照準を合わせている。

教育業界のツイッター

多くのベンチャー企業がそうであるように、リマインドもたった1人の問題から始まった。大学1年生になった私は、教授陣が気まぐれに設定する課題の締め切りや講義のスケジュールにまるでついていけなかった。高校までのサポート・チームもいなくなり、3つの専攻で落第した末に、一番簡単そうな農業経済学に落ち着いた。それでも毎学期5科目を取らなければならず、それぞれに35個の課題や大小テストがあった。大学での学業の成否は、タイムマネジメントにかかっている。政治学の10ページの小論をいつ書きはじめるべきか。化学の最終テストの準備をどう進めるべきか。臨機応変に目標を設定する能力が不可欠だったが、私は失敗ばかりだった。

ついに私の怒りが爆発したのは大学3年のとき、必死で取り組んだ小論が「C」に終わったときだ。傷に塩を塗るかのように、ノートパソコンで大学の使いにくいウェブベース・システムを操作して、その屈辱的評価を探さなければならなかった。友達とはブラックベリーを使ってリアルタイムにテキストメッセージをやりとりできるのに、なぜ学校のデータはこれぐらい簡単な操作で確認できないのか。なぜ教授陣がスマホでいつでもどこでも学生と連絡を取れるようにしないのか。私は、自分のような学生のために何かを創らなければ、という使命感を抱いた。そこでシカゴの大手保険会社のウェブサービス・セキュリティ部門で働いていた兄のデビッドに電話をした。「僕と会社を立ち上げたいか、24時間以内に決めてくれ」。5分後、兄は電話をかけてきた。「OK、やるよ」

それから2年間は手探りが続いた。僕らはテクノロジーについて何も知らなかったし、もちろんプロダクト開発や会社経営など何の知識もなかった（私の社会経験はクラフトフーズでのインターンぐらいだったが、ほとんどの時間はクッキーを棚に並べるのに費やした）。学生がおのおの時間割を送ってくるので、私がそれをデビッド作成のエクセル・マクロに入力し、学生の携帯電話にアラートが送られるようにした。「ブレット・コプフさん、明朝8時の『歴史入門』の授業でテストがあるよ。準備を忘れないようにね」といった具合に。原始的でまったく拡張性はなかったが、私を含めて数百人の利用者には好評だった。こうして私はミシガン州立大学を卒業した。

2011年初頭、私はフルタイムでアプリ開発に取り組むため、シカゴに引っ越した。家族や友人から集めた3万ドルを元手に、デビッドと一緒にいっぱしの起業家らしい生活を送りはじめた。夕食は毎日パスタで済ませた。しかし私が傲慢だったために、事業はうまくいかなかった。出資してくれそうな人たちとの会合や、サイトの精巧な構成図を仕上げるのに膨大な時間を注ぐ一方、教師たちが抱える問題を学ぶことにはまったく時間を割かなかった。一番重要なことにフォーカスしていなかったのだ。

手元資金がわずか数百ドルになった時点で、リマインドはシリコンバレーの教育ベンチャー向けアクセレレーター、「イマジンK12」の支援を受け、なんとか死を免れた。私たちがまとめたミッションステートメントは、次のような内容だ。「リマインド101――教師が生徒や保護者にメッセージを送るための安全な手段。SMS（ショート・メッセージ・サービス）を使い、教育業界で最も強力なコミュニケーション・プラットフォームを構築する。いわば教育業界のツイッターだ」。私のように学習困難を抱える子供たちは何百万人もおり、彼らを助けようと奮闘する教師も数えきれないほどいる。それをなんとかできると考えた私は向こう見ず、あるいは世間知らずだったのかもしれない。

支援が始まった90日後は「デモ・デー」となる。それを見越してデビッドは仕事を辞め、われわれはシリコンバレーに引っ越した。そこで起業家の3つの合言葉を知った。

- **問題を解決せよ**
- **シンプルなプロダクトをつくれ**
- **ユーザーと対話せよ**

デビッドが部屋に籠ってコードの書き方を勉強する一方、私は10週間、たった1つの目標にフォーカスした。「アメリカとカナダの教師200人にインタビューする」というのがそれだ（私の最初のOKRと言っていいだろう）。結局ツイッターで教師500人と接触し、そのうち250人と直接対話をすることができ、目標を上回る結果を達成した。現場で活躍する教育者の声にひたすら耳を傾けていると、彼らの抱える重要な課題の1つが、学校外でのコミュニケーションであることはすぐに明らかになった。終業のベルが鳴ると、生徒たちの肩に「宿題は明日締め切り」と書いたポストイットを貼り付ける教師もいた。もっと良い手段はないだろうか？

従来の電話連絡網や保護者と学校間の同意書のやりとりは、手間がかかり、あてにならなかった。一方、30歳の教師と12歳の子供たちとのテキストメッセージのやりとりは責任問題に発展するリスクがあった。教師たちは個人データが含まれない安全なプラットフォームで、使い勝手が良く、プライバシーが保護されるものを必要としていた。しかも作業負担が増えるのではなく、減るような仕組みだ。

支援開始から15日後、リマインドの粗削りなベータ版が完成した。私はプリンター用紙に携帯電話と電子メールを表す記号を手書きしてシステム図を描き、「生徒には次の方法でメッセージを送信できます」と走り書きして「招待」「印刷」「共有」の3つの選択肢を示した。スカイプで教師につながると、パソコンのカメラの前にこの紙を掲げ、「生徒に送りたいメッセージをタイプし、ボタンを押すだけ。生徒にはあなたの電話番号もソーシャル・ネットワークのプロフィールも見えませんよ」と説明した。こんなやりとりを数えきれないほど繰り返したが、そのたびに相手の教師は椅子から転げ落ちそうになった。「すごい！　そんなものがあったら本当に助かる！」と。

こうしてデビッドと私は、自分たちが正しい道を歩みはじめたことを確信した。

シードキャピタルによる規模拡大

支援開始から70日後、リマインドのソフトウェアが完成した。教師がウェブで登録すると、「バーチャル教室」を設定し、生徒や保護者にテキストメッセージを送るための専用番号をもらえた。サービスは瞬く間に拡大した。サービス開始から3週間も経たずに、13万件のメッセージが送信された。われわれはあらゆるベンチャー企業が望むもの、すなわち右肩上がりの成長曲線を手に入れた。「デモ・デー」当日、私は11人の他の起業家とともに、投資家１００人が待ち受ける大きな会議室に入った。プレゼンに与えられた時間は2分。それが終わると、２時間にわたる猛烈な交流タイムとなった。名刺は40枚は配っただろう。

成長にはお金がかかる。２０１２年初頭には、兄と私で1万ドルの負債を抱えていた。だがそんなとき、ミリアム・リベラとクリント・コーバーが率いるウル・ベンチャーズが、恵みの雨ともいえる3万ドルのシードキャピタル（創業資金）を出資してくれた。さらにグーグルのプロダクト・マネジャーを務めた後、マイティ・テキストを創業したマニッシュ・アローラも出資し、さらに私のメンターにもなってくれた。リマインドはわずかなシードキャピタルを元手に爆発的な成長を続けた。ときどき（というより、ほとんどいつも）私は魔法使いの弟子にでもなったような気分だった。すべてが猛スピードで動いていて、制御不能に感じられた。ある時点では社員はたった5人、技術者はそのうち2人しかいないのに、1日あたり新規ユーザーが8万人ずつ増えていくという状況になった。まだ宣伝に1セントも使っていなかったにもかかわらず、である。私がフィードバックを求めた教師たちは、みな50人の同僚に口コミで広めてくれた。リマインドのサービスは無料だったので、学区の許可を求める必要もなかった。

2013年秋まで、私たちの目標はすべて質的なものだった。この時点でリマインドのユーザー数は600万人に達し、われわれはカマス・パリハピティヤとソーシャル・プラス・キャピタル・パートナーシップからシリーズA投資ラウンドの出資を受けた。すでにマニッシュからはもっとデータに基づく意思決定をすべきだと促されており、カマスからは紙1枚で会社の状況を示す方法を教えられた。それに加えて、カマスは重要ではないことを見分ける方法を教えてくれた。たとえば登録ユーザー数だ。登録しても、まったくリマインドを使わない教師の数など気にしても意味がない。

ジョン・ドーアがリマインド本社のトイレに掲げられた目標を目にする頃には、それはかなり具体的な内容になっていた。そこに挙げていた指標は3つだった。「週次アクティブ教師数（WAT）」、「月次アクティブ教師数（MAT）」、そして継続利用率である。

さらに私が2〜3個の四半期目標を加えていた。「データベースを移行する」「アプリケーションを開発する」「4人採用する」といったことだ。全社員に自分たちが今どういう状況にあるかを理解してほしかったからだ。

われわれはまだ寝室が1つしかない屋根裏部屋のようなアパートで活動していて、慢性的に技術者は不足し、モバイルアプリはようやく立ち上がったばかりだった。しかしジョンには、われわれが本当に重要なことにフォーカスしていることが伝わった。目標は明確で量的で、しかも最初からユーザーである教師のことばかりを考えていた。

２０１４年２月、ちょうど（クライナー・パーキンス主導の）シリーズＢ投資ラウンドが終わろうとする頃、ジョンがＯＫＲを解説してくれた。インテル、グーグル、リンクトイン、ツイッターなど、ＯＫＲを使っている会社をいくつか紹介しながら、これが重要な課題にフォーカスしつづける方法であり、あらゆる段階でわれわれの指針となり、成果を追跡し、サポートする手段になるのだ、と。やってみようじゃないか、と私は思った。

成長のための目標設定

この年の８月、われわれの繁忙期にあたる

左からリマインド共同創業者のブレット・コプフ、クリントンデール・コミュニティ・スクール共同学校長のメロニー・カーギルとドーン・サンチェス、リマインド共同創業者のデビッド・コプフ。2012年撮影

学校の新年度が始まる時期に、リマインドのアプリは大ブレークした。生徒や保護者による新規ダウンロードが1日30万件を超えたのだ。アップルのアップストアでは第3位になった。秋学期が終わる頃には、送受信されたメッセージの合計が10億件の大台を突破した。社内のあらゆる部門で、体制を急拡大する必要があった。リマインドの設定した目標は華々しいものではなかったが、いずれも本当に必要なものばかりだった。

われわれは全社員が14人しかいなかったときにOKRを導入した。それから2年も経たずに、社員数は60人に増えた。もはや全員でテーブルを囲んで、次の四半期の優先項目を話し合うことはできなくなった。会社を次のレベルに引き上げるために必要なことに全員を集中させるうえで、OKRは非常に大きな役割を果たした。教師のエンゲージメントに

目標 | OBJECTIVE

全社の採用活動を支援する

主要な結果 | KEY RESULTS

1 財務と運営担当ディレクターを1名採用する
（最低3人の候補を面接する）

2 プロダクト・マーケティング・マネジャー1名を採用する
（今四半期中に5人の候補者を面接する）

3 プロダクト・マネジャーを1名採用する
（今四半期中に5人の候補者を面接する）

関する目標と、それを支える、期限の明確な「主要な結果」を達成するためには、他のたくさんのことを後回しにする必要があった。重要なことを本当にきちんとやりきるためには、常に1つのことだけにフォーカスしなければならないと私は思う。だからその重要なことが何なのか、間違えてはいけないのだ。

例を挙げよう。今日《こんにち》に至るまで、リマインドに対して最も要望が多かった機能は、メッセージの繰り返し送信だ。たとえば小学5年生の担任教師が、今読んでいる本を学校に持ってくるのを忘れないように、というメッセージを毎週月曜日の朝に送信でき、いちいち再送信しなくてもよい機能だ。これは典型的な「顧客が喜ぶ」機能だが、会社の最優先事項にして、技術部門の時間を振り向ける価値があるだろうか。それによってユーザー・エンゲージメントは明らかに向上するだろうか。われわれはその答えは「ノー」だと判断し、この作業を棚上げした。教師を中心にモノを考える組織には難しい決断だった。OKRという新しい目標設定のルールやフォーカスが決まっていなかったら、決心が揺らいでいたかもしれない。

OKRは完全なトップダウンにならずに、会社を前進させていく手段となった。四半期の最優先事項を投票によって決めた後、経営陣は関係部署へ行って、「われわれが重要だと思っていることはこれで、その理由はこうだ」と説明する。すると関係部署では「なるほど、ではどうすればそれを達成できるんだ？」と考える。すべてが明文化してあるので、誰もが他の人々が何に取り組んでいるかがわかる。誤解もなければ、後になって文句を言い出す人もいない。OKRによって社内政治は排除できる。

ＯＫＲは私自身が大切なことにフォーカスするのにも役立った。私は個人的に最優先で取り組む目標を、努めて3～4個に絞った。それを印刷して、ノートやコンピュータの近くや、自分がよく行く場所に貼っておいた。そして毎朝、こう自問した。「これが僕の3つのゴールだ。会社を前進させるために、今日すべきことは何だろう？」と。これは学習障害を持っているかいないかにかかわらず、あらゆるリーダーにとってすばらしい価値のある問いかけだ。

私は周囲に対して、自分の目標に対する進捗状況（あるいは進捗していない事実）を包み隠さず伝えてきた。「これが僕の取り組んでいる3つの目標で、これについてはまるきりダメだ」といった具合に。社員がＣＥＯの優先事項を知り、それに自分の仕事の方向性を合わせ、会社全体で最大の効果を達成できるようになっている必要がある。また失敗しても構わないこと、失敗したら修正して先へ進めばよいのだとわかっていることも必要だ。失敗を恐れてはならない。それはイノベーションの足かせとなる。

急成長するスタートアップ企業では、有能なリーダーは自分が当初受け持っていた仕事を次々と手放していくものだ。多くの創業者がそうするように、私も当初は財務と給与計算を担当していたが、それは膨大な時間を要した。私が最初に設定したＯＫＲの1つは、財務関連の仕事を手放し、プロダクトと戦略、すなわち会社全体の目標を見る仕事に集中できるようにすることだった。それと同時に、幹部社員を通じて仕事を進めていく方法を身につけなければならなかった。ＯＫＲは円滑な権限委譲とその定着にも役立った。ＯＫＲのおかげで、後戻りをしてマイクロ・マネジメントをするような事態は防ぐことができた。

OKRという伝統

OKRは基本的にシンプルな仕組みだが、すぐに使いこなせるものではない。導入当初は会社レベルの目標があるべき姿からかけ離れてしまうこともあった。たいていはあまりに野心的な目標を立ててしまうことが原因だった。せいぜい2つの目標をこなす能力しかないのに、7つも8つも目標を立ててしまう、といった具合に。

われわれがジョンと出会った頃、私は戦略的な事業計画とは何かも知らなかった。おそらくわれわれはOKRをいきなりそっくり導入するのではなく、徐々に慣れていくべきだったのだろう。ただ失敗はあったにせよ、再びやり直すとしても、やはり私は一気に導入すると思う。OKRによってリマインドのマネジメントは改善し、実行力のある会社になった。OKRを実施して3四半期後には、シリーズC投資ラウンドで4000万ドルを確保した。リマインドの未来は確固たるものとなった。

リマインドには無限の可能性がある。急速な成長とさまざまな変化を遂げてきたにもかかわらず、自分たちの核となる顧客基盤は熱心に職務をまっとうする教師たちである、という事実

を見失うことはなかった。コプフ兄弟の「すべての生徒に成功するチャンスを与える」というビジョンは揺るぎないものだ。ブレットはこう指摘する。

「今はボタンを1つクリックすれば、5分でタクシーを呼べる時代だ。それなのに子供が学校で躓いたとき、その事実が親に伝わるまでに何週間、ときには何カ月もかかる」

リマインドは本当に重要な課題にフォーカスすることで、この問題を解決しようとしている。

第6章

Commit:
The Nuna Story

コミットする——ヌナのケーススタディ

共同創業者兼CEO　ジニ・キム

ヌナはジニ・キムの情熱が紡ぐ物語だ。家族を襲った悲劇をきっかけに抱いた、大勢のアメリカ人に質の高い医療を提供したいという思いがジニを突き動かしている。またこれはジニが何年も断られつづけた末にいかにしてヌナを立ち上げたか、どのようにして技術者やデータサイエンティストを採用し、「新たなメディケイド・データ・プラットフォームをゼロから立ち上げる」というとてつもなく無謀な目標にコミットさせていったかの物語でもある。

コミットメント（全力で打ち込む姿勢）はフォーカスと並ぶ、OKRの1つめの威力の核となる要素だ。OKRを実施するリーダーは目標にコミットすることを公言し、断固としてそれを貫く姿勢を示さなければならない。医療データ・プラットフォームとアナリティクスを提供するヌナは当初、OKRを誤ったかたちで導入した。だが共同経営者たちはその失敗を乗り越え、改めて組織全体に対して優先事項を明確化した。そして自らの個人的OKRの達成にコミットすると同時に、組織全体がOKRを達成するよう支援する姿勢を一貫して示すことの必要性に気づいた。

ヌナにとって飛躍の年となったのは2014年。4年間にわたる苦闘と、その間に獲得したメディケイド（低所得者向けの医療補助制度）関連の大型契約で学んだ教訓をもとに、同社はデータを活用して、医療を最も必要とする数百万人に役立つ仕組みを創ろうとしている。またテクノロジーとメディケイド分野の仕事から学んだ教訓をもとに、大企業に対して社員向け医療保険の効率化と医療の質向上を支援している。そのすべてを支えるのが、ジニがグーグルのプロダクト・マネジャー時代にめぐりあったOKRだ。

このケーススタディには、コミットメントの威力の2つの特徴が表れている。ひとたびヌナの経営陣がＯＫＲのコツをつかむと、最もインパクトの大きな目標へのコミットメントは揺るぎないものとなった。同時にリーダーもコントリビューターも、ＯＫＲプロセスそのものにコミットすることを学んだ。

ジニ・キム　ヌナはきわめて個人的な経験から生まれた会社だ。私の弟のキモンは2歳のとき、重度の自閉症と診断された。その数年後、ディズニーランドで初めての大発作が起きた。ふつうにしていたと思ったら、次の瞬間、床に倒れ、ほとんど息をしていなかった。韓国からの移民で、お金もなく、英語もほとんど話せなかった両親は途方に暮れた。セーフティーネットがなければ、一家は間違いなく破産する。メディケイドを申請するという重大な任務が、当時9歳だった私に課せられた。

私は２００４年に大学を卒業すると、すぐにグーグルに入社した。それまでＯＫＲという言葉など聞いたこともなかった。ただ次第に、ＯＫＲは私と私のチームがグーグルで活動し、重要な仕事をやり遂げるのに不可欠な羅針盤となっていった。私が最初に担当したプロダクトの1つが「グーグル・ヘルス」で、その経験を通じて私は医療を改善するうえでのデータの重要性を痛感した。また自分自身のデータを含めて、医療データを入手するのがどれほど難しいかも学んだ。その経験をもとに、私は2010年にヌナを設立した。

ヌナでは当初、OKRを使っていなかった。資金もなく、顧客もいない。フルタイム勤務の私に加えて、他に5人のパート社員（大学院生で私の共同創業者となったデビッド・チェンを含め）がいたが、誰も給料を受け取ってはいなかった。私たちはプロトタイプを創り、従業員向けに団体保険を提供する大企業に売り込んだ。だが初年度に獲得した契約はゼロで、それも当然の結果だった。私たちは市場が必要としているものはわかっているつもりだったが、実際には顧客を十分理解しておらず、プロダクトを効果的に売り込むことができていなかった。

2年目も受注ゼロで終わったことから、私は一から勉強をやり直すことにした。医療保険の給付担当者は本当は何を重視しているのだろう。医療市場で意味があるイノベーションとはどの

ヌナCEOのジニ・キム（右）と弟のキモン

ようなものか。私はスーツを着込み、企業の人事部門の担当者が集まる会議へ出かけていった。

2012年、学習の成果は複数のフォーチュン500企業との契約に結び付いた。2年間にわたって拒絶と焦り、そしてインスタント・ラーメンだけの夕食を数えきれないほど重ねた末に、ようやくヌナは市場に合致したプロダクトを生み出した。しかしスタートアップ企業というのは絶え間なく変化を続けるものであり、ヌナもまさに劇的な変化を遂げようとしていた。この年、私は半年間にわたってオバマケアの公式ウェブサイト、Healthcare.gov を手伝い、その後再びベイエリアに戻ってきてヌナに3000万ドルの出資を獲得した。ようやくチームに安定的に給料を払えるようになったのだ。

その頃には私は、政府が史上初のメディケイド加入者のデータベースを構築するため、入札を計画しているという情報をつかんでいた。全米50州、5つの準州、ワシントンDCに住む7450万人分のデータベースである。すでに何度も頓挫していた計画だった。私たちは72時間にわたり、ほとばしるアドレナリンと「レッドブル」に支えられて議論を重ね、締め切り直前に「センターズ・フォー・メディケア&メディケイド・サービシーズ（CMS）」に提案書を出した。2カ月後、契約を獲得できたことがわかった。

ヌナの規模拡大には、3つの大きな課題があった。1つめは事業そのもの、すなわち法令遵守、安全性、プライバシー対策を強化することだ。2つめはデータ・プラットフォーム・インフラ。3つめは人材で、社員15人から一気に75人に増やす必要があった。雇用者保険の運営支援という既存事業を継続しながら、アメリカにとって歴史的なデータベースを構築しなければならない。しかも1年以内に。それを成し遂げるには、それまでとは比較にならないほどのフォーカスとコミットメントが必要だった。

２０１５年、ヌナは初めてＯＫＲを導入しようとした。グーグル出身者として、私は「目標と主要な結果」の威力を刷り込まれていた。ただ私はＯＫＲを導入すること、しかもそれを効果的に運用することの難しさを過小評価していた。目標達成のための筋肉は徐々に、段階的に鍛えていくものだ。私自身、マラソンを走りきるための個人的ＯＫＲを実践した経験から、拙速にやりすぎるのは体を痛めるだけだということは、よくわかっていたはずなのだが。

ヌナでは四半期ＯＫＲと年次ＯＫＲを設定し、初日から全社員に実施を宣言した。当時のヌナはまだ規模が小さく、20人ほどだった。その人数なら一丸となって進むのはたいして難しくないだろう、と思うかもしれない。しかしＯＫＲプロセスはうまくいかなかった。結局、個人のＯＫＲを設定しなかった人もいれば、設定しても引き出しにしまいこんだままの人もいた。

今から思えば、経営チームの5人から始めればよかったと思う。ヌナが手痛い失敗を通じて学んだのは、体系的な目標設定を定着させるには、まず経営幹部がそのプロセスにコミットする必要がある、ということだ。幹部クラスがＯＫＲへの抵抗感を克服し、そのプロセスになじむには1〜2四半期はかかる。その間にＯＫＲを必要悪と見たり、うわべだけやろうとするのではなく、組織の最優先目標を達成するための実用的ツールだと認識してもらうのだ。

幹部クラスが本気で取り組むようにならなければ、それ以下のコントリビューターはついてこない。会社のＯＫＲが野心的なものなら、なおさらだ。目標が困難なものであるほど、投げ出そうとする誘惑は強くなる。上司の目標設定とその遂行ぶりを、部下は当然見ている。嵐のなかを行く船から将校が真っ先に逃げ出せば、船員がその船を港に戻そうと努力するだろうか。

2016年半ば、私たちはOKRへのコミットメントを新たなレベルに引き上げ、再挑戦することにした。幹部チームがやる気になったのは明らかだったが、それで安心するわけにはいかなかった。OKRを実践するよう社員に口うるさく言いつづけるのは、リーダーである私の仕事だ。私は社員に、個人OKRを必ず設定するようメールを送った。返信が来なければ、Slackを使って再度促した。それでも言うことをきかなければ、テキストメッセージを送った。それでもなお聞かなければ、直接つかまえて「お願いだからOKRを作って！」と言い聞かせた。

社員から真のコミットメントを引き出すには、リーダーが率先垂範しなければならない。他の人々に期待する行動を、まず自分が示すのだ。私が自分の個人OKRを全社員ミーティングで共有することで、OKRをやろうという空気があれほど盛り上がるとは驚きだった。私自身もOKRの達成に責任を負うことが、全員にわかったのだ。コントリビューターである一般社員は、遠慮なく私のOKRを評価し、改善方法を提案した。そのプロセスに大きな意味があった。

次ページに例を挙げよう。括弧内は私が受けた最終的な評点だ（評価はグーグルに倣って0・0〜1・0の尺度で行う）。この一見シンプルだが、会社の成否を左右する重要なOKRを策定するうえでは、社員からたくさんの建設的提案をもらった。

目標 | OBJECTIVE

世界トップクラスのチームづくりを継続する

主要な結果 | KEY RESULTS

1 技術者10人を採用する（0.8）

2 法人セールスリーダーを雇う（1.0）

3 ヌナが採用オファーを出さなかった人を含め、
面接を受けた人の100%がきちんとした組織で
プロフェッショナルな対応を受けたと感じる（0.5）

目標 | OBJECTIVE

社員数が150人を超えても、
健全で生産的な仕事環境を創出する

主要な結果 | KEY RESULTS

1 ヌナ社員の100%が定期のパフォーマンス評価とフィードバックを受ける（1.0）

2 ヌナ社員の100%が第3四半期の個人OKRの評価を、第4四半期の最初の1週間で完了する（0.4）

また人材育成へのコミットメントを測定するため、２つの「主要な結果」を設定した。

ヌナではどのようなＯＫＲにコミットしているかは完全に公開され、誰でも見られるようになっている。しかしときには非公開にしたほうが効果的なこともある。２０１６年第４四半期、私は雇用者保険の運営支援事業を担当するバイスプレジデントを採用しようと決めた。この事業の成長を加速させるうえで、きわめて重要なステップだ。ただ新しいポジションであり、社内にどう受け止められるかわからなかった。デビッドと私だけが責任を持つ非公開のＯＫＲを設定することで、採用プロセスを進めようという私のコミットメントは強まった。このＯＫＲがあったことで、社内の重要なステークホルダーと一対一の話し合いを重ね、候補者を見つけ、より正式な採用プロセスに移行しなければという思いが強まった。

スタートアップ企業には常に曖昧さがつきまとう。ヌナの事業領域が雇用者保険の運営支援から巨大なメディケイド・データベース、さらには健康保険プラン向けの新しいプロダクト提供へと拡大するなか、私たちは一段とＯＫＲを頼りにするようになった。組織全体がフォーカスや優先項目を明確にする必要性が高まった。それが強いコミットメントを引き出す前提条件となる。ＯＫＲがあったおかげで、そうでなければ見過ごされてしまったかもしれない問題が議論された。社内のアラインメントも進んでいる。外部で何かが起きるたびに反応するのではなく、四半期ごとの計画に従い、目的を持って行動できている。ＯＫＲによって締め切りは厳格になったが、より達成可能なものに感じられる。そして誰もがやろうと決めたことに「コミット」している。

ヌナのOKRの経験から学べることは何か。デビッドのアドバイスはこうだ。「OKRは最初の挑戦で文句なしにうまくいくということはない。2回目、3回目でも完璧にはならない。でも、それでくじけてはダメだ。辛抱しよう。修正しながら、自分たちに合ったものにしていく必要がある」。コミットメントが成功を呼び込む。OKRを最後までやり遂げれば驚くべき結果が得られることを、私は身をもって学んだ。

ヌナはCMSのパートナーの多大な協力を得て、すでに7400万人以上のアメリカ人の個人的健康情報を保管する安全で柔軟なデータ・プラットフォームを構築した。だがそれで満足はしていない。このプラットフォームを、政策立案者が費用のかかる複雑な医療制度を運営するうえで参考になるものにしたい。分析のツールとして、将来の病気の予測や予防に役立つものにしたい。なによりアメリカの医療制度の改善に大きく寄与するものにしたい。大それたコミットメントだ。ただ私がグーグルで学んだことが1つある。ミッションが困難なものであるほど、OKRが重要になる、ということだ。

今でも弟キモンは言葉を3つしか話さない。「オンマ」「アッパ」「ヌナ」、それぞれ韓国語で「ママ」「パパ」「お姉ちゃん」の意味だ。キモンは私たちの会社に名前とミッションを与えてくれた。あとは私たちがOKRへのコミットメントを支えに、万人により質の高い医療を提供するという目標に向かって突き進むだけである。

２０１７年1月、ヌナはメディケイド加入者データベースを完成させた。ＣＭＳの副ディレクター、アンドリュー・Ｍ・スラビットは《ニューヨーク・タイムズ》紙のインタビューで、ヌナのクラウド・データベースを「歴史的偉業と言っても過言ではない」と評価した。[1] 州単位の縦割りのコンピュータシステムは「メディケイド・システム全体を俯瞰できるもの」へと飛躍的進歩を遂げた。

ヌナはわずか数年でアメリカの医療制度に決定的変化をもたらした。だがジニとデビッド、そして2人のＯＫＲへの徹底したコミットメントを知る人なら、これはほんの始まりに過ぎないと言うはずだ。

第7章

Superpower #2:
Align and Connect
for Teamwork

OKRの威力②
アラインメントと連携がチームワークを生む

優秀な人材を採用するのは、指示して何かをやらせるためではない。
何をやるべきか、指示してもらうためだ。

——スティーブ・ジョブズ

ソーシャル・メディアの台頭によって、透明性は私たちの日常生活のデフォルト設定となった。透明性は優れた経営への近道でもある。しかしほとんどの会社では、いまだに目標は非公開となっている。法人向けクラウドサービスを手掛けるBOXの創業者兼CEO、アーロン・レヴィと同じ不満を抱える経営者は多い。「社内には常に一定の割合で見当違いな仕事をしている人がいる。問題はそれが誰かを把握することだ」

研究では、公開された目標のほうが、非公開のものより達成される可能性が高いことが示されている。[1]「公開」にスイッチを切り替えるだけで、組織全体の目標達成率は上がる。アメリカの労働者1000人を対象とする最近の調査では、92%が「同僚に業務の進捗状況が公開されているほうが目標達成の意欲が高まる」と回答した。[2]

OKRシステムの下では、組織の末端にいる社員でも、CEOを含めた全員の目標を見られる。批判や修正も衆人環視の下で行われる。あらゆるコントリビューターには自由に意見を表明する権利が認められており、目標設定プロセスそのものの欠陥を指摘することも可能だ。すべてが公開されている状況では、能力主義が浸透する。誰もが「私はこれに取り組んでいる」と明文化すれば、最高のアイデアがどこから出ているかは一目瞭然だ。出世の階段を駆け上がっているのは、会社にとって最も重要な業務に取り組む人々だと、すぐに明らかになるだろう。疑心暗鬼、力の出し惜しみ、足の引っ張り合いといった組織の毒素は力を失っていく。営業部門は新しいマーケティング計画を気に入らなければ、タコツボのなかでぶつぶつ言わず、堂々と反対意見を述べるようになる。OKRは目標を誰にとってもはっきりとしたものにする。

透明性は協力の出発点となる。社員Aが四半期目標の達成に苦労しているとしよう。Aが進捗状況を公開していれば、助けを必要としていることに周囲が気づく。すると意見を出したり、サポートを申し出たりするはずだ。Aの仕事はうまくいくようになる。それと同じぐらい重要なのは、職場の人間関係も豊かになることだ。ときには劇的に変化することもある。

大企業では、複数の人がそうとは知らずに同じ仕事に取り組んでいることがよくある。OKRは全員の目標を見える化することで、業務の重複を明らかにし、時間とコストを節約する。

意識を合わせる

会社全体の目標が定まったら、そこからが本番だ。OKRは計画段階から実行段階へ移行し、管理職もコントリビューターも日々の活動を組織のビジョンと結びつけなければならない。これを**アラインメント**と言い、その重要性はどれほど強調しても足りない。[3]《ハーバード・ビジネス・レビュー》誌によると、従業員が会社の目標に対してアラインメントできている会社は、業界上位に入る確率が同業他社の2倍以上である。

残念ながら、アラインメントができているケースはまれだ。調査では「会社の事業戦略と、共通の目標を達成するために自分に期待されていることを完全に理解している」と答えた従業員はわずか7％にとどまる。[4]世界のCEOを対象とする意識調査では、アラインメントの欠如が戦略の実行を阻む最大の障害と認識されている。[5]

カリフォルニア州のリスクモデリング会社、ＲＭＳの人事部門リーダー、アメリア・メリルはこう語る。「私たちの会社では、たくさんのプロジェクトが同時進行している。社員は複数のタイムゾーンで、同時並行あるいは共同で作業をしている。従業員にとって、どの仕事を最優先すべきか判断するのは本当に難しい。すべて重要、緊急の仕事に思える。でも本当にやるべき仕事はどれなのか？[6]」

その答えは、フォーカスが明確になった透明性の高いＯＫＲにある。ＯＫＲは個人の仕事をチームの取り組み、部門のプロジェクト、そして全社的なミッションと結びつける。人間は、他者とのつながりを渇望する生き物だ。職場ではリーダーが何をしているか、自分の仕事がどのようにリーダーの仕事とつながっているかに自然と興味を持つ。ＯＫＲは組織の垂直的なアラインメントの格好の手段となる。

上意下達

かつて産業界では、業務はトップダウンで進むものと相場が決まっていた。目標はシナイ山で石碑に刻まれた十戒のように、組織図の上から下へと伝えられていった。経営幹部が会社全体の目標を部門長に伝え、部門長がそれを次の管理職に伝え、順送りに次の階層へと伝えられていった。

こうした目標設定のやり方はすでに当たり前ではなくなったが、いまだに大企業では幅を利かせている。その利点は明らかだ。上意下達式の目標は、組織の下のほうにいる従業員を会社の主な課題に確実に取り組ませるのに効果がある。うまくいけば団結心が生まれる。「みんな一緒だ」というのを、わかりやすく示せる。

私はグーグルをはじめ多くの組織でプレゼンテーションをするとき、架空のアメフト・チームの例を使って、上意下達式にOKRを運用した場合の効果（あるいは弊害）を説明してきた。

ここからOKRを組織の上から下までたどってみよう

架空のアメフト・チーム「サンドヒル・ユニコーンズ」

私が「サンドヒル・ユニコーンズ」のゼネラルマネジャーだとしよう。私の目標は1つ、「オーナーのために利益を稼ぐこと」である。これが「何を」の部分だ（図1参照）。

私の目標には、2つの「主要な結果」がある。**(1)** スーパーボウルで優勝する、**(2)** 本拠地での試合の座席販売率90%以上、だ。この2つが「どうやって」オーナーのために利益を稼ぐかの部分だ。この2つの「どうやって」を達成すれば、利益が出ないはずがない。だからこ

図1　ゼネラルマネジャーのOKR

目標 | OBJECTIVE

オーナーのために利益を稼ぐ

主要な結果 | KEY RESULTS

1 スーパーボウルで優勝する

2 本拠地での試合の座席販売率90%以上

れは、よく考えられたＯＫＲと言える。

> 組織のトップレベルのＯＫＲが設定されたら、
> 組織図の下へ移っていく

私はゼネラルマネジャーとして設定した目標を、マネジメントの次の階層、すなわちヘッドコーチとマーケティング担当シニア・バイスプレジデントに下ろしていく。私の「主要な結果（ＫＲ）」が彼らの目標になる。図2を見てみよう。ヘッドコーチの目標はスーパーボウルで優勝することで、その達成を可能にするＫＲは３つある。**(1)** １試合あたりパス攻撃の合計が３００ヤード以上、**(2)** ディフェンスは1試合あたり17ポイント以下しか得点を与えない、**(3)** スペシャルチーム・ユニットはパント・リターンのカバレッジ・ランキングでトップ３に入る、だ。ヘッドコーチはこの３つのＫＲを、オフェンスコーチ、ディフェンスコーチ、スペシャルチームコーチという３人の部下へ目標として下ろす。３人はそれぞれ一段階低いレベルのＫＲを設定する。たとえばオフェンスコーチは「1試合あたりパス攻撃の合計が３００ヤード以上」という目標を達成するため、新しいクォーターバック・コーチを採用し、パス成功率65％、１試合あたりパスカット１回以下という結果を目指す。

図2　コーチ陣のOKR

ヘッドコーチのOKR

目標 | OBJECTIVE

スーパーボウルで優勝する

主要な結果 | KEY RESULTS

1 1試合あたりパス攻撃の合計が300ヤード以上
2 ディフェンスは1試合あたり17ポイント以下しか得点を与えない
3 スペシャルチーム・ユニットはパント・リターンのカバレッジ・ランキングでトップ3に入る

オフェンスコーチ

目標 | OBJECTIVE

1試合あたりパス攻撃の合計が300ヤード以上

主要な結果 | KEY RESULTS

1 パス成功率65%
2 パスカットは1試合あたり1回以下
3 クォーターバックの新しいコーチを採用する

ディフェンスコーチ

目標 | OBJECTIVE

1試合あたり17ポイント以下しか得点を与えない

主要な結果 | KEY RESULTS

1 1試合あたりラッシュヤードは100ヤード以下しか与えない
2 1試合あたりサックは3回以上に増やす
3 オールスターゲームに出場するクラスのコーナーバックを育成する

スペシャルチームコーチ

目標 | OBJECTIVE

パント・リターンのカバレッジ・ランキングでトップ3に入る

主要な結果 | KEY RESULTS

1 1パント・リターンあたり10ヤード以下しか与えない
2 シーズンを通じてパントを4つ以上ブロックする

全員のOKRは「スーパーボウルで優勝する」というゼネラルマネジャーの目標と連携している

まだ作業は完了していない。本拠地の試合でどうやって座席を売り切るかを決める必要がある一方、私の部下であるマーケティング担当シニア・バイスプレジデントの目標は、私のKR（「本拠地での試合の座席販売率90％以上」）そのものだ（図3参照）。シニア・バイスプレジデントはその目標に対して、3つのKRを設定した。(1)チームのブランディングを改善する、(2)メディアへの露出を増やす、(3)スタジアム・プロモーション・プログラムを活性化する、である。この3つのKRはそれぞれマーケティング担当、広報担当、商品担当の目標となっている。

さて、この図の問題点は何だろうか。ヒントを出そう。マーケティング担当シニア・バイスプレジデントのKRは非常にお粗末だ。ヘッドコーチのKRとは異なり、測定不可能なものばかりだ。具体性に欠け、期限も明確ではない。たとえば「メディアへの露出を増やす」というのは、どういう意味なのか？（スポーツ専門チャンネルESPNで5回特集されることか？　あるいは《スポーツ・イラストレーテッド》誌に記事が載ることか？　あるいはソーシャル・メディアのフォロワーが50％増えることか？）。

ただ、シニア・バイスプレジデントのKRがもっとまともなものだったとしても、組織の目標設定そのものに重大な欠陥がある。会社全体の目標が、すでに金持ちのオーナーをさらに金持ちにすることだというのは、ゼネラルマネジャーはもちろん、東海岸のスカウト担当者やコピー機と格闘するPR部門のインターンの内的モチベーションを掻き立てない。

上意下達もほどほどに実践すれば、組織にまとまりを持たせる効果がある。しかしすべての

図3　組織のOKR

ゼネラルマネジャー

目標 | OBJECTIVE

オーナーのために利益を稼ぐ

主要な結果 | KEY RESULTS

1 スーパーボウルで優勝する
2 本拠地での試合の座席販売率90%以上

ヘッドコーチ

目標 | OBJECTIVE

スーパーボウルで優勝する

主要な結果 | KEY RESULTS

1 1試合あたりパス攻撃の合計が300ヤード以上
2 ディフェンスは1試合あたり17ポイント以下しか得点を与えない
3 スペシャルチーム・ユニットはパント・リターンのカバレッジ・ランキングでトップ3に入る

オフェンスコーチ

目標 | OBJECTIVE

1試合あたりパス攻撃の合計が300ヤード以上

主要な結果 | KEY RESULTS

1 パス成功率65%
2 パスカットは1試合あたり1回以下
3 クォーターバックの新しいコーチを採用する

ディフェンスコーチ

目標 | OBJECTIVE

1試合あたり17ポイント以下しか得点を与えない

主要な結果 | KEY RESULTS

1 1試合あたりラッシュヤードは100ヤード以下しか与えない
2 1試合あたりサックは3回以上に増やす
3 オールスターゲームに出場するクラスのコーナーバックを育成する

スペシャルチームコーチ

目標 | OBJECTIVE

パント・リターンのカバレッジ・ランキングでトップ3に入る

主要な結果 | KEY RESULTS

1 1パント・リターンあたり10ヤード以下しか与えない
2 シーズンを通じてパントを4つ以上ブロックする

マーケティング担当シニア・バイスプレジデント

目標 | OBJECTIVE

本拠地での試合の座席販売率90%以上

主要な結果 | KEY RESULTS

1 チームのブランディングを改善する
2 メディアへの露出を増やす
3 スタジアム・プロモーション・プログラムを活性化する

マーケティング・ディレクター

目標 | OBJECTIVE

チームのブランディングを改善する

主要な結果 | KEY RESULTS

1 新しいマーケティング・キャンペーンに向けて魅力的な選手2人を選定する
2 より魅力的なチームスローガンを作る

広報担当

目標 | OBJECTIVE

メディアへの露出を増やす

主要な結果 | KEY RESULTS

1 各選手を1シーズンあたり2回のチャリティーイベントに出席させる
2 選手との交流会にスポーツ記者を20人招待する
3 ソーシャルメディアでイベントの写真をシェアする

商品担当

目標 | OBJECTIVE

スタジアム・プロモーション・プログラムを活性化する

主要な結果 | KEY RESULTS

1 チームグッズ会社10社とコンタクトをとる
2 5つの商品候補の価格を決定する
3 8月1日までにスタジアムで無料配布する商品のアイデアを3つ提案する

目標が上意下達で決まってしまうと、プロセス全体が機械的な塗り絵のような作業になり、次の4つの弊害が生じるリスクがある。

機敏性の欠如

中規模の会社ですら、組織には6〜7つの階層があることもある。誰もが滝が流れ落ちるように上から指示が下りてくるのを待ち、会議や審査ばかりが増えれば、目標設定サイクルを運営するのに何週間も何カ月もかかるようになる。上意下達を徹底する組織は、スピーディに、そして頻繁に目標を設定するのに抗う傾向がある。プロセスの実施にあまりにも手間がかかり、四半期ＯＫＲを運営するのが非現実的になる場合もある。

柔軟性の欠如

上意下達で目標を設定するのにあまりにも手間がかかることから、社員はサイクルの途中で目標を見直すのを避けるようになる。ほんのささいな修正でも、組織の下のほうの社員はそれに合わせて自らの目標を見直さなければならなくなり、多大な負担がかかる。次第にシステムを維持していくのが面倒になっていく。

コントリビューターが軽んじられる

厳格な上意下達型のシステムでは、最前線の従業員の意見が無視される。トップダウン式のエコシステムでは、コントリビューターは目標に対する懸念や優れたアイデアを共有するのを躊躇するようになる。

組織の連携が一面的になる

上意下達によって垂直的なアラインメントは達成されるが、社員を部門の垣根を超えて水平的に連携させる効果は低い。

ボトムアップ！

幸い、上意下達に代わる選択肢はある。OKRは透明性のあるシステムなので、厳格な上意下達で伝えなくても、組織内で共有できる。必要とあれば、組織階層をいくつ飛び越えても構わない。CEO、バイスプレジデント、ディレクター、マネジャー（さらにマネジャーの部下）へと順送りに伝えていく代わりに、CEOからマネジャーへ、あるいはディレクターから最前線のコントリビューターへ直接目標を与えても構わない。あるいは経営陣が自らのOKRを一度に全員に公開し、1人ひとりが「なるほど、会社の方向性はわかった。自分もそれに合致した目標を立てよう」と動き出してくれることを期待する、というケースもあるだろう。

グーグルでは何万人という従業員が働いている。OKRを機械的に上意下達で実践しようとすると、その創造力あふれる企業文化が台無しになるリスクがある。グーグルの人事部門のトップであったラズロ・ボックは著書『ワーク・ルールズ！』にこう書いている。

目標はパフォーマンスを高める。しかし企業の上から下へ、目標を伝達するのに膨大な時間をかけるのは、むしろ逆効果だ。グーグルは市場主義的アプローチを採る。つまり会社全体のOKRが周知され、1人ひとりのOKRも可視化されているため、時間の経過とともに全員の目標が収斂していくのだ。とんでもなく的はずれな目標を設定しているチームは目立ってしまう。そして全員に関係する重要なプロジェクトは数が絞られているので、トップが容易に直接管理できる。[7]

上意下達の逆は、グーグルの実践する「20％ルール」かもしれない。これは技術者に週1日、本業以外のプロジェクトに自由に取り組むことを認める制度だ。とびきり優秀な社員たちをくびきから解放することで、グーグルは世界を一変させた。2001年にはポール・ブックハイトが20％ルールに基づき、「カリブー」というコードネームのプロジェクトをスタートさせた。それは今、世界最大のウェブベースのメールサービス「Gメール」となっている。

過度にアラインメントを押しつけることで従業員の創造力が失われてしまわないように、健全な組織は目標の一部がボトムアップで生まれるように促す。たとえばサンドヒル・ユニコーンズの理学療法士がスポーツ医学の会議に参加して、ケガを予防するための新たなトレーニングプログラムを学んだとしよう。そこで自発的に、この新たなプログラムをオフシーズンに実施するというＯＫＲを策定した。それは直属の上司のＯＫＲとは一致しないかもしれないが、ゼネラルマネジャーの設定した全社的目標とは一致する。ユニコーンズのトップ選手がシーズンを通じて万全の体調を維持できれば、チームがスーパーボウルで優勝する可能性は大幅に高まる。

イノベーションは組織の中心より、端っこから生まれることが多い。最も価値のあるＯＫＲは、たいてい役員フロア以外から出てくる。アンディ・グローブはこう語っている。「最前線にいる人々は、目の前に迫った変化にいち早く接する。営業担当は経営陣よりも早く、顧客のニーズの変化に気づく。企業のファンダメンタルズが変化したとき、最初に察知するのは金融アナリストだ[8]」

マイクロ・マネジメントは、マネジメントとして間違っている。健全なＯＫＲ環境では、アラインメントと自律性、共通の目標と独創の自由のバランスが取れている。ピーター・ドラッカーはこう書いている。「プロフェッショナルな従業員には、厳格なパフォーマンス基準と高い目標が必要だ。（中略）ただどのように業務を遂行するかは、必ずその従業員の責任と判断に委ねるべきである[9]」。インテルのアンディ・グローブも「管理職の介入」に批判的だった。「部下は自らに期待される役割を限定的にとらえるようになり、自らの課題を主体的に解決しようとせず、上司に相談するようになる。その結果、組織のアウトプットは低下する[10]」

最高のＯＫＲシステムは、コントリビューターに少なくとも自分の目標の一部、そして「主要な結果」のすべてを設定することを認める。誰もが高みを目指し、できるだけ野心的な目標を設定し、その多くを達成するよう促される。「目標が高いほど、パフォーマンスは高くなる[11]」。

目標を自ら選ぶと、それを達成するのに何が必要か強く意識するようになる。

目標を「どのように」達成するかを他人に決められると、目標を達成しようという意欲は低下する。医者に血圧を下げるためにサンフランシスコ・マラソンに出る準備をしろと指示されたら、アドバイスとして渋々受け入れるかもしれない。だが自らの意志でマラソンに出ようと決めたら、ゴールまで完走する可能性ははるかに高くなるだろう。仲間と一緒に走ればなおさらだ。

ビジネスにおいて、正解がたった1つしかないケースはまれである。手綱を緩め、社員が自ら正しい答えを見つけられるようにサポートすることで、全員が勝者となる可能性は高まる。うまく機能している組織では、トップダウンとボトムアップの目標、すなわちアラインメントされたOKRとアラインメントされていないOKRの関係が自在に変化する。差し迫った経営課題があり、とにかく「それを解決すること」が最優先されるときには、あえて上意下達的になる。一方、業績が好調なとき、そして組織がやや臆病で硬直的になったときには、手綱を緩めるのが正しいかもしれない。リーダーが会社と従業員のニーズの変化に敏感であれば、トップダウン目標とボトムアップ目標の比率はたいてい半々になる。それが適切な状態だと私は思う。

部門を超えた連携

今日的な目標設定プロセスは組織図を超越するとはいっても、組織図に表れない部門間の依存関係はいまだにプロジェクトが失敗に終わる最大の原因となっている。その解決策となるのが、ピア・トゥ・ピア、チームとチームの部門を超えた連携である。イノベーションや高度な問題解決において、連携のとれたチームの能力はバラバラな個人のそれをはるかに上回る。製品の成功には技術部門、マーケティングの成功には営業部門の協力が不可欠だ。企業やプロジェクトが複雑になるにつれて、部門間の相互依存は深まり、ともにゴールラインに到達するには協力のためのツールが必要になる。

連携のとれた会社は動きが速い。競争優位を獲得するには、リーダー、コントリビューターともに部門の垣根を超えた水平的連携が必要だ。ラズロ・ボックが指摘するように、透明性のあるOKRはこのような自由な協力を促す。「どの部門にいても、組織内でどんなプロジェクトが進行しているかがわかる。電話端末を設計しているチームが、突然ソフトウエアを開発するチームに連絡を取ったりする。協力すれば、おもしろいユーザー・インターフェースが創れそうだと思ったからだ[12]」

目標が公開され、全員が見られるようになっていれば、トラブルが浮上するたびに「最強のチーム」が結成される。ボックはさらにこう加える。「誰かが場外ホームランを放てば、すぐにみんなが成功の原因を調べようとする。誰かが失敗ばかりしていれば、やはりみんなが調べようとする。透明性によって全員にきわめて明確なシグナルが送られる。こうして全員の業務遂行能力を向上させるような好循環が生まれる。しかもマネジメントの負担はゼロ。実にすばらしい仕組みだ」

第8章

アラインメント
——マイフィットネス・パルのケーススタディ

Align:
The MyFitnessPal Story

共同創業者兼CEO　マイク・リー

すべての始まりは、海辺の結婚式だった。マイクとエイミーはその日に向けて、なんとか体重を減らしたいと考えた。フィットネス・トレーナーは2人に3000種類の食品の栄養価が記載されたリストと、摂取カロリーを記録するためのノートを渡した。10歳からプログラミングをしてきたマイク・リーは、もっと良いやり方があるはずだと確信した。マイクが考えた解決策は、やがてマイフィットネス・パルとなった。マイクと弟のアルバートは8年にわたり、貯金とクレジットカードローンでこのアプリの開発費用を賄ってきた。

今日《こんにち》、リー兄弟は、デジタル機器を使って数値的に自分の健康状態を管理するという一大ムーブメントの中心的存在となっている。彼らのミッションは、この世界を健康にすることだ。2013年にクライナー・パーキンスがマイフィットネス・パルに出資したとき、登録ユーザー数は4500万人に達していた。いまやその数は1億2000万人を超え、ユーザー合計で3億ポンド（約1億3600キログラム）の減量に成功した。マイフィットネス・パルは1400万種類の食べ物のデータベースを備え、フィットビットをはじめとする数十種類のアプリとリアルタイムにリンクすることで、何を食べたか、どれくらい効果的に運動したかをかつてないほど簡単に追跡できるようにした。

マイフィットネス・パルは、かつてはわからなかったこと、たとえば朝のジョギングで消費したカロリーを明らかにして、ユーザーが野心的目標を設定し、達成するのを支援している。ユーザーは毎日、人生を変えるための選択を積み重ねていく。さらに魅力的なのは、このアプリがユーザーの日々の努力に声援を送る友達のネットワークも提供してくれることだ。

ＯＫＲは孤島ではない。むしろその逆で、組織にとって最も重要な仕事を成し遂げるための縦横斜めのネットワークを生み出す。従業員が会社の最も重要な目標に意識を合わせると、その効果は何倍にもなる。無駄な重複業務や非生産的な働き方はしなくなる。リー兄弟は世界有数の健康とフィットネスのためのアプリであるマイフィットネス・パルを創りあげていく過程で、しっかりとしたアラインメントは日々の進歩に不可欠であり、それが次の大きな飛躍をもたらすことに気づいた。

ユーザーの目標管理を支援するマイフィットネス・パルは、ＯＫＲの実践にはうってつけの環境に思える。目標設定はマイクとアルバートにとって、ごく自然なことだった。ただこれから見ていくとおり、はじめからうまくいったわけではない。２０１５年２月、２人の会社はアンダーアーマーに４億７５００万ドルで買収された。両社の統合によって、マイフィットネス・パルの技術的強みが、業界有数のブランド力と結びついた。リー兄弟は一夜にして、世界トップクラスのプロスポーツ選手とのパイプを手に入れた。それはデジタル健康管理の新たなフロンティアだ。

企業構造が変化したことで、目標管理に新たな課題も生まれた。特にアラインメントが難しくなった。マイクとアルバートは複雑化した社内の人間関係をうまくリードしていく手段として、ＯＫＲを活用した。はるかに大きな舞台に足を踏み入れたマイフィットネス・パルにおいて、「目標と主要な結果」は拡大した組織とその目標を一致させるのに役立った。

マイク・リー　誰もがポケットのなかに、驚くほど強力なデバイスを持っている。そのデバイスが私たちや私たちをとりまく世界について集めてくるデータは、爆発的な勢いで増えている。ほんのわずかな費用、あるいは費用ゼロで、常に相談に乗ってくれるコーチや栄養士、ときには医療コンサルタントがいる。スマホのおかげで、私たちはより健康的な意思決定をし、健康的なライフスタイルを身につけることができる。

マイフィットネス・パルはユーザーが生涯忘れないような気づきを与える。社内ではそれを「覚醒の瞬間」と呼んでいる。そのすばらしい効果を、私は身をもって学んだ。自分が食べたものを記録しはじめたことで、マヨネーズは大さじ1杯で90キロカロリーあるのに、マスタードは5キロカロリーしかないことを初めて知った。以来、マヨネーズはまったく口にしていない。こんな小さな変化をたくさん積み重ねれば、その効果は絶大だ。

私はマイフィットネス・パルを立ち上げる前に、いくつもの会社で働いた。しかし正式な目標設定システムを導入していたところは1つもなかった。財務計画、売上目標、それらにまつわる漠然とした戦略はあったが、体系的あるいは構造的な仕組みはなかった。かつての勤務先にもう1つ共通点があったのは、偶然ではないだろう。それは社内の意識がバラバラであったことだ。他の部門が何をしているのか、共通の目標に向かってどんなふうに協力すべきなのか、まるでわからなかった。それを埋め合わせるために会議を増やしたが、時間の無駄だった。2人でボートに乗っていて、1人が東に、もう1人が西に向かって漕げば、エネルギーを無駄にするだけでどこにも行きつかない。

マイフィットネス・パルを立ち上げた当初、社内ではこんなジョークを言い合っていた。「やることリスト」には1000項目も並んでいるのに、結局上位3つだけを完了して「よし、この1年よく頑張った」と言っているようなものだな、と。達成できずに終わったことも多かった。だが、それで問題はなかった。制約のなかで、できることをやっていたからだ。アンドロイド版あるいはブラックベリー版アプリを立ち上げる、iPhoneやiPad版を立ち上げるといった具合に、1つの目標に取り組み、確実に完了させてから次の項目に移った。2つの目標に同時に取り組むことはめったになかった。

マイフィットネス・パル共同創業者のマイク・リー（左）、アルバート・リー兄弟。2012年撮影

洗練されたプロセスではなかったが、フォーカスが明確で、測定可能だった。会社の戦略を自分1人で決定し、ともにプロダクト開発に取り組むパートナーが1人だけなら、アラインメントは簡単だ。私と弟は最重要目標を宣言し（「いつまでにｉＰａｄ版アプリを公開する」）、日々進捗を確認しあった。小さな会社は、プロセスなど整っていなくてもうまくやっていける。だが今から思えばもっと早くから、理想的にはベンチャー資金が入る前からＯＫＲを実践していれば良かったと思う。そうすればチャンスが到来したとき、もっと望ましい選択ができたはずだ。

マイフィットネス・パルのｉＰｈｏｎｅ版とアンドロイド版が稼働すると、成長は一気に加速した。ある朝目覚めると、登録ユーザーがいきなり３５００万人になっていたような気分だった。事業があまりに急速に拡大していたので、一度に１つのことをやっていてはとても追いつかなくなった。私の経験では、エントロピーが増大しはじめるのは、優秀な部下が２人になったときだ。それぞれに重要な課題を与えると、それぞれが思いどおりにプロジェクトを動かそうとする。たちまち組織の足並みは乱れ、バラバラな方向に走り出す。気づくと別の課題に取り組んでいる。もっと頑張れと発破をかけるのは逆効果だ。２本の釘が微妙にずれていれば、良いトンカチで叩いてもまっすぐには入らない。

アルバートも僕も、もっと体系的な目標設定プロセスが必要なことはわかっていたが、どうすればいいかわからなかった。２０１３年にクライナー・パーキンスがマイフィットネス・パルに投資してまもなく、ジョン・ドーアがやってきてＯＫＲを説明してくれた。そのときアメフト・チームの喩《たと》えを聞いて、ピンときた。会社の主となる目標を定め、それを組織階層に順番に下ろしていくというシンプルな発想が気に入った。「こうすれば会社のアラインメントが図れるのか！」と合点がいった。

チームを超えたまとまり

実際ＯＫＲを導入してみると、思っていた以上に難しかった。適切な会社全体の目標を設定し、それを下の階層に順番に落としてコントリビューターの行動変化に結びつけるには、どれだけ入念な検討が必要なのかわかっていなかった。高次の戦略的思考と、きめ細かな指示を伝えるコミュニケーションのバランスをうまく取るのが難しかった。シリーズＡの投資資金を獲得し、リーダーシップ・チームが増強されると、会社のできることの範囲がぐっと広がった。各リーダーの責任を明確化するため、私たちは１人ひとりに大きな目標を１つ任せた。会社全体のＯＫＲに全員が合わせるのではなく、１人ひとりに会社全体のＯＫＲを与えるという、逆パターンをやってみたのだ。この結果、限定的すぎる目標もあれば、ぼんやりしすぎた目標もあった。たとえば人事マネジャーが、プロダクトや売上高に関する高次の目標に自分の目標を結びつける方法がわからないと言えば、そのマネジャーのために新たな会社全体の目標を作っていた。こうして会社全体のＯＫＲが大量に設定されたが、マイフィットネス・パルにとっていた。

本当に重要なことは何なのか？　会社全体が木を見て森を見ず、という状況になっていた。

２０１３年には社員数が10人から30人へ一気に増えたので、生産性は２００％にはなるだろう、と私はタカをくくっていた。規模拡大がどれほど生産性の足かせになるかを過小評価していた。新しい技術者が既存の社員と同じぐらいの働きができるまでには、相当の研修が必要だ。そして複数の技術者が同じプロジェクトに取り組むようになったことで、仕事の重複を避けるために新たなプロセスを構築しなければならなくなった。その過程で生産性は落ち込んだ。

アラインメントとは突き詰めると、社員に会社は何を期待しているかをわからせることだ。たいていの社員は、会社のトップレベルのＯＫＲまで一段一段上り詰めていこうという意欲を持つ。重要なのは、彼らがはしごをかける場所を間違えないことだ。マイフィットネス・パルの社員が増え、組織が階層化していくのにともない、新しい問題が出てきた。あるプロダクト・マネジャーは「プレミアム」というサブスクリプション型の高機能アプリを開発していた。別のマネジャーはＡＰＩプラットフォームを改良し、フィットビットなどサードパーティがマイフィットネス・パルに接続し、データを書き込んだり、アプリケーションを追加できるようにしようとしていた。さらに別のマネジャーはアプリの根幹であるログイン・プロセスを改良しようとしていた。３人ともが別々のＯＫＲを設定していた。そこまでは問題ない。

問題が生じたのはそのすべてを引き受けることになる技術部門で、板挟みになってしまった。技術者たちは、３人のプロダクト・マネジャーの目標とのアラインメントができていなかった。技術部門にも会社の日々の活動を支える独自のＯＫＲがあった。私たちは、技術部門には必要な仕事をすべてこなせる能力があると踏んでいたが、とんだ思い違いだった。技術部門は何を優先すべきか、どの目標なら報告せずに変更してよいのか、混乱してしまった（結局、一番声の大きいプロダクト・マネジャーの主張が優先されることもあった）。技術者が取り組むプロジェクトは毎週のように変化し、仕事の能率は低下した。いったん離れていたプロダクトに戻ると、「これはどういう仕組みだったっけ？」と思いだすところから始まる。会社の収益的に最も重要なのは「プレミアム」だったが、その開発は進んでは止まる、を繰り返した。

私のイライラはピークに達した。これだけ優秀な人材を雇い、莫大なお金を使っているのに、事業のスピードがまったく上がらない。最も深刻な問題が発生したのは、ターゲティングメールを使ったマーケティングに関する会社の最重要OKRだ。目標はよく考えられていた。毎月ブログに一定数のアクティブユーザーを誘導する、というのがそれだ。その達成においてカギを握る「主要な結果」は、メールからのクリックスルー率を高めることだ。問題はマーケティング部門の誰一人として、それを技術部門に知らせなかったことだ。技術部門は独自に、その四半期の優先項目を決めていた。技術部門の協力がなければ、マーケティングのOKRが失敗するのは目に見えていた。さらにまずかったのはアルバートも私も、四半期が終わった後の振り返りをするまで、このOKRがうまくいっていないことに気づかなかったことだ（結局このプロジェクトは次の四半期で完了した）。

これで私たちも目が覚めた。部門間のアラインメントの必要性にようやく気づいたのだ。OKRはきちんと立案されていたが、その実行に問題があった。各部門が成功するには、他の部門の協力が不可欠であったにもかかわらず、その相互依存関係を明確にしていなかった。協力は場当たり的で、期限が破られるのも日常茶飯事だった。目標だけはふんだんにあったが、各部門はお互いを避けるようにしていた。

翌年からはこの問題を解決するため、幹部チームが定期的に総合会議を開くようにした。四半期ごとに部門長がそれぞれの目標を発表し、他部門に依存する部分を明確化した。「すべての部門が必要とする協力を得られているか？」「負荷がかかりすぎている部門はないか？」「負荷がかかりすぎている部門は、どうすれば目標をもっと現実的なものにできるか？」。幹部チームとしてこうした基本的問いに答えられるまで、誰一人会議室を出ることはなかった。

アラインメントを進めるからと言って、無駄に人手がかかるわけではない。マイフィットネス・パルでは各ＯＫＲの責任者は１人で、必要に応じて他の部門が協力する。私の経験では、責任者を複数にすると当事者意識が薄れる。ＯＫＲが未達に終わったとき、２人の責任者が責任を押しつけあうのは望ましくない。２つ以上のチームが同時に同じ目標を掲げていても、それぞれの「主要な結果」は異なるはずだ。

ＯＫＲのプロセスは回を重ねるたびに、少しずつうまくまわるようになった。目標はより簡潔になり、「主要な結果」はより測定可能になり、達成率は向上した。コツをつかむまでには２〜３四半期かかった。特に会社全体の目標達成にかかわるような重要なプロダクトや機能については そうだ。まったく新しい発想が市場でどう受け入れられるか、予測するのは容易ではない。目標を大幅に上回ることもあれば、箸にも棒にも掛からぬこともある。そこで作戦を変えた。「主要な結果」を売上高や予想ユーザー数にするのではなく、期限にしたのだ（たとえば「MFPプレミアムを2015年5月1日までにスタートさせること」など)。新たな機能がスタートし、実データが出てくれば、その影響度や可能性を評価しやすくなる。そうすれば次のOKRでは、もっと現実的な(あるいは野心的な)成果を目指せるようになる。

ときには「主要な結果」を無難なものにする動きも見られた。「この対象にメールを送信する」「この対象にはプッシュ通知を送る」といった具合に。目標が野心的で難しいものであるほど、「主要な結果」は保守的になるようだった。典型的な「想定外の効果」である。そこで目標を会社の状況に見合ったものにするようにした。状況に合わせて、飛躍ではなく漸進的進歩を選ぶこともあった。だがときには発破をかけたこともある。「この件については、月次のアクティブユーザー数の変化など気にするな。とにかく最高のプロダクトを作ってくれ。僕らが期待しているのは場外ホームランだ」と。

暗黙の依存関係——さらに大きな挑戦

マイフィットネス・パルはアンダーアーマーの傘下に入ったことで、まったく異なる目標設定プロセスを持つ会社に適応することとなった。突如として私にはアラインメントすべき上司ができ、新たに創設された事業部「北米UAコネクテッド・フィットネス」の運営も任された。与えられた課題は、新たなデジタルテクノロジーを活用して、ユーザーの健康とパフォーマンスを高めることだ。新たに3つのアプリとの連携も考えなければならなくなり、それぞれに異なる企業文化や働き方があった。

組織の規模が大きくなると、アラインメントはそれまでとは比較にならないほど難しくなる。どうすれば４００人の社員に、私たちが達成しようとしていることを伝え、会社の目標や他の社員と意識を合わせてもらえるだろうか。どうすれば全員が同じ方向へ向かってボートを漕ぐようになるだろうか。当初はとても難しいことに思えた。アマゾンやアップルはいったいどうやっているのだろう？　だが事業部全体にＯＫＲを導入してみると、大きな変化があった。

アンダーアーマーによる買収の数週間後、私の上司が幹部を集めたオフサイト・ミーティングを開いた。集まったのは20人で、そこには「コネクテッド・フィットネス」に携わる社内のステークホルダー（利害関係者）が含まれていた。アンダーアーマーは年次計画で動いていたので、各チームのトップはその年の目標を発表した。マイフィットネス・パルでも目標を正しく設定するのに多くの時間を割いていたので、準備は万端だった。

ただアルバートと私にとって、この会議は驚きの連続だった。ｅコマース・チームはマイフィットネス・パルから相当数のトラフィックが流入することを見込んでいた。データ・チームは膨大なデータが提供されると想定していた。メディア営業チームは広告収入がいくら入ってくるのか、すでに計算済みだった。３つのチームがそれぞれマイフィットネス・パルに特定の成果を期待していたが、他の2チームが何を求めているかはまるでわかっていなかった。ましてやそれがマイフィットネス・パル独自の成長目標、あるいはアンダーアーマー・グループ全体の目標と一致しているかもわかっていなかった。どこを見ても暗黙の依存関係ばかりで、かってマイフィットネス・パルが直面した問題がさらにスケールアップして戻ってきたようだった。マイフィットネス・パルがすべての期待に応えるのは、どう考えても無理だった。

結局、新たな事業部のアラインメントを実現するまでに18カ月かかったが、これはOKRがなければとても成し遂げられなかった。まず新たなソフトウエアを開発する能力がどれくらいあるかを把握する必要があった。次に中核となる優先目標を明確化しなければならなかった。コネクテッド・フィットネスとしての最重要OKRを共有することで、なぜ特定のプロジェクトに時間を割かなければならないのか、またグループ全体の目標のうち、私たちが特に注力すべきものはどれかを説明しやすくなった。「これが私たちの使っているプロセスだ。私たちの定めた『目標と主要な結果』はこうだ。何か欠けているものがある、あるいは私たちが取り組むべき対象を間違えていると思うなら、指摘してほしい」

一方的に手の内を明かすようで最初は少し不安もあったが、最終的にはうまくいった。私たちの能力には限界があることが周囲に伝わり、それに合わせてこちらへの期待も修正された。また私たちのほうも部門横断的な目標に合致したプロジェクトを特定し、他のチームと協力するように努力した。

「マップ・マイフィットネス」というプロダクトの責任者に就任したアルバートは、そのロードマップを確認し、こうつぶやいた。「まず、ここに挙がっている項目を半分に減らさないといけないな。本当に重要なものに絞り込まないと」。今ではマイフィットネス・パルで行っていた方法で、プロダクトの新機能を評価するようになった。「今四半期のロードマップからこの項目を削除したら、どうなるだろう？　ユーザー・エクスペリエンスに本当に影響が出るだろうか」と。たいてい俎上にのぼる機能を削除したところで、大きな違いはない。それは主観的な判断ではなく、影響度を測定する指標に基づいている。今何に注力すべきか、私たちは一段と困難な、そして明確な選択を迫られるようになっており、それはすべてOKRプロセスに基づいて行っている。

フォーカスとアラインメントは表裏一体だ。アンダーアーマーに買収された3カ月後の2015年5月、マイフィットネス・パルのサブスクリプション型の高機能アプリ「プレミアム」がようやく公開された。それは社内に対して「何もかもやることはできない。取捨選択が必要だ」と宣言したことで、初めて可能になった。「プレミアム」が私たちにとって何よりも優先すべき目標であると明確に示した結果である。

まだ改善すべき点は多い。買収からまもなく、グループの4つのアプリのうち2つが同時に、それぞれのランニング追跡機能のなかで地図の提供を始めた。開発において互いに協力しなかったため、それぞれ別のプロバイダーと組んで違う方式の地図を開発した。グループとして明らかに非効率的であっただけでなく、ユーザー・エクスペリエンスにもバラツキが生じた。両チームの名誉のために言い添えておくと、将来同じ失敗を繰り返さないように毎月確認しあう仕組みを作った。それからほどなくして、私たちはOKRを事業部全体に導入した。今では全員の認識が一致している。誰もが事業部の最優先目標をわかっている。それは誰もが他の業務に対して「ノー」と言う自由を持つことにほかならない。

北極星に向けてのアラインメント

私たちの創業期は終わったが、野心的に目標を設定する姿勢は変わらない。透明性と達成責任というOKRの価値観を貫く姿勢も変わらない。社内ウィキでは目標を公表し、誰もが見られるようにしており、毎週の全社員集会でも議論する。最近のオフサイト・ミーティングでは、社内の幅広いリーダー層に対して私がOKRプロセスを説明し、大好評だった。「これまでで最高のオフサイトだったよ」と、参加した幹部に声をかけられた。すでにコネクテッド・フィットネスではOKRが運営の基盤として定着したので、今後は自ら範を示しながらアンダーアーマー全体に広げていきたいと思っている。組織が大きいほど、OKRを実践する見返りは大きくなるからだ。

アラインメントは会社内の目標に一貫性を持たせるだけでなく、もっと重大な意義がある。会社にとって北極星となる価値観と、目標を一致させるのだ。コネクテッド・フィットネスの目標は、アンダーアーマーのミッション「すべてのアスリートを強化する」と意識的に合わせている。それと同時に、かつてのマイフィットネス・パルのミッションも大切にしている。「お客様がそれぞれの健康目標の達成に成功することが、私たちの会社としての成功である」。私たちはチームとして、今でも創業したときと同じ問いを自らに投げかけている。「この機能（あるいはこのパートナーシップ）は、お客様の成功に役立つだろうか」と。

結局のところ、人生を変えるために大変な努力をするのはユーザーだ。たとえば20年ぶりに、手を使わずに椅子から立ち上がった女性がいる。まさに覚醒の瞬間だ。私たちの会社としての成功は、このような瞬間を提供するのにどれだけ役立ったかで決まる。私たちはそれをできるかぎり高次の目標に記載するようにしている。たとえば下に示すのは、数年前のOKRだ。

私たちの意思決定はすべて、ビジョンに合致したものでなければならない。お客様か事業目標かの二者択一を迫られたら、常にお客様を選ぶ。目標が会社のミッションから外れているように思えたら、改めて吟味する。それに向かって突き進む前に、まずは会社の北極星と方向が一致しているか確認するのだ。そうすることで私たちは進むべき道を進み、ユーザーとのつながりを保つことができる。そういう姿勢が今日《こんにち》の私たちを形づくっている。

目標 | OBJECTIVE

世界中でもっと多くの人の役に立つ

主要な結果 | KEY RESULTS

1 2014年は新規ユーザーを2700万人獲得する

2 登録ユーザー数8000万人を達成する

第9章

Connect: The Intuit Story

連携する――インテュイットのケーススタディ

最高情報責任者　アティカス・タイセン

インテュイットは《フォーチュン》誌の栄えある「世界で最も称賛される会社」ランキングに14年連続で入っている。[1] 同社は１９８０年代にデスクトップ・パソコン用の個人向け資産管理ソフト「クイックン」で一世を風靡し、アメリカでは誰もが知るブランドとなった。その後、税務申告ソフト「ターボタックス」や、デスクトップ用会計ソフト「クイックブックス」を発売し、最終的にオンラインサービスへと移行した。ハイテク業界ではかなり長命の部類に入る。常に時代の一歩先を行くことで、度重なる競合企業の挑戦を退けてきたのだ。最近の動きとしては、「クイックン」を売却し、「クイックブックス・オンライン」をオープン・プラットフォームに転換した。その結果、契約数は一気に49％増えた。ＵＢＳのアナリスト、ブレント・ティールは《ニューヨーク・タイムズ》紙の取材にこう語っている。「インテュイットは何度も道を誤ったが、そのたびにすばやく砂利道を切り返し、アスファルトに戻ってきた。だからこれほど長きにわたり、これほどの成功を収めているんだ」[2]

人は見えないものと連携することはできない。だから縦割り組織ではネットワークは機能しない。ＯＫＲはもともとオープンで、組織のあらゆる部署、そのなかのあらゆる階層に属する人が見られるようになっている。その結果、ＯＫＲを実践する企業では一体感が強まる。

適応力のある組織は、たいてい組織内の連携が非常に良い。インテュイットの透明性の高い文化は、共同創業者のスコット・クックが植えつけ、長年ＣＥＯと会長を務めた〝コーチ〟ビル・キャンベルが育てた。

「ビルほどオープンな人物には会ったことがない」とバイスプレジデント兼最高情報責任者

インテュイットCIOのアティカス・タイセン。2017年のゴール・サミットにて

（CIO）のアティカス・タイセンは語る。

「ビルには人を見る目があり、人に尽くした。裏表がなく、いつも誰かの力になろうとしていた」

コーチの伝統は今も息づいている。数年前、クラウドに移行するインテュイットを支えるため、アティカスはIT部門の直属の部下を対象にOKRを導入した。次の四半期には、全ディレクターに対象を広げた。その次の四半期にはIT部門で働く600人全員に広げた。しかし新たなプロセスを押しつけるつもりはなかった。「みんなには形式的にOKRを実施するのではなく、本気で実践してほしかった。OKRシステムが自然と機能するか、見てみたかった。結果的に、本当にうまくいった」

インテュイットのIT部門は毎四半期、2500個もの目標に取り組む。自動的かつリアルタイムにデータが収集され、定期的にチェックが入るシステムを使って目標設定を定着させてきたため、ユーザーのOKRのほぼ半分は上司や部門の目標と一致している。マネジャー・クラスのOKRの閲覧回数は四半期ごとに合計4000回を超える。社員1人あたり平均7回見ていることになり、最前線の社員が積極的にOKRに取り組んでいる様子がうかがえる。OKRという「レーシック手術」を受けたことで、コントリビューターには、自分の日々の仕事、同僚の優先事項、チームの四半期目標、会社全体の核となるミッションのあいだのつながりがよりはっきりと見えるようになった。

インテュイットのケーススタディからは、OKRを全社的に展開する前に（あるいは全社的に展開しなくても）パイロット・プロジェクト的に実施することのメリットがわかる。本格導入の前に、数百人程度のユーザーを対象に実験すれば、不具合を見つけて修正するには十分だろう。インテュイットCEOのブラッド・スミスは執務室に自分の目標を掲示し、誰でも見られるようにしている。そのスミスはこう言う。

「社員に人生最高の仕事をやってのける力を与えるには、連携のとれた目標設定がきわめて重要だ」

アティカス・タイセン　私はインテュイットのプロダクト部門で11年間働いた後、IT部門に移った。その後2013年にCIOになった。部門を移動したのは、この会社が好きだったから、そしてインテュイットが新たなミッションを実現させるにはIT部門が進化しなければならないことがわかっていたからだ。ストレスはあったが、胸の躍る日々だった。社内ではさまざまな方向転換が一気に起ころうとしていた。デスクトップ用ソフトウエアからクラウド・ベースのソフトウエアへ、クローズド・プラットフォームから何千というサードパーティ・アプリに開かれたオープン・プラットフォームへ、北米の会社から世界的な会社へ、といった変化だ。総合的エコシステムへの転換という長期戦略を進めるなかで、私たちは複数のブランド（ターボタックス、クイックン、クイックブックス）を併せ持つ会社から、インテュイット・ブランドへと徐々に変わっていった。

破壊的変化が起こるとき、社内の不満のはけ口となるのがＩＴ部門だ。その一因は、ＩＴ部門の業務がわかりにくいことにある。30年以上の歴史を持つ会社なら、複雑なテクノロジーが幾重にも積み重なっているはずだ。特にテクノロジー企業はそうだ。ＩＴ部門は常に社内パートナーのニーズと、エンドユーザーの需要の両方に対応しなければならない。テクノロジーと事業的成功の橋渡し役も務める。何より難しいのは、（社内の期待に応えて）日々システムを完璧に動かすという役割と、未来に投資するという責務を両立させることだ。たとえばかつてのインテュイットには、さまざまなプロダクトに合わせて請求システムが９つあり、それぞれに固有の問題があった。日々のトラブル対応に忙殺されていると、次世代の請求テクノロジーを開発するのは難しい。

すべてのシステムをつつがなく動かしながらも、最も重要なことは何かを社員に意識させるにはどうしたらよいのか。どうすれば全社員に、それぞれの懸念にはきちんと対処していると安心してもらえるだろうか。従来型の縦割り組織では、どんな活動が行われているかはわかりにくい。他部門ではどんな仕事をしているのか、調べてみようとする人もいるかもしれないが、どこから始めたらよいのかわからない、あるいは時間がないというケースが多い。

インテュイットの変化はトップから始まった。変化を一気に推し進めるため、会長兼ＣＥＯのブラッド・スミスは全社的に目標設定システムを導入した。ブラッドはこれを非常に重視し、意識的に取り組んだ。マネジャーは月１回、部下と話し合いの場を持ち、個人の目標を話し合った。このシステムには３６０度評価が取り入れられ、マネジャーと部下は定期的に互いの気づきを共有した。

インテュイットには学習と実験を重んじる長い伝統がある。さまざまなことに挑戦し、一番うまくいった要素を抽出し、修正を加えてわが物とする。私はエンタープライズ・ビジネス・ソリューションズ（ＥＢＳ、ＩＴ部門の呼称）でＯＫＲを試験導入するため、人事部門と協力することにした。私がＯＫＲを初めて見つけたのは、２０１４年に「目標設定」をグーグル検索しているときだった。調べたところ、ＯＫＲを使うと経営のあり方、さらには自己認識までが変わるらしいということがわかった。

今日《こんにち》のＩＴ部門の役割は、単に他部門からのヘルプ要請や変更依頼を処理することにとどまらない。重要なのは事業への「付加価値」を生み出すこと、つまりシステムの重複を整理する、新たな機能を生み出す、未来志向のソリューションを見つけるといったことだ。インテュイットの求める役割を果たすため、ＥＢＳは根本から変わらなければならなかった。リーダーは部下が、日常業務の一部を後回しにして、より重要な長期戦略に集中するのを認める必要があった。

現在、ＩＴ部門のすべての社員は、四半期ごとに3〜5個の事業目標と、1〜2個の個人目標に責任を持つ。このシステムが強力なのは、きわめてシンプルで、かつ透明性があるからにほかならない。ＯＫＲが有効性を発揮するには、たとえそれを使っているのがＥＢＳだけであっても、インテュイットの全社員にその内容がわかるようになっていなければならない、と私は考えていた。全社員にＥＢＳが具体的に何をしているのか、その方法や理由も含めて理解してほしかった。他部門の人々が私たちの優先目標や制約を理解していれば、進捗していない案件があっても、こちらを信用してくれる。

当初私には、自分の個人目標と部門のOKRを区別することが難しかった。IT部門の責任者である以上、必然的に両者は一致するように思われた。だがそれは思い違いだった。部門のトップレベルの目標の多くは次の四半期に引き継がれ、通常は18カ月にわたって継続した。一方、下の階層では環境の変化や作業の進捗に応じて、チームや個人がそれぞれのOKRを修正していった。当然、彼らからは「CIOの目標は全然変わらない。いったい何をやっているんだ？」という疑問が出てくる。それが理解できたので、他の社員と同じように、トップレベルのOKRにつながるような個人目標を設定するようにした。

私たちはベイエリアの拠点にとどまらず、このシステムを世界中に展開するよう努めた。EBSはアメリカ国内の4地域と、インド南部のハイテクの中心地であるバンガロールに正式な部署として存在し、さらに世界中のすべてのインテュイットの拠点でサポート・チームとして活動していた。ベイエリア以外の拠点で働く人々は、本社が何をしているかわからない（そして本社もそれ以外の拠点で働く人々が何をしているかわからない）。OKRはそんな謎に包まれた状況に終止符を打った。OKRによりEBSに一体感が生まれた。

EBSのトップレベルの目標の1つは「インテュイットの経営に使われるすべてのテクノロジーを合理化し、モダンで、安全にする」だ（次ページ参照）。

最近ではテキサス州やアリゾナ州などどこのチームを訪ねても、「このプロジェクトはポー

目標｜OBJECTIVE

インテュイットの経営に使われるすべての
テクノロジーを合理化し、モダンで、安全にする

主要な結果｜KEY RESULTS

1 今四半期中にオラクルeビジネス・スイートを「R12」に移行し、「11.5.9」を廃止する

2 2016年度中にホールセール請求をプラットフォーム機能として提供する

3 スモールビジネスユニットの代理店のセールスフォースへの移行を完了する

4 すべてのレガシーテクノロジーの廃止計画を策定する

5 新たな「社員向けテクノロジー」に関する戦略、ロードマップ、原則をまとめ、意思統一を図る

トフォリオの合理化につながる」「あのシステムはどうすればモダンにできるだろう」といった発言をよく耳にする。働く場所にかかわらず、同じ3つのキーワードを使っている。新しいプロジェクトが提案されると、それがＯＫＲに合致するかが話し合われる。合致しなければ、レッドカードが出される。「なぜこれをやるんだ？」と。

クラウドからのライブデータ

インテュイットは自らを創業34年のベンチャー企業と考えている。その歴史は１９８０年代のパーソナル・コンピュータに始まる、破壊的テクノロジーの連鎖を映している。新たなプラットフォームが次々と登場するたびに、直前のプラットフォームは駆逐された。インテュイットの最初のプロダクトはＤＯＳで動いていた。その後はデスクトップのウィンドウズとマッキントッシュへ移り、さらにモバイル端末、そして直近ではクラウドに移行した。

ＯＫＲの効果は、クラウド時代には一段と大きくなるだろう。水平的なアラインメントは自然と進む。目標は包み隠しなく公開されているので、たとえばデータ・アナリティクス・チームには、財務システム・チームが何を目指しているのか初めからわかる。両者が協力しながら同時並行で作業を進めなければならないのは一目瞭然だ。両者は事後的ではなく、リアルタイムに互いの目標を結びつける。これはインテュイットの従来の仕事の進め方とはまるで違う。

デスクトップ・ソフトウエア会社のリーダーは、20世紀の小売業のレンズで経営を見る。売

目標 | OBJECTIVE

インテュイットのすべての社員が「ライブ」データに基づいて意思決定できるようにする

主要な結果 | KEY RESULTS

1 人事部門、営業部門用のデータマートを完成させる

2 リアルタイム・アクセスのために構築した新たなエンタープライズ・データ・ウェアハウスへの移行を完了する

3 社内のデータ可視化ツールを一元管理するチームを発足させ、統合された戦略を推進する

4 他部門にデータ可視化ツールの使用を促すため、教育用モジュールを開発する

上数値やチャネルごとの販売量は、事後報告として受け取る。最善を尽くして事業の先行きを予測しようとするが、目に入るのはバックミラーに映る景色にほぼ限定される。対照的に、クラウド・ベースの会社はいま何が起きているかを知ろうとする。今週、新たなサブスクリプションが何件あったのか。トライアル中のユーザーはどれだけいるのか。コンバージョン率はどれくらいか。顧客がグーグル検索でオンライン・プロダクトを見つけ、マーケティング資料を読み、少し試してみてから購入するまで、10分もかからない。リーダーがそれについていこうと思えば、日々状況を確認しなければならない。EBSとしてはホールセール請求などの新機能の開発を進めつつ、リアルタイムのレポーティング、データ、アナリティクスへの対応を検討しなければならない。このニーズはすでにトップレベルの目標になっている。

グローバルな共同作業のツール

インテュイットのグローバル化が進むなかで、時差を超えた共同作業は日常の一部となっている。本社の社員がインドのバンガロールのチームと仕事をする際、ライブ動画はあまり役に立たない。時差が13時間あるので、本社側の勤務時間はインドの睡眠時間であり、逆もまた然りだ。3年前には実用的な選択肢はあまりなかった。会社として最新のオフィスツールに投資したが、常設チャット、共同編集、ビデオ会議などのソリューションはなかった。社員は場当たり的に対応し、うまくいくこともあればいかないこともあった。生産性は低下した。

社内で連携しながらこの問題を解決するため、私たちは社員向けテクノロジーに関する「主要な結果」を、トップレベルのOKRに格上げした。戦略的な重点項目にしてからわずか6カ月で、複数の新たなツールが生まれ、すべてが単一の認証システムに統合された。常設チャットにはSlack、共同編集にはグーグル・ドキュメント、コンテンツ管理にはBOX、ビデオ会議にはBlueJeansが採用された。オープンなOKRプラットフォームのおかげで、EBSに所属するすべてのチームがこの戦略の変化に対応し、新たなトップレベルの目標の達成に協力した。こうしてインテュイットの社員はどのツールを使うかで頭を悩ませる必要がなくなり、仕事そのものに集中できるようになった。

目標設定には直感や主観的判断も必要だ。一時的に「主要な結果」を目標に格上げしたいと思ったら、それを周囲に率直に伝えたほうがいい。リーダーは「今はこれをみんなのトップレベルの目標として、フォーカスしてほしい。特別に注意する必要がなくなったら、再び『主要な結果』に戻すことにしよう」と説明する必要がある。OKRはダイナミックなシステムであり、常に調整が必要だ。

現場で働く従業員は、自分の仕事が会社全体の目標とどうつながっているかがわかると意欲的になるということは、さまざまな研究で繰り返し明らかにされてきた。私の経験では、これは特に本社から離れた拠点で顕著だ。バンガロールの社員からは、こう言われた。「私の目標はマネジャーのOKRの『主要な結果』そのものであり、それはEBSのトップレベルの目標と直接結びついていて、EBSの目標はクラウドへのシフトという会社全体の方針

目標 | OBJECTIVE

社員向けテクノロジーとして、最高のエンド・トゥ・エンドのソリューションと戦略を導入する

主要な結果 | KEY RESULTS

1 四半期の半ばまでにBOXを最初の100人のユーザーに試験導入する

2 四半期末までに最終的なユーザーへのBlueJeansの導入を完了する

3 四半期末までに最初の50人を対象に、グーグルの個人アカウントを法人アカウントに切り替える

4 1カ月以内にSlackの契約を完了し、四半期末までに導入を完了する

と結びついている。ようやく自分がインドでしている仕事が、会社のミッションにどう結びついているかがわかった
　その効果は絶大だ。ＯＫＲは世界各地に広がったＩＴ部門を１つにした。体系的で可視化された目標設定のおかげで、私たちを隔てていた壁は消滅した。

水平的連携

　インテュイットはもともとフラットな組織で、ＣＥＯから最前線の社員までの階層はわずかしかなかった。創業者のスコット・クックには、一番偉そうな肩書ではなく一番優れたアイデアが勝つべきだという信念があり、それは組織にしっかり根づいている。私はグループ・マネジャーとして入社したその日から、インテュイットの協力的社風に感銘を受けた。組織は縦割りではあったが、垂直的にはオープンなコミュニケーションができた。つまり上司、あるいは上司の上司のところへ意見しに行けば、真摯に耳を傾けてもらえた。

　ＯＫＲによってインテュイットは部門を超えて水平的にもオープンになった。最初はぎこちなさもあった。ＩＴ部門の社員は、みんな直属の上司の目標、あるいは私の目標に合わせようとした。あるときプラットフォームを見てみたら、何百人もの「主要な結果」が私の設定したトップレベルの目標の１つと結びついていた。そこで私はスタッフにこう言った。「みんなのマネジャーはマネジャーだし、今後も協力関係は続く。それは変わらない。でも上司ではなく、

お互いに連携してほしいんだ」

ｅコマース・チームと請求チームのトップにはそれぞれ異なるバイスプレジデントがいて、それぞれが私の直属の部下だ。ｅコマースがショッピングカート機能を開発するなら、請求チームはそれに関連した機能を市場に送り出さなければならない。かつては2つの技術チームが独立して作業を進め、それぞれのプログラム・マネジャーに報告し、マネジャー同士が「上から」両チームを連携させようとした（うまくいくこともあれば、いかないこともあった）。実際に作業をしている社員同士は直接連絡を取り合わなかった。

水平的な透明性を備えたＯＫＲが存在する今、技術チームの目標は互いに結びついており、意識的に連携しようとするようになった。四半期ごとに部門の目標に照らして進捗を確認すると同時に、どうすれば他チームと一番良いかたちで連携できるかを考える。私たちは上級幹部の指示を待つ組織から、真に自律的な組織へと変化しつつある。今でもあるべき姿を示し、本質的な問いを投げかけ、適宜適切なデータを提供するのはＥＢＳのリーダー層だ。しかし会社を前進させているのは、相互に結びつき、一体となった社員たちである。

第10章

Superpower #3:
Track for
Accountability

OKRの威力③
進捗をトラッキングし、責任を明確にする

神は信じる。それ以外はデータを示せ。

——W・エドワーズ・デミング

ＯＫＲの利点として見過ごされがちなのが、**トラッキング**可能であること、それによって設定した内容を見直したり、あるいは状況変化に**適合**させたりできるという点だ。従来型の「ひとたび設定したらおしまい」というような硬直的な事業目標と異なり、ＯＫＲは生き生きとした呼吸する生き物だ。そのライフサイクルは3段階に分かれている。これから順を追って説明しよう。

環境

汎用のオフィス・ソフトを使ってＯＫＲプロセスを立ち上げることもできるが、１つ問題がある。拡張性がないのだ。

あるフォーチュン５００企業が最近、目標設定プロセスを強化しようと思い立ったが、壁にぶつかった。8万２０００人の社員は自らの目標を、マイクロソフト・ワードのファイルに粛々と記録していたのだ。四半期ごとにＯＫＲをまわせば、１年で32万８０００個のファイルができることになる。理屈のうえではすべて公開されているわけだが、それらに目を通し、つながりやアラインメントを確認するだけの忍耐力を持つ人などいるだろうか。目標を共有しても誰も見ないなら、そのシステムは本当に透明性があると言えるだろうか。

２０１４年にビル・ペンスがグローバル最高技術責任者（ＣＴＯ）としてＡＯＬに入社したとき、全社目標や事業部の目標はすべてスプレッドシートに記載され、そこから各階層に展開されていた。「だがホーム画面、すなわち社員が日々状況を確認できるような場がなかったのだ」とペンスは語る。状況に合わせて頻繁に更新していかなければ、目標は妥当性を失ってしまう。計画と現実との乖離は日を追うごとに広がる。四半期末（ひどい場合には年度末）には目標や手段をただ書面化しただけの、活力も意義もないゾンビＯＫＲが残るだけだ。

コントリビューターに、自分の仕事が会社の成功にどのように貢献するかわかっていると、エンゲージメントが強まる。四半期ごとに、また日々、自分の達成状況を具体的に知りたいと思う。年末のボーナスなどの外的報酬は、彼らがすでにわかっていることの確認に過ぎない。ＯＫＲはもっと説得力のある、仕事そのものの本来的価値を伝えてくれる。

体系的な目標設定への期待が高まるにつれて、多くの組織がクラウド・ベースの堅牢なＯＫＲマネジメント専用ソフトを導入しつつある。特に優れたプラットフォームは、モバイルアプリ、オートアップデート、アナリティクス・レポートツール、リアルタイム・アラート、さらには「セールスフォース」「ＪＩＲＡ」「ゼンデスク」との統合機能を備えている。

ユーザーはデジタル・ダッシュボードを3～4回クリックするだけで、自分のＯＫＲを策定、トラッキング、編集、評価できる。

こうしたプラットフォームを使うと、組織を変えるようなＯＫＲの価値を引き出すことができる。

・**全員の目標が可視化される**　ユーザーは上司、直属の部下、そして組織全体のOKRにシームレスにアクセスできるようになる。
・**エンゲージメントを促す**　自分が正しい仕事に取り組んでいることがわかっていると、意欲を維持するのは容易になる。
・**社内のネットワーキングを促す**　透明性の高いプラットフォームは、個々の社員を同じようなことをやろうとしている同僚に引き合わせる。
・**時間、コスト、ストレスを軽減する**　従来型の目標設定では、会議の議事録、メール、ワード文書、パワーポイントのスライドなどの文書を探すのに時間を取られた。OKRマネジメント・プラットフォームでは、必要な情報は必要なときにすべて手に入る。

AOLのCEO、ティム・アームストロングは、社内の目標が「あまりにバラバラだ」と感じていた、とビル・ペンスは振り返る。

「目標のあいだに相互のつながりがなく、組織の上下に伝えられることもなかった。年間を通じて、従業員や彼らの仕事とのつながりが維持されていなかった」

2016年にアームストロングは専用プラットフォームを導入し、OKRを全社で実施した。その結果、透明性が劇的に向上し、リアルタイムに社員同士のつながりが生まれ、会社のさまざまな事業が自然と連携するようになった、とペンスは言う。

ＯＫＲの番人

ＯＫＲが効果的に機能するには、それを導入したチーム（経営陣か組織全体かにかかわらず）の全員が一斉に取り組まなければならない。例外や離脱は許されない。もちろん腰の重い人、抵抗する人、さまざまな理由で先送りする人はいるだろう。

彼らを群れと行動をともにさせる一番良い方法は、１人以上のＯＫＲの番人を任命することだ。長年、グーグルのプロダクト部門でその役割を果たしていたのが、シニア・バイスプレジデントのジョナサン・ローゼンバーグだ。いかにもジョナサンらしいコミュニケーションの例を示そう。

対応の遅れた人々の名前は、彼らの名誉のために伏せておいた。

差出人：ジョナサン・ローゼンバーグ
日付：２０１０年８月５日木曜日 14時59分
件名：これほどチャンスに恵まれた環境で、13人のＰＭがＯＫＲ設定せず（実名記載）

プロダクト・チームのみんなへ

ほとんどの人がわかっていると思うが、グーグルで成功するうえでは、四半期ＯＫＲをきちんと設定することがとても重要だと私は思っている。だから期限までに設定するよう、みんなに思い出してもらうためにメールを送るし、マネジャーには全員のＯＫＲが適切なものになっているか、部下のそれを確認してもらっている。親切なメモや意地悪なメモなど、いろいろなパターンを試してみた。自分なりによくできたと思うのが、２００７年10月に送った「ジョナサンのお仕置き部屋に放り込む」という脅し文句で、おかげで２００８年７月にはほぼ完璧な結果を祝うことができた。このアメとムチのアプローチを繰り返し、コンプライアンス率はほぼ１００％に達した。やった！

そこでメモを送るのをやめたところ、どうなったか。今四半期には**看過できない数の人**がＯＫＲを期限までに設定せず、第２四半期のＯＫＲを評価しなかった人も何人もいた。結局わかったのは、重要なのはどんな内容のメモを送るかではなく、とりあえず何かを送りつづけなければならない、ということだ！　落第者の名前は以下に列挙しておく（まだグーグルに来たばかりのＡｄＭｏｂのメンバーと、期限には間に合わなかったが７月中に設定した人は免除した）。

僕らの前には、すばらしいチャンスが山ほど転がっている（検索、広告、ディスプレイ、ユーチューブ、アンドロイド、エンタープライズ、ローカル、コマース、クローム、テレビ、モバイル、ソーシャルなどなど）。これでも日々会社に来るのが楽しみになるようなＯＫＲを設定できないというなら、何かおかしい。本気でそう思っているなら、私に相談してほしい。

とにかく期限までにＯＫＲを設定し、四半期ＯＫＲを評価し、その両方に最善を尽くし、結果を投稿して、ＭＯＭＡ（イントラネット）の個人ページのリンクから見られるようにしてほしい。これは単なる事務作業ではなく、それぞれが各四半期に優先すべきことを設定し、全員が協力できるようにするための重要な手段なんだ。

ジョナサン

期中のトラッキング

活動量を測定するフィットビットの大成功からもわかるように、誰もが自分の進歩を知りたがっている。それも視覚的に、パーセンテージのレベルで示してほしいと思っている。私たちは進歩を測定結果として示されると、社会的認知、金銭的誘因、さらには目標を達成すること以上にインセンティブが高まることが研究で示されている。[1]『モチベーション3・0』の著者ダニエル・ピンクも「最強のモチベーターは『仕事がうまくいくこと』だ。仕事がうまくいった日は、最もモチベーションが高まり、エンゲージする」としている。[2]

目標管理プラットフォームの多くは、目標や「主要な結果」に対する進歩を視覚的に示す。フィットビットと異なり、OKRは毎日トラッキングする必要はない。だが目標からずれるのを防ぐには、定期的なチェック（できれば週次）が不可欠だ。ピーター・ドラッカーはこう指摘している。

「行動計画がなければ、経営者は目の前の事象にふりまわされる。また定期的に計画を確認し、事象の発生に対応して見直さなければ、どんな事象が最も重要で、どれが単なるノイズに過ぎないか学ぶことはできない」[3]

第4章でも触れたとおり、目標を単に明文化するだけでも、それを達成する確率は高まる。目標を同僚と共有し、進捗をモニタリングすれば、確率はさらに高まる。この2つはOKRに欠かせない要素だ。カリフォルニア州で行われたある調査では、目標を設定し、さらに週次の進捗状況を友人に送った人は、目標を立てただけで他者と共有しなかった人より、目標を達成する割合が43％高かった。[4]

ＯＫＲは本来、状況に合わせて調整すべきものだ。あくまでもガードレールのようなものであり、束縛のための鎖や目隠しではない。ＯＫＲのサイクルのなかでトラッキング、監査を行ったとき、対応には常に４つの選択肢がある。

- **継続**　目標が青ゾーン（計画どおり）であれば、修正しない。
- **更新**　目標あるいは「主要な結果」が黄色ゾーンであれば、ワークフローや外的環境変化に対応するため修正する。目標を計画された軌道に戻すには、どこを変えればよいのか。スケジュールを見直す必要があるのか。この項目に取り組むためのリソースを確保するため、他の項目を先送りすべきか。
- **開始**　必要に応じて、期中に新たなＯＫＲを開始する。
- **停止**　赤ゾーン（リスクあり）の目標に有用性がなくなったら、一番良いのは目標自体を廃止することだ。[*]

リアルタイム・ダッシュボードの利点は、目標に対する進捗を量的に把握し、注意すべき項目にフラグを立てられることだ。ＯＫＲは基本的により多くを達成するためのポジティブなツールだが、間違った方向に進むのを止める効果もある。スティーブン・コヴィーもこう言っている。「はしごを立てかける壁が間違っていたら、急いで登っても間違った場所に早く着くだけだ」[5]。ＯＫＲをトラッキングし、継続的にフィードバックを得ていたら、ゲーム終盤でサプライズに見舞われる可能性は低くなる。良い知らせにせよ、悪い知らせにせよ、現実がわかる。その過程で「われわれは失敗から学び、前へ進むことができる。もしかしたら失敗の一部を新たな成功のきっかけにできるかもしれない」[6]。

学校用メッセージ・プラットフォームのリマインドが、同社初の有料サービス「ピア・トゥ・ピア支払いシステム」のプロトタイプを導入したところ、完全な失敗に終わった。「誰も使わなかった。このサービスは明らかな問題を解決するものではなかったからだ。僕らは即座に目的を変更し、支払いよりイベントにスポットを当てたシステムに切り替えた。たとえば教師が『来週遠足があります。出席しますか？（イエス、ノー）支払いを済ませますか？』といったメッセージを送れる仕組みだ。それで状況は一変し、サービスは爆発的な成長を始めた」と、ブレット・コプフは言う。

目標や「主要な結果」が古くなった、あるいは非現実的になったら、サイクルの途中で打ち

＊通常この選択肢が採られるのは、「主要な結果」、あるいは目標達成の「方法」についてである。入念に設定された目標が90日も経たずに有用性を失うことはまれである。

切って構わない。過去の見通しにしがみつく必要はない。リストから削除し、前へ進もう。目標は事業目的を実現するためにあるのであり、その逆ではない。

ただ注意すべき点が1つある。OKRの期中に目標を打ち切ると決めたら、それに携わっている全員に必ず通知すること。それから振り返りをすること。**「四半期の最初に予見できなかったことで、新たにわかったことは何か」「この教訓を将来的にどう生かしたらよいか」**と。

OKRから最高の成果を引き出すには、四半期中にコントリビューターとその上司が複数回、検討を繰り返すことが必要だ。進捗を報告し、障害を特定し、「主要な結果」を改良していく。この1対1の面談に加えて、チームごと、部門ごとに定期的に会議を開き、共通の目標に対する進捗を評価する。コミットするOKRがうまくいっていなければ、必ず救済計画を立てる。グーグルでは、チームレベルの確認の頻度は、その時々の事業上の必要性、予想された成果と実績の乖離、グループ間コミュニケーションの質、そしてグループの規模と活動場所によって異なる。チームメンバーが離れた場所で働いているほど、頻繁に連絡する。グーグルが基準としている確認頻度は最低月1回だが、目標に関する議論は常に行われているため、正式な会議が忘れられることも多い。

洗い出しと繰り返し

OKRは取り組みが完了したからといって終わりではない。データ・ドリブンなシステムの価値は、事後評価と分析によって引き出される。1対1の面談でもチーム会議でも、総括には3つの構成要素がある。客観的採点、主観的自己評価、振り返りである。

採点

OKRの採点では、達成した事柄を確認し、次はどこを変えるべきか検討する。点数が低ければ、再評価が必要になる。「この目標には引き続き取り組む価値があるのか」「そうだとすれば、達成するために何を変えるべきか」

最新の目標管理プラットフォームでは、OKRの採点はシステムが自動的に行う。数値は客観的で、人の手が介在しない（そこまで自動化されていない自社開発のプラットフォームでは、ユーザーが自ら結果を採点しなければならないケースもある）。目標の採点方法として最も単純明快なのは、関連する「主要な結果」の達成率の平均をとることだ。グーグルは0から1・0の尺度を使っている。

- 0・7〜1・0＝青＊（完了）
- 0・4〜0・6＝黄（進捗はあったが、完了できなかった）
- 0・0〜0・3＝赤（実のある進捗はなかった）

インテルも同じような方式を採っていた。インテルがマイクロプロセッサ市場の覇権を取り戻すため、クラッシュ作戦を実施したときのOKRを覚えているだろうか。これは1980年第2四半期にアンディ・グローブが発令し、経営陣が承認した進軍命令である(期末の評点を括弧内に示した)。

評点の計算方法は次のとおりだ。

- 5つのベンチマークのうち、3つを完成させたことから、評価は青のボーダーラインである0・6とした。
- 「8086」ファミリーは新たな製品ライン「iAPX」としてリリースし直したので、評価は最高の1・0とする。
- 5月初旬を目指していた8MHz版の製造は大失敗に終わった。[**]ポリシリコンについて発生した問題のため、目標は10月まで延長された。評価はゼロで

全社目標 | OBJECTIVE

「8086」を業界最高性能の16ビット・マイクロプロセッサ・ファミリーにする。以下をその尺度とする。

主要な結果 | KEY RESULTS (1980年第2四半期)

1 「8086」ファミリーの性能の優位性を示すベンチマークを5つ開発し、公表する(0.6)

2 「8086」ファミリーの全製品をリリースし直す(1.0)

3 8MHz版の製造を開始する(0)

4 演算コプロセッサのサンプルを遅くとも6月15日までに製作する(0.9)

ある。

- 演算コプロセッサについて、6月15日までに500個のサンプルを出荷することを目標としていたが、結局470個を出荷した。この結果、評価は0・9となり、これも青である。

この目標の「主要な結果」の点数を平均すると62・5%（0・625）という、まずまずの評価となった。インテルの取締役会は、期待には達しなかったものの、それほどひどい結果ではないと判断した。マネジャーたちが目標をきわめて高い水準に設定したことを知っていたからだ。インテルでは四半期が始まる時点で、すべて達成することはありえないという水準に設定するのがルールとなっていた。100%近い結果を出すような部門は、目標が低すぎたと見なされ、厳重注意を受けた。

＊グーグルが「完了」の最低ラインを0・7としているのは、「ストレッチ目標」が野心的なものであることを反映している（第12章参照）。ただ会社がコミットした事業上の目標については、この閾値は当てはまらない。販売目標やプロダクトのリリースについては、1・0以下はすべて失敗と見なされる。

＊＊この「主要な結果」からは「ムーアの法則」に基づく驚異的な性能の伸びがうかがえる。当時8MHzはとんでもない速度だったが、今日ではその250倍である2GHzを超えるクロームブックが300ドルで買える。

自己評価

ＯＫＲのパフォーマンスを評価する際には、客観的データを、目標設定者の思慮深い主観的判断で補強する。どんな四半期のどんな目標についても、酌量すべき事情があるかもしれない。客観的数字が弱いことで、その背後にあった大変な努力が見えなくなってしまうこともあれば、数字が強いことで努力が過大評価されることもある。

たとえばチームの目標が新規顧客の獲得で、あなた個人の「主要な結果」が50本の電話をかけることだったとする。結局あなたが見込み客にかけた電話は35本で、そのまま採点すると70％になる。これは成功だろうか、失敗だろうか。データだけではよくわからない。だがかけた電話のうち、10本以上がそれぞれ数時間続き、結局８件の新規顧客を獲得できたら、評価は最高の１・０としてもいいかもしれない。反対に電話をかけるのをグズグズ先延ばしし、期限間際に35本の電話をかけ、新規顧客は１件しか獲得できなかったなら、パフォーマンスの自己評価は０・25となるかもしれない。もっと努力できたはずなのだから（もう１つ振り返るべき点として、そもそも「主要な結果」は電話の本数ではなく、獲得できた新規顧客の数にすべきだったのではないか？）。

あるいはあなたが広報担当のマネジャーで、チームの「主要な結果」が、全国紙に会社にかかわる記事が３本載ることだったとしよう。結局２本しか載らなかったが、そのうち１本は《ウォール・ストリート・ジャーナル》紙の特集記事だったらどうか。そのまま採点すると67％に

評点と自己評価は一様ではない

OKR	進捗	評点	自己評価
新規顧客を10件獲得	70%	0.9	市場が低迷したため、OKRを達成するのは私が想定したよりもはるかに困難だった。新規顧客を7件獲得できたのは、大変な努力が実を結んだ結果である。
新規顧客を10件獲得	100%	0.7	四半期が始まってわずか8週間で目標を達成してしまったので、目標が低すぎたことに気づいた。
新規顧客を10件獲得	80%	0.6	8件の新規顧客を獲得できたのは、努力の結果というより幸運に恵まれたためだ。1件の顧客が5件の仲間を紹介してくれた。
新規顧客を10件獲得	90%	0.5	新規顧客を9件獲得できたが、そのうち7件はわずかな売り上げしか生まないことがわかった。

なるが、「1本は場外ホームランだったのだから90％でいい」と主張したいかもしれない。

グーグルの社員はパフォーマンスの自己評価をする際、ＯＫＲをそのまま評点として使うのではなく、あくまでも参考とするよう勧められている。かつてビジネスオペレーション担当のシニア・バイスプレジデントを務めたショーナ・ブラウンは、こう説明する。

「結果が赤、黄色、あるいは青だったということが重要なのではない。ＯＫＲは社員が通常業務に加えて、会社全体の目標と関連することをどれだけやったかを記録するものだ」。つまるところＯＫＲの意義は、全員をやるべき仕事に向かわせることにある。

どんな組織にも自らに厳しい評価を

下す人もいれば、甘い人もいる。どちらのケースでもアラート担当者かチームリーダーが介入し、再評価を手伝う。最終的には数字よりも、状況に応じたフィードバックやチーム全体での広い視点に立った議論のほうが重要だ。

OKRの評点は業務のなかでうまくいったこと、うまくいかなかったこと、そしてチームとして改善すべき点を特定するためにあるのに対し、自己評価は次の四半期に目標設定プロセスを改善するためにある。評価を下すことではなく、学習が目的だ。

振り返り

OKRは本来、行動を重視する。しかしやみくもに行動するだけでは、回し車のハムスターと変わらず、単なる苦行になってしまう。充足感を得るためにカギとなるのは、野心的な目標を立て、そのほとんどを達成し、足を止めてそれを振り返り、そのうえで新たなサイクルを繰り返すことだ。

ハーバード・ビジネス・レビューの研究では、次のような結果が出ている。「直接的経験からの学びは、振り返りと組み合わせるとさらに効果が高まる。振り返りとは、経験で得られた主要な教訓を統合し、抽象化し、言語化することだ」[7]。哲学者で教育者でもあるジョン・デューイは、さらに一歩踏み込んでいる。「われわれは経験からは学習しない。（中略）経験を振り返ることで学習するのだ」と[8]。

OKRサイクルの締めくくりに、振り返るべき点をいくつか挙げよう。

- 目標はすべて達成したか。そうだとすれば成功要因は何か。
- 達成しなかった場合、どのような障害があったのか。
- 完全に達成できた目標を書き直すとしたら、どこを変えるか。
- 次のOKRサイクルへの取り組み方を変えるような学びはあったか。

OKRの総括は、過去を振り返ると同時に未来を見ることでもある。未達に終わった目標は、「主要な結果」を刷新し、次の四半期も継続することもあるだろう。あるいは取り組むべきタイミングは過ぎたとして、打ち切るという判断をするのが妥当かもしれない。いずれにせよ、まずはきちんとした経営判断を下す必要がある。

そしてもう1つ、忘れてはいけないことがある。自らの働きを評価し、問題があった場合はその責任を認めたうえで、ひと呼吸おいて自分たちの進歩をかみしめよう。チームで打ち上げを開き、OKRのもたらした成果を祝おう。それだけ頑張ったのだから。

第11章

Track: The Gates Foundation Story

トラッキング——ゲイツ財団のケーススタディ

共同会長　ビル・ゲイツ
元CEO　パティ・ストーンサイファー

２０００年に誕生したビル＆メリンダ・ゲイツ財団は、２００億ドルの資金力を持つスタートアップという史上類例のない存在だった。ビル・ゲイツはマイクロソフトＣＥＯを退任したばかりだったが、まだ会長でありプロダクト戦略の最高責任者の立場にあった。猛烈に忙しいスケジュールのなかで、創業者として迅速に意思決定をしなければならない。ゲイツは、財団の壮大な野心に方向性を与え、変化の激しい現場の状況に適応し、最良の選択をする方法を探していた。直面している課題が重大なものであるほど、進捗をトラッキングすることが重要になる。そうすることで新たに浮上した問題にフラグを立て、袋小路から引き返し、走りながら目標を修正できる。

　誕生したばかりの組織は、このうえなく壮大なミッションを掲げていた。「すべての人は健康で生産的な人生を送る権利がある」。そこで財団

OKRをレビューするメリンダ・ゲイツ（左）、パティ・ストーンサイファー（中央）、ビル・ゲイツ。2005年撮影

のリーダーたちは、世界の健康問題に人生を捧げてきた優秀な人々を集め、こう問いかけた。「漸進的進歩を目指すのはやめよう。無限にリソースがあるとしたら、いったい何をする?」

2002年には財団の事業規模は大幅に拡大し、体系的な目標設定の仕組みを早急に整備する必要が生じていた。CEOのパティ・ストーンサイファーはアマゾンの取締役会で私のOKRに関するプレゼンテーションを聞き、財団でもプレゼンをしてほしいと頼んできた。こうしてOKRの歴史に残る取り組みが始まった。

パティ・ストーンサイファー　「世界をどんなふうに変えたいか」

私たちはまっさらな状態からスタートできるという、すばらしい贈り物を与えられていた。だがこの贈り物には、とてつもない重みがあった。これだけ大きい目標に対して、前進しているかどうか、どうやって測ればよいのだろう。

私たちは責任あるお金の使い方を強く意識していた。ビルとメリンダは、財団が困難な選択をするうえでよりどころとなる、規律ある仕組みが必要だと考えていた。私たちはまず「あなたが世界で誰よりもうまくやれることは何か」というジム・コリンズの問いに答え、それをOKRシステムと組み合わせた。私たちには誰もが健康で生産的な人生を送るべきだという信念があり、ビルとメリンダはそうした変化をもたらすうえでテクノロジーが果たす役割を重視していた。それは財団のＤＮＡに刻まれていた。

当初私たちは「障害調整生存年数（ＤＡＬＹ）」と呼ばれる世界的な健康指標を使っていた。ＤＡＬＹを基準とすることで、データに基づいて「主要な結果」を決めることができた。たとえば微量栄養素に投資する効果と、河川盲目症との闘いに投資する効果とを比較するといった具合に。その結果、生産的生存年数に大きな変化をもたらすワクチンに注力することになった。こうして信頼性のある指標と、それを支える「主要な結果」がそろった。ＯＫＲによってすべてが非常に明確になった。

ビル・ゲイツ　マイクロソフトは常に、野心的で、方向性の明確な目標を掲げてきた。若い頃から、ソフトウエアには魔法の力があると信じていた私にとって、それは当然のことでもあった。

あの頃はチップに搭載されるトランジスタの指数関数的増加が、デバイスの性能を牽引していた。どんなチップが世に送り出されようとしているのかはもちろん、当面そこに限界はなさそうなこと、ストレージと通信の分野でも急速な進歩が起きていることはわかっていた。スクリーンの進歩はそれほどでもなかったが、グラフィカル・ユーザー・インターフェースは十分速く進歩しそうだった。そこに欠けていた要素はただ１つだけ、デバイスに何かおもしろいことをさせる魔法のソフトウエアだ。私は弁護士や科学者など、堅実な道は捨てた。個人にこれほどの知性（私は「指先にある情報」と呼んでいた）が与えられたら何ができるのか、考えただけでもワクワクしたからだ。私はその可能性に圧倒された。

ポール・アレンとパートナーシップを立ち上げる前から、「あらゆる家庭のあらゆるデスクにコンピュータを」というのが私たちの合言葉だった。IBMをはじめ、私たちをはるかに上回るリソースやスキルセットを持っていた企業は、そんな目標を追いかけてはいなかった。実現可能だと思わなかったため、それを現実に変えるためにそれほど努力をしなかったのだ。だが私たちにはそれが実現することがわかっていた。ムーアの法則によっていろいろなモノが安くなり、その結果としてソフトウエア業界は臨界質量に達する。その本当に壮大な目標に、私たちはいち早く挑みはじめた。誰よりも高い目標を追いかけたこと。それがマイクロソフトの最大の強みだった。

目標は具体的に

2000年にメリンダと私はゲイツ財団に200億ドルを寄付した。突如として、私たちはスタートアップであると同時に世界最大の財団となった。そして財団の規則上、私たちは毎年最低でも10億ドルの助成金を給付しなければならなかった。

私はアンディ・グローブが「主要な結果」を使って社員の活動を管理する様子を見てきた。また日本企業からは社員が失敗したときにどう対処すべきかを学んだ。この点について、自分が何か新しいことをやっているとは思わないが、まわりを見て、学んだことは確かだ。その後、パティ・ストーンサイファーがＯＫＲ（青・黄・赤の方法）を導入し、それがうまくいった。ＯＫＲを使って財団の助成金の使い方を評価したところ、活動成果が非常に満足できるものだとわかった。まだマイクロソフトの経営に携わっており、私が使える時間は限られていたので、パティは私とのコミュニケーションをきわめて効率的に、互いに合意できる方法で行う必要があった。そのなかでも特に重要だったのが、目標設定プロセスだ。私が最終的に助成を却下したケースが２つあったが、その理由は目標が十分明確ではないというものだった。ＯＫＲシステムがあることで、自信を持って判断を下すことができた。

私は目標を重視するが、その扱いには慎重を期すべきだと思っている。ある時点でマラリア・チームは２０１５年までにこの病気を撲滅できると考えていたが、それは現実的ではなか

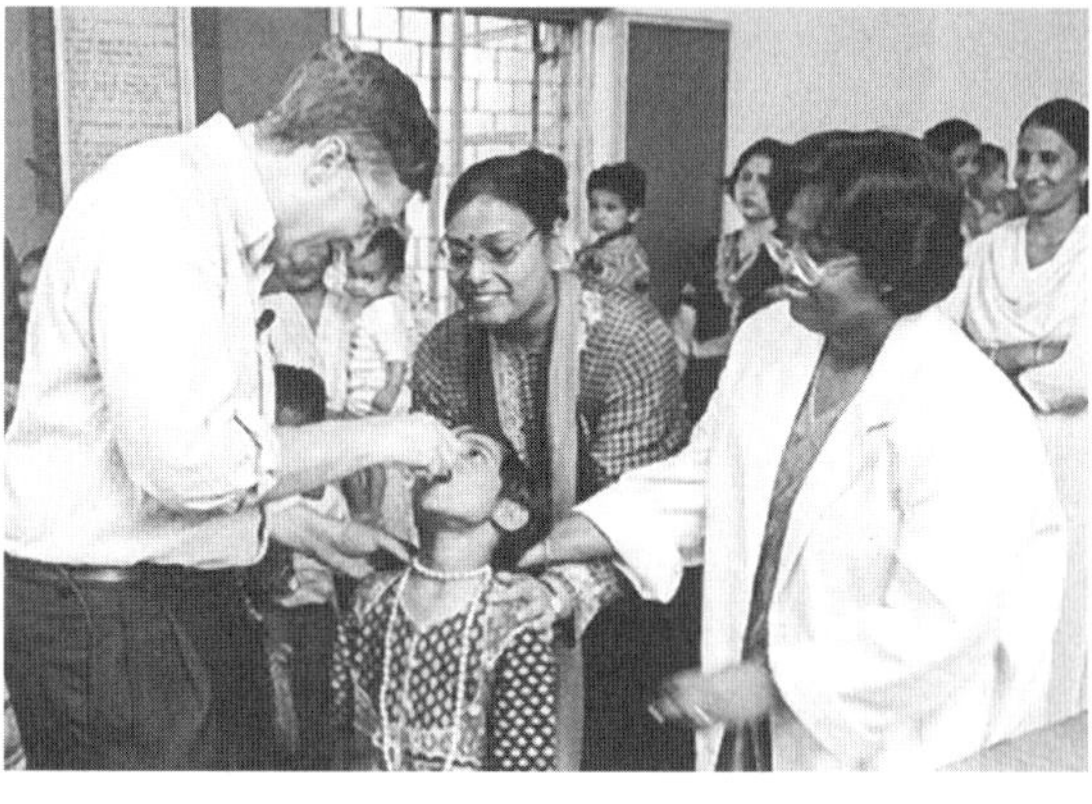

インド・ムンバイで子供に経口ポリオワクチンを投与するビル・ゲイツ。2000年撮影

った。目標があまりに高すぎると、信頼性を損なう。慈善事業の世界では「目標」と「ミッション」を混同する人があまりに多い。ミッションとは進むべき方向を示すものだ。一方、目標とは意識的に取り組み、達成を目指す具体的ステップである。野心的目標を設定するのは構わないが、それをどう評価するのか、どのような測定方法があるのかが重要だ。

ただ状況は改善している。高い成果が求められるビジネス界から慈善事業に転身する人が増えており、彼らが風土を変えつつある。優れたミッションを掲げるだけでは不十分だ。具体的目標と、それを達成する方法が明確になっている必要がある。

パティ・ストーンサイファー　ＯＫＲを使うと、野心と規律を両立させることができる。測定可能な「主要な結果」から進捗がないこと、あるいは目標達成が不可能であることが明らかになったら、私たちは資金を別の目的に振り向ける。たとえばギニア虫感染症の撲滅というかなり野心的な目標を立てたら、そこに振り向けられた資金やリソースによって目標達成に向けた進捗があるのか、把握することが重要だ。ＯＫＲという仕組みを使えば、このような壮大な目標に対して、四半期および年次ベースで具体的な「主要な結果」を設定することができる。*

「世界のあらゆる場所に住むあらゆる子供にワクチンを接種する」といった本当に大きな目標は、設定してみるまで、どんな手段、あるいはどんな手段の組み合わせが最も効果的かわからない。私たちの年間戦略レビューは、こんな問いかけで始まる。「このプロジェクトの目標は何か。病気の撲滅なのか、それともワクチン接種の拡大なのか」。それが決まれば、現実的な

「主要な結果」が設定できる。たとえば世界ワクチン免疫同盟（GAVI）の「80／90」ルール（「80％の地区で接種率90％以上」）のようなものだ。こうした「主要な結果」は、日々の活動に一貫性を持たせるのに必要であり、時間の経過とともに本当に壮大な目標に合わせてさらに野心的内容に更新していくことができる。

正直に言うと、測定する指標の選定を誤ったこともある。しかし自らの行動の責任を明確にしようとする姿勢は常にあった。民間の財団には影響度を評価するという市場メカニズムは働かないので、データは究極の目標に近づいていることを示しているのか、特に注意する必要がある。私たちの学習サイクルはきわめて速く、期中にデータセットを変更したこともある。たとえばヤムイモの生産量を2倍にするという種子があり、その生産データを指標にしたとする。だがそのヤムイモを調理するには4倍の時間がかかるので誰も使わないことが判明したら、指標は変えなければならない。

大きな目標を設定するより、それを分解していくほうが難しい。その目標を達成するには、どの大岩を動かす必要があるのか。ビルとメリンダとともに働く楽しさはまさにここにある。

＊ゲイツ財団がカーター・センターに1000万ドル単位の助成金を数回提供したところ、ギニア虫感染症の報告された症例数は2000年の7万5223件から、2008年には4619件、2015年にはわずか22件に減少した。学術名「メジナ虫症」と呼ばれるこの病気は、天然痘に次いで人類が撲滅した2番目の病気となる見込みだ。

2人は前進することにこだわり、壮大な目標にも決してひるむことはない。

壮大な目標の最たる例が現在進行中の地球上で最も危険な生物、蚊との闘いである。*

2016年にゲイツ財団はイギリス政府と組み、5年間で43億ドルを投じて最も危険な熱帯病であるマラリアを撲滅するキャンペーンを開始した。

実証データに基づき、その取り組みは伝播阻止ワクチンに特化したものから、より包括的な撲滅戦略へと広がった。

最上位の目標は、人類から寄生虫であるマラリア原虫を排除すること、とりわけ重点を置くのは薬剤の効かない種だ。

ビル・ゲイツ自身も認めるように、これは容易な取り組みではない。

目標 | OBJECTIVE

2040年までに世界からマラリアを撲滅する

主要な結果 | KEY RESULTS

1 徹底的な治療に基づくアプローチによって地域的撲滅が可能なことを世界に証明する

2 必要なツール(「薬剤の単回投与による根治治療と予防(SERCaP)」)の開発により規模拡大の準備を進める

3 撲滅推進につながる環境を確保するため、現在の世界的な進捗を維持する

だがゲイツ財団は本当に重要な指標をトラッキングしている。成功する可能性はたしかにある。

＊世界保健機関（ＷＨＯ）によると、蚊は毎年72万５０００人の命を奪っている。マラリアを媒介する雌のハマダラカだけで、２０１５年には推定42万９０００〜63万９０００人の命を奪った。一方、人間は平均すると、毎年約47万５０００人を殺している。他の種は足元にもおよばない。

第12章

Superpower #4:
Stretch for Amazing

OKRの威力④

驚異的成果に向けてストレッチする

最大のリスクは、リスクを取らないことである。

——メロディ・ホブソン

ＯＫＲは、私たちをコンフォートゾーン（安全地帯）のはるか先へと押し出す。実力と夢の境界にあることを達成する力を与えてくれる。新たな能力を解き放ち、クリエイティブなソリューションを生み出し、ビジネスモデルに革命的変化をもたらす。長期にわたって存続し、繁栄しようとする会社は、新たな高みへと手を伸ばしつづけなければならない。[1] ビル・キャンベルはよくこう言っていた。「企業はイノベーションを続けなければ、死んでしまう。**繰り返し**ではない、**イノベーション**だ」。[2] 保守的な目標設定はイノベーションの芽を摘む。イノベーションは酸素のようなもので、それなくして私たちは生きていけない。

限界に挑戦する**ストレッチ目標**を賢く設定すれば、それにともなうリスク以上の見返りがある。ジェームズ・コリンズは著書『ビジョナリーカンパニー2　飛躍の法則』のなかで、「社運を賭けた大胆な目標（ＢＨＡＧ）」という印象的な概念を提示している。ＢＨＡＧは会社を新たな次元へと飛躍させる。

ＢＨＡＧは、きわめて大きく、難しい目標である。未登頂の高山のようなもの、明確で魅力的であり、従業員がただちに理解できる目標である。全社の力を結集する目標になり、その実現に向けて全力を尽くす過程で、従業員が鍛えられ、連帯感が生まれる。１９６０年代のＮＡＳＡの月旅行計画のように、想像力を刺激し、人々の心をつかむ。[3]

体系的目標設定の権威であるエドウィン・ロックは、目標の難易度と達成度の定量的相関を調べるため、多くの研究を行った。対象となった分野は多岐にわたるが、結果は「疑う余地のないものだった」とロックは書いている。[4]

「目標が困難であるほど、パフォーマンスのレベルは高まった。きわめて高い目標を設定した被験者は、きわめて容易な目標を設定した被験者と比べて目標を達成する割合は大幅に低かったが、前者のほうが後者よりパフォーマンスのレベルは高かった」

研究からは「ストレッチ目標を与えられた」労働者のほうが生産性が高まるだけでなく、意欲や積極性も高まることが明らかになった。

「具体的かつ困難な目標を設定することは、作業への関心を高め、活動の楽しい面を発見するのにも役立つ」[5]

全米技術アカデミーは2007年、ラリー・ペイジ、未来学者のレイ・カーツワイル、生物学者のJ・クレイグ・ヴェンターなど一流の思想家を集めた委員会を設置し、21世紀の「重大な技術的挑戦」を14項目選ばせた。委員会は1年にわたる議論の末、文句なしのストレッチ目標を決定した。そのなかには「核融合からエネルギーを生産する」「脳をリバースエンジニアリングする」「核テロを阻止する」「サイバースペースの安全を確保する」といった項目が含まれている（これでおおよそのイメージはつかめるはずだ）。

ストレッチ目標は必ずしもこれほど高邁なものとは限らない。「当たり前」のことを、とんでもないレベルで行うのもストレッチ目標となりうる。範囲や規模の大きさにかかわらず、それは私のお気に入りの起業家の定義と重なる。

「起業家とは、人々の想定を超えるアウトプットを、人々の想定以下のインプットで実現する者である」*

誕生したばかりのスタートアップにおいても、また市場のリーダーにおいても、ストレッチ目標は起業家精神の発揮を促す。人に、過去の制約を乗り越え、最高の成果を達成するよう促す。エドマンズ・ドットコムの最高デジタル責任者、フィリップ・ポトロフはこう指摘する。

「私たちは自動車販売のあり方を変えようとしている。それは途方もない挑戦であると同時に、途方もないチャンスだ。『業界を変える』という壮大な目標を現実に落とし込む唯一の手段がOKRだ。だからこそOKRは常に私たちの活動の中心にある」

野心的目標の達成には、OKRの威力のすべてを動員しなければならない。**フォーカスとコミットメント**は決定的違いを生む目標を目指すには不可欠だ。常識をはるかに超える成果を出せるのは、透明性が高く協力的で、**アラインメントと連携**のある組織だけだ。

そして量的な**トラッキング**なくして、**ストレッチ**目標を達成したことを確認することはできない。

＊対照的に、官僚とは人々の想定を下回るアウトプットを、人々の想定を超えるインプットで実現する。

Column

OKRの2つのカテゴリー

グーグルはOKRを2つのカテゴリーに分ける。「コミットする目標」と「野心的（ストレッチ）目標」だ。両者には明確な違いがある。

コミットする目標は、プロダクトのリリース、帳簿管理、採用、顧客などに関するグーグルの経営指標と結びついている。経営陣が会社レベルの目標を設定し、従業員が部門レベルの目標を決める。一般的に、販売額や収益といったコミットする目標は、設定された期限内に完全に（100％）達成しなければならない。

一方、**野心的目標**は、壮大なビジョン、高いリスク、未来志向の発想を反映する。どの階層に属する人でも設定でき、組織全体を動員することが目的だ。その名の示すとおり、達成は困難だ。平均4割が失敗に終わるが、それは織り込み済みである。

両カテゴリーの相対的重みづけをどうするかは、企業文化にかかわる問題だ。組織によっても、また四半期ごとにも変わる。リーダーはこう自問しなければならない。「これからの1年、私たちはどんな会社でありたいのか。機敏で大胆になり、新たな市場をこじ開けたいのか。あるいは保守的かつ実務的になり、既存の地位を確固たるものにしたいのか。サバイバルモードなのか、それとも大きなリターンを目指して大きな賭けに出るだけの手元資金があるのか。今、私たちの事業に必要なものは何か」

限界に挑戦する欲求

アンディ・グローブは20世紀半ばの心理学者、アブラハム・マズローに心酔していた。マズローの最も有名な業績が「欲求五段階説」だ。マズローによると、私たちは基本的欲求（食料や住居に始まり、安全、それから愛と所属）が満たされて初めて、より高次のモチベーションに移行できる。マズローのピラミッドの頂点にあるのが「自己実現の欲求」だ。

グローブは、特段促されなくても常に「自分の能力のぎりぎりの限界を試そうとし」、「パーソナルベスト」を出す人々がいることに興味を持った。こうした社員は、マネジャーにとって夢のような存在だ。決して自己満足することがない。しかし、誰もがそうした高みを目指そうとする性質を生まれつき持ち合わせているわけ

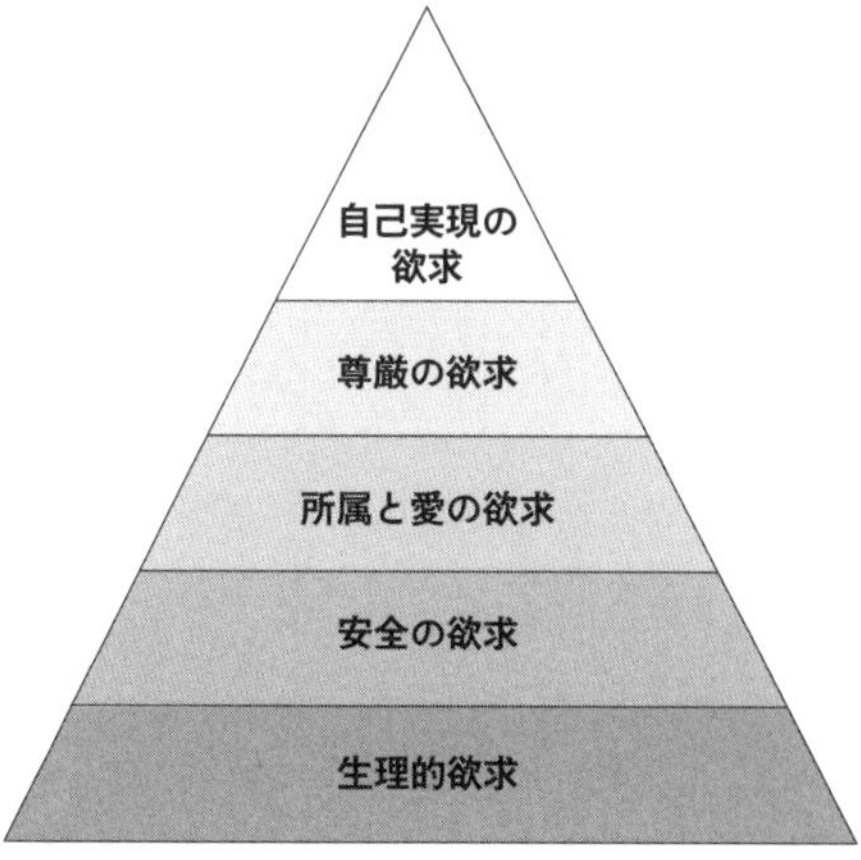

マズローの欲求五段階説をピラミッドとして示したもの。低層に近いほうが基本的欲求だ。

ではないことも理解していた。そういうふつうの人々から最大の成果を引き出すには「ストレッチ目標」が有効であることも。

「自分と部下から最高のパフォーマンスを引き出したければ、そのような目標設定をすることがきわめて重要だ」[6]

インテルは熟慮したうえでリスクを取る人々を尊重した。私が失敗を恐れず、限界に挑戦することを学んだのもここである。16ビットのマイクロプロセッサ市場の覇権を取り戻すために命がけで行った「クラッシュ作戦」では、営業部門の評価指標として「デザインウィン」、すなわち「8086」プロセッサを使った製品の契約数を使った。ビル・ダビドウが率いたクラッシュ作戦のタスクフォースは、まれに見る大胆な目標を設定した。たった1年で1000件のデザインウィンを獲得する、というのだ。それは前年を50%上回る水準だった。その結果起きたことを、マイクロプロセッサ担当のゼネラルマネジャーだったデイブ・ハウスはこう振り返っている。

「とにかく測定せよ」。それがインテルの流儀だ。1000件のデザインウィンが必要だと言ったのは、〔ジム・〕ラリーだったと思う。この数字を挙げたのはビルかジムで、とんでもない数に思えた。その後、計画を立てる段階になって、なぜか数字は2000に変更された。結局その数字が現場の営業部隊に伝えられた。[7]

２０００件のデザインウィンというのは、営業担当1人あたり毎月1件を獲得することを意味した。経営陣は営業に対し、あまりに不人気で長年の顧客ですら手を出そうとしないこのチップの販売数を3倍にするよう求めたのだ。叩きのめされ、潰走していた営業部隊に、エベレストを見上げろ、と。最近ビル・ダビドウに、なぜあれほど高い目標を設定したのかと聞いたところ、こんな返事が返ってきた。

「２０００という数字を選んだのは、バラバラになっていた部隊をまとめる必要があると思ったからだ。まさに結集地となったと思う」

インテルは目標を達成した営業担当全員にタヒチ旅行をペアでプレゼントするというインセンティブを与えた。その後ジム・ラリーが巧妙な追加条項を出した。1人でもノルマを達成できない担当者がいたら、その者の所属する支店の全員が旅行の権利を失う、と。初めの頃は実績は目標を大幅に下回り、タスクフォースはデザインウィンの基準を緩めることを検討しはじめた。しかしその年の夏、なぜか色鮮やかなタヒチの旅行パンフレットが全営業担当の自宅の郵便受けに届いた。第3四半期にはノルマを達成できない者には強烈なピアプレッシャーがかかるようになった。[8]

年末にはデザインウィンは２３００件を超えた。「８０８６」は市場での優位性を取り戻し、インテルの未来は洋々たるものになった。実質的に営業部門は全員がタヒチへと旅立った。ストレッチ目標がこれだけの成果を生んだのだ。

「10倍主義」

アンディ・グローブは野心的OKRの守護聖人とも言うべき存在だが、その後を継いで第一人者となったのがラリー・ペイジだ。グーグルはテクノロジーの世界において、無限のイノベーションと飽くなき成長を追求している。OKRの世界においては、途方もなく果敢な目標を設定することで知られ、作家のスティーブン・レヴィはその姿勢を「10倍主義」と呼ぶ。

たとえばGメールの例を考えてみよう。それまでのウェブベースのメールシステムの最大の問題はストレージの少なさで、通常は2～4メガバイトしかなかった。新しいメールを受け入れるスペースを空けるため、ユーザーは古いメールを削除しなければならなかった。アーカイブなど幻想に過ぎなかった。Gメールを開発する過程で、グーグルのリーダーたちは100メガバイトのストレージを提供することを検討した。飛躍的なサービス向上だ。しかし2004年にプロダクトが一般にリリースされた段階では、100メガバイトの目標は消滅し、忘れ去られていた。というのも1ギガバイトのストレージを提供することにしたからだ。競合の500倍以上の水準だった。ユーザーはメールを永久に消去せずに済むようになった。デジタル・コミュニケーションの様相は一変した。

これぞ「社運を賭けた大胆な目標（BHAG）」だ。Gメールは単に既存のシステムを改良しただけではない。カテゴリーの常識を一変させ、ライバル企業もそれまでの何倍もの努力をせざるを得なくなった。このような「10倍思考」は、どんな産業の、どんなステージの企業においてもまれである。ラリー・ペイジはこう指摘する。「たいていの人は、いろいろなことをはなから不可能だと思い込む傾向がある。現実世界の物理学から出発し、本当は何が可能かを確かめようともしない[10]」

スティーブン・レヴィは《ワイヤード》誌で、これをさらに詳しく述べている。

ペイジは、何かを10％改良するのは他社と同じことをしているに過ぎないと見る。とんでもない失敗をすることはなさそうだが、ケタ違いの成功を収めることも決してない。だからこそペイジはグーグル社員に対し、競合よりも10倍優れたプロダクトやサービスを生み出すことを期待する。誰も気づかないような不便さをいくつか解消するとか、少しばかりコードをいじってささやかな性能向上を達成するといったことでは、ペイジは満足しない。１０００％の改善を達成するには、問題を新たな視点から考え直し、技術的に何が可能かを探究し、そのプロセスを楽しむことが必要だ[11]。

アンディ・グローブのかつての基準と同じように、グーグルでも野心的ＯＫＲの達成率は60〜70％に設定されている。要するに30％の未達が織り込まれているのだ。それでも成功と見なされる。

グーグルもそれなりに大失敗を重ねてきた。「ヘルプアウト」や「グーグル・アンサーズ」な

2011年、グーグル初の自動運転車に乗るエリック・シュミット（左）、ラリー・ペイジ（中央）、セルゲイ・ブリン。これぞ10倍思考の産物だ！

どがその例だ。70%ゾーンに身を置くことで、「ムーンショット」と呼ばれる一見無謀な挑戦を思いつく自由な発想と、失敗を恐れない前向きさが生まれる。スタート時点では、1つとして達成可能に思える目標はないかもしれない。[12] そこでグーグル社員は困難な問いを自らに投げかけるようになる。どんな大胆かつハイリスクなアクションを検討すればいいのか。**何を打ち切る必要があるのか。** リソースをどこに移すべきか。あるいは新しいパートナーを探すべきか。期限までに、不可能と思われた目標のうち、そこそこの割合が完全に達成される。

ストレッチ変数

成功するためには、ストレッチ目標を当てのない長い行軍のように思わせてはならない。また現場の現実を考慮せずに、上から押しつけてもいけない。あまりにも早急に、また無理やりチームを限界に挑戦させようとすると、反動が生じる可能性がある。多大な努力とリスクをともなう目標を追求するには、社員のコミットメントが不可欠だ。[13] リーダーが伝えなければならないことは2つある。成果の重要性と達成可能だという信念だ。

ムーンショットがあえなく失敗に終わったとき、それを支えるリソースがグーグルほど潤沢にある組織は少ない。組織によってリスク許容度は異なり、時間とともに変化する場合もある。失敗の余地が大きい会社ほど、無謀な挑戦ができる。たとえばＯＫＲの失敗率が40%というのはリスクが高すぎ、経営陣が何と言おうと士気に響くように思えるかもしれない。常に高い目標を目指す人は、完璧な結果でなければ意欲を失うかもしれない。カリフォルニア州のリスク・マネジメント・ソリューションズでは「社員の頭数より、取得した学位の数のほうが多い」と元人事責任者のアメリア・メリルは語る。

「当社の社員にとっては、Ａをもらうことが当たり前だ。Ｂなど人生で取ったこともない。結果が１００％でない状態を受け入れるのは、会社の風土として非常に難しい」

マイフィットネス・パルのマイク・リーは、ＯＫＲをすべてコミットする目標と考えている。確かに難しく、大変な努力を要するが、完全に達成することが可能である、と。

「僕は自分が適切だと思うところに目標をセットしている。すべてクリアすれば、チームの進歩に満足できる」

合理的アプローチだが、落とし穴もある。マイクの部下たちは、達成度が90％で終わりそうな目標を設定するのを避けようとしないだろうか。私の意見では、リーダーは控えめなストレッチ目標を最低1つは設定するのが良いと思う。チームも個人もＯＫＲの経験を積んで慣れてきたら、「主要な結果」はより的確に、より積極的なものになるだろう。

「正しい」ストレッチ度合いを示す、マジックナンバーなど存在しない。でもこう考えてほしい。どうすればあなたのチームは最大の価値を生み出せるだろうか。「驚異的成果」とは、どんなものを指すのだろう。

すばらしい結果を達成したいと思うなら、驚異的成果に向けてストレッチするというのが最適な出発点となる。そしてもちろん、アンディ・グローブもはっきり言っているように、そこが終着点ではない。

いいかい、われわれの業界では、うんざりするほど厳しい目標を掲げ、それを達成しなければならない定めなんだ。そして**10ミリ秒ほど勝利を祝ったら**、すぐに次のきわめて達成困難な目標を定め、やり遂げなければならない。そんな困難な目標を達成する見返りとして、次のゲームでもプレーするチャンスが与えられる。[14]

第13章

ストレッチ——グーグル・クロームのケーススタディ

Stretch:
The Google Chrome Story

CEO サンダー・ピチャイ

ストレッチ目標については、気球を用いたインターネット接続サービス「プロジェクト・ルーン」や自動運転車などを手がけたグーグルXチームのリーダー、アストロ・テラーが、すばらしい定義をしている。その言葉を引用しよう。

「1ガロン50マイル走る車を開発したければ簡単だ。今の車に少し手を加えればいい。しかし1ガロン500マイル走る車をつくれ、と言われたら、ゼロから考え直さなければならない」[1]

2008年、サンダー・ピチャイはグーグルのプロダクト開発担当バイスプレジデントだった。ピチャイのチームがブラウザ「クローム」を市場に送り出すとき、ゼロから考え直したのは明らかだ。成功を目指しつつ、失敗を恐れなかった彼らは、OKRを使って自分たちのプロダクトとグーグルに驚異的成果をもたらした。クロームは現在、モバイルとデスクトップのプラットフォームで圧倒的に人気ナンバーワンのブラウザとなっている。これから見ていくとおり、そこまでの道のりは平坦ではなかった。しかしラリー・ペイジも言うように、「とんでもなく野心的な目標を設定すれば、たとえ達成できなくても、何かすばらしいことを成し遂げられるはずだ」[2]。

星に手を伸ばせば、たとえつかめなくても、月には手が届く。

サンダー・ピチャイのキャリアは、まさにストレッチ目標の威力を体現している。2015年10月、サンダーは43歳でグーグルの3代目CEOに就任した。今日《こんにち》、彼は従業員6万人超、売上高800億ドルの組織を率いている。

サンダー・ピチャイ　1980年代にインド南部で育った私は、今日《こんにち》私たちが目にしているようなテクノロジーにほとんど接したことがなかった。しかし当時触れた技術は、私の人生に決定的な影響を及ぼした。私の父は大都市チェンナイで電気技師として働いていたが、暮らしは質素だった。電話（ダイヤル式電話）の敷設工事の順番待ちリストは、3〜4年先まで埋まっていた。ようやく我が家に電話が敷かれたとき、私は12歳になっていた。それは大変な出来事で、隣人が我が家に来ては使っていた。

私の記憶のなかで、人生は「電話前」と「電話後」に分かれている。あのたった1つのデバイスによって、それほど多くが変わった。電話前には、母に「血液検査の結果が出ているか、病院に行って聞いてきて」と頼まれた。私はバスに乗って病院に行き、長々と順番を待った末に「まだ出ていない。明日また来て」と言われることも多かった。バスに乗って家に戻るまでに3時間もかかっていた。それが電話後には病院に電話するだけで結果がわかった。今でこそテクノロジーは当たり前のものとなり、しかも日々進化している。ただ私は「電話前」と「電話後」のこうした明らかな変化を決して忘れることはないだろう。

私はコンピュータと半導体に関して入手できる本はすべて読んだ。なんとかシリコンバレーに行きたいと願っていた。そのためにスタンフォード大学に行き、かの地で起きている重大な変化の一部となることが目標だった。ある意味では、身のまわりのテクノロジーがあれほど限られていたからこそ、あれほど熱烈にシリコンバレー行きを夢見たのだと思う。想像力が私の原動力だった。

新たなアプリケーション・プラットフォーム

私は5年にわたり、サンタクララのアプライド・マテリアルズで働いていた。研究開発部門でプロセス・エンジニアリングを担当していた。ときおりインテルに行く用事があったが、そこに足を踏み入れたとたんアンディ・グローブの文化を感じた。インテルにはほんの些細なことに至るまで、徹底的な規律があった（コーヒー1杯を飲むのにもいちいちお金を払ったのをぼんやりと記憶している）。半導体のプロセス・エンジニアリングでは、とことん緻密に目標を設定し、そこに向けて一歩ずつ近づいていかなければならない。アプライド・マテリアルズでの経験を通じて、目標について緻密に考える習慣が身についた。

インターネットが発展を続けるなか、私はその途方もない可能性に気づいた。そこでグーグルに関するありとあらゆる資料を読み、その内容に魅了された。特に夢中になったのは、グーグルが「デスクバー」と呼ばれるプロダクトをリリースしたときだ。ブラウザを立ち上げなくてもウィンドウズからそのままウェブ検索ができる。タスクバーの小さなウィンドウから動作した。必要なときは常にそこにあるが、必要ないときは目にすることがない。デスクバーは初期のグーグルの成長の原動力であり、グーグルのサービスをより多くの人に使ってもらう手段だった。

私は2004年にプロダクト・マネジャーとしてグーグルに入社した。まだ同社の業務の中心が検索だった時代だ。だがこれはウェブ2・0が始まり、ユーザー生成コンテンツとAjax*が台頭した年でもあった。初期のウェブはコンテンツ・プラットフォームだったが、アプリケーション・プラットフォームへと急速に変化しつつあった。インターネットではパラダイムシフトが始まろうとしており、私はグーグルはそこで中心的役割を果たすことになると感じていた。

私が最初に与えられた任務は「グーグル・ツールバー」を普及させることだった。ツールバーは各社のブラウザに追加してグーグル検索をするためのツールだ。まさに時宜を得たプロジェクトだったと言える。ほんの数年でツールバーのユーザーは10倍以上に拡大した。私が野心的なストレッチOKRの威力に初めて触れたのはこのときだ。

ブラウザをゼロから見直す

その頃にはグーグル社内で、新たな試みがスタートしていた。クライアント・ソフトウエアを構築する新たなチームを立ち上げたのだ。そのなかでモジラのブラウザである「ファイアフォックス」の改良に取り組んでいた人たちもいた。2006年にはブラウザに対する私たちの認識は変わりはじめ、ほとんどオペレーティングシステムのような、コンピューティング・プラットフォームとして見るようになっていた。アプリケーションはウェブ上で動くようになる。この本質的気づきがクロームの誕生につながった。個々のタブを独立したプロセスとする、マルチプロセス・アーキテクチャが必要であることはわかっていた。そうすれば他のアプリケーションがクラッシュしても、ユーザーのGメールは保護される。またJavaスクリプトの動作速度をはるかに高める必要性があることもわかっていた。いずれにせよ私たちが目指していたのは、考えられる最高のブラウザを創ることだ。

当時のエリック・シュミットCEOには、ゼロからブラウザを開発するのがどれほど大変なことか、よくわかっていた。「やるなら本気でやったほうがいい」と。クロームがすでに市場に存在する伝統的ブラウザと明らかに異なり、優秀で高速でなければ、そもそもプロジェクトに取り組む意味がない。

クロームのロールアウトの年となった2008年、プロダクト・マネジメント・チームが設定したトップレベルの年次目標は、その後のグーグルに長期にわたる影響を及ぼした。「ウェブアプリケーションのための、次世代のクライアント・プラットフォームを開発する」というのがそれだ。「クロームの7日間のアクティブユーザー数を2000万人にする」が「主要な

＊プログラミング技術の1つ。ユーザーがページをリロードしたり、ブラウザをリフレッシュしなくてもサーバーと通信できるようにする。

結果」のトップである。

目標を引き上げる

グーグルのOKRのルールでは、達成率が（平均）70％であれば成功と見なされていた。すべてのOKRで青を目指すのは、チームが十分限界に挑戦していないことを意味するので、奨励されていなかった。しかしそこには本質的な矛盾もあった。というのも、そもそも成功への強烈な意欲がない者は、グーグルに採用されないからだ。自分がリーダーなら、四半期の末に全社員の前でスクリーンに大きく「赤」と表示され、なぜ、どのように失敗したかを説明するのはごめんだった。そういう経験のプレッシャーと不快感を避けるために、多くのグーグル社員は死ぬ気で努力した。だがチームの目標を正しく設定すると、ときにそれは避けられない。

ラリーは会社全体の目標を高めるのがうまかった。彼の発言のいくつかは、私の心に刻まれている。たとえばグーグル社員には「自分で嫌になるほどワクワクしてほしい」と言っていた。また「不可能と言われることを健全に否定してほしい」とも語っていた。私はプロダクト・チームでまさにそれを実践しようとした。失敗するかもしれないOKRを書くのは勇気が要るが、最高の成果を出したければ、そうするよりほかはない。私たちはとんでもないことだと知りながら、初年度のクロームの「7日間のアクティブユーザー数」の目標を2000万人に設定した。ゼロからのスタートであるにもかかわらず、だ。

リーダーは部下に目標達成は不可能だと思わせずに、困難に挑戦させなければならない。私は期限までに目標を達成できる見込みは低いと思っていた（率直に言って、絶対に達成不可能だと思っていた）。それでも自分たちの能力の限界に挑戦し、それを超えていくことが重要だと思っていた。ストレッチOKRによってチームの進むべき方向が明確になり、進捗を測るバロメーターとなった。自己満足に陥ることは不可能になった。また日々、自分たちが取り組んでいることの枠組みそのものを問い直すきっかけにもなった。そのすべてが、ある意味では恣意的な目標を特定の期限までに達成すること以上に重要なのだ。

リリース当初、クロームはなかなか市場シェア3％に到達できなかった。その間にも、想定外の悪い知らせがいくつか届いた。クロームのマック版の開発計画には大幅な遅れが出ていた。2000万人という目標をウィンドウズ・ユーザーだけで達成しなければならない。

しかし良い知らせもあった。クロームを使った人は夢中になり、それによって成長に弾みがついた。不具合はあったにせよ、人々はウェブの新たな使い方に目覚めはじめていた。あとは新規ユーザーを獲得する方法を見つけるだけだ。それもできるだけ早く。

掘り下げる

グーグルはスピードを重視する。レイテンシー（ユーザー・エクスペリエンスを損なうデータ転送の遅れ）と絶えず闘いつづけてきた。2008年にラリーとセルゲイが書いたすばらしいＯＫＲには、誰もが注目した。「ウェブの速度を、雑誌のページをめくるのと同じぐらい速くする」。それによって会社全体が、何を改良し、どう高速化するかをそれまで以上に真剣に考えるようになった。

クローム・プロジェクトではそれを補完する主要な結果（サブＫＲ）として、Ｊａｖａスクリプトの高速化を掲げた。目標はウェブ上のアプリケーションを、デスクトップ上にダウンロードしたものと同じぐらいスムーズに動作させることだ。私たちは10倍の改善というムーンショット的な目標を掲げ、高性能な自動車のエンジンから名前を取って「Ｖ８」プロジェクトと名づけた。私たちはラース・バックというデンマーク人のプログラマーと出会うという幸運に恵まれた。ラースはサン・マイクロシステムズのためにバーチャルマシンを開発しており、10個以上の特許を取得していた。この分野において最高のアーティストの1人であるラースは、私たちのところへやってきて、少しも虚勢を張ることなくこう言った。「僕ならはるかに速いものを作れる」。それから4カ月も経たずに、ラースはファイアフォックス上でのＪａｖａスクリプトの動作速度を10倍に高めた。2年も経たずに、速度は20倍以上になっていた。信じられない進歩である（ときにはストレッチ目標は、見た目ほど野心的ではないこともある。ラースは後に『グーグル　ネット覇者の真実』の著者スティーブン・レヴィにこう語っている。「僕らは自分たちを少し見くびっていたんだ」）。

ストレッチＯＫＲは、問題解決の集中トレーニングのようなものだ。ツールバー開発の経験を通じて、私は避けられないスランプに陥ったとき、どう抜け出すべきかを学んでいた。チームに対しては、慎重ながらも楽観的姿勢を崩さないようにした。ユーザーが減っているときには「実験で原因を確かめて、修正しようじゃないか」と言った。互換性の問題が生じたら、それに特化するグループを立ち上げた。できるだけ思慮深く、系統立てて物事に取り組み、感情的になりすぎないようにしたことが、プラスに働いたと思う。

グーグルを前進させているのは、ムーンショット文化だ。とんでもなく野心的なことを実現するのは、とんでもなく大変だ。私のチームには、クロームの成功とは最終的に数億人のユーザーを獲得することだという健全な認識があった。グーグルで新しいものを生み出すときには、常に「どうすれば10億人に拡大できるか」を考える。プロセスが始まった当初は、この数字はとても漠然としたものに思える。でも測定可能な目標を毎年設定し、四半期単位に問題を分解していくと、ムーンショットが実現可能なことになっていく。それがOKRのすばらしいメリットの1つだ。OKRは質的飛躍に向かって、明確な量的目標を与えてくれる。

2008年に2000万人という目標が未達に終わると、私たちは物事をさらに深く考えるようになった。目標を諦めたわけではないが、そのとらえ方を変えたのだ。私はこんなメッセージを伝えようとした。「確かに僕らは目標に届かなかった。でも今はこの壁を突破するための基礎を据える時期だ。これからどこを変えればいいだろう?」。優秀な人材が集まる組織では、この手の質問にはしっかり答えたほうがいい。適当に取り繕って切り抜けることはできない。このケースでは「なぜ消費者に新しいブラウザを試してもらうのは、これほど難しいのか」という、きわめて本質的な課題に向き合う必要があった。

その結果、私たちはクロームの新たなディストリビューション契約を考えようという気になった。その後、消費者はブラウザの役割をよくわかっていないことが明らかになったので、それを説明するためテレビ広告を打つことにした。クロームの広告は、グーグル史上最大のオフライン・キャンペーンとなった。今でも「愛しいソフィへ」[*]というスポット広告を覚えている人は多い。[3] 父親が娘の成長に合わせてデジタル・スクラップブックを作るという内容だ。そこではクロームを使うと、Ｇメール、ユーチューブ、グーグルマップといった多彩なウェブベースのアプリケーションに簡単に入れることが示された。これによってインターネットをアプリケーション・プラットフォームとして使うという発想が広がった。

挑戦→失敗→挑戦→成功

成功はすぐに訪れたわけではない。２００９年、私たちは再びクロームについてストレッチＯＫＲを設定した。「７日間のアクティブユーザー数５０００万人」だ。この年の実績は３８００万人で、目標は再び未達に終わった。それでもひるまず、２０１０年に私は1億人という目標を提案した。ラリーはもっと高い目標にすべきだと考えた。私の言う1億人では、当時10億人だった世界のインターネットユーザーのわずか10％に過ぎないじゃないか、と。私は、1億人でも大いに野心的目標だ、と反論した。

結局ラリーと私の話し合いの末、ＯＫＲは1億１１００万人のユーザー獲得に落ち着いた。

押しも押されもせぬストレッチ目標だ。それを達成するには、クローム事業のあり方を根本から見直し、成長に対する考え方を変えなければならないことは明白だった。こうして、どこを変えればいいのか、もう一度自問することになった。2月に私たちはOEM〔製造受託メーカー〕とのプリインストール契約を拡大した。3月にはアメリカでのプロダクトの認知度を高めるため、マーケティングキャンペーン「クローム・ファスト」を開始した。5月にはクロームの「マックOS X」版とリナックス版をリリースし、ラインアップを拡大した。ようやくクロームはウィンドウズだけのプロダクトではなくなったのだ。

第3四半期が始まってしばらく経っても、成

＊www.whatmatters.com/dearsophie

2013年に「グーグルI/Oデベロッパー会議」で、クロームについて基調講演をするサンダー・ピチャイ

果は芳しくなかった。その数週間後、第３四半期の終わりになって、ユーザー数は８７００万人から1億７００万人へ跳ね上がった。それから間もなく、「７日間のアクティブユーザー数」は1億１１００万人に達した。目標を達成したのである。

今日《こんにち》、モバイルだけでクロームのアクティブユーザーは10億人を超える。「目標と主要な結果」がなければ、とてもここまでは来られなかった。グーグルにおいてＯＫＲはすべてを考えるための基本であり、私たちは常にそれを実践してきた。

新たなフロンティア

私の父が大人になった頃のコンピュータは、大企業、メーンフレーム、システム管理者の世界で、アクセスの難しい非常に複雑な代物だった。私がクロームを開発する頃には、父のような人に必要なのは、簡単でわかりやすいウェブの使い方だけだということに気づいていた。私は常にシンプルさに魅了されてきた。グーグル検索を使えば恐ろしく複雑なことができるが、ユーザー・エクスペリエンスはいたってシンプルである。その特徴をブラウザにも持たせたいと思った。インドの子供でもスタンフォード大学の教授でも、難なく使えるレベルに。コンピュータと十分な接続環境があれば、クロームのユーザー・エクスペリエンスはいたってシンプルだ。*

父が退職した２００８年、私はネットブックを送り、クロームの使い方を教えた。すると父にとって驚くべきことが起きた。テクノロジーが姿を消したのだ。ウェブ上の多種多様なアプリケーション・プラットフォームを使えば、やりたいことはなんでもできた。ブラウザさえあれば、他のアプリは開く必要がなかった。他のソフトウエアは1つもダウンロードしなかった。父は初めて出会う、驚くほどシンプルな世界に魅了された。

　私はグーグルに入社した当初から、常に新たなフロンティアを思い描く必要性を学び、実践してきた。ツールバーからクロームへの飛躍などは最たる例だ。限界への挑戦をやめることは許されない。父の経験から、こんな問いが浮かんでくる。クロームに匹敵するシンプルさと安全性を備えたオペレーティングシステムを設計し、クローム・ブラウザをそのユーザー・インターフェースとすることはできないか。そのオペレーティングシステムを使ったノートパソコン（クロームブック）を開発し、クラウドに保管されたさまざまなアプリケーションを直接使えるようにできたらどうか。

　どちらもいずれ新たなストレッチ目標となるだろう。

＊クロームのプロジェクトに携わり、エンジニアリング・グループのトップだったライナス・アプソンとオフィスを共有できたことは、私にとって非常に幸運だった。1日の仕事が終わっても、ライナスがまだ会社にいるか帰宅したかがまるでわからないほど、彼の机は常にすっきりしていた（ペンが1本でも斜めに置かれていたら、何かがうまくいっていないことはすぐにわかった）。ライナスはシンプルさに恐ろしいほどこだわった。クロームの最大の武器である今日《こんにち》のようなシームレスな使い勝手を実現したのは彼である。

第14章

ストレッチ——ユーチューブのケーススタディ

Stretch:
The YouTube Story

CEO　スーザン・ウォジスキ
エンジニアリング担当バイスプレジデント　クリストス・グッドロウ

グーグルにはストレッチ目標が山ほどあるので、そのうち1つしか取り上げないのは不十分な気がする。そこで2つめを紹介しよう。ユーチューブが**ストレッチ**というOKRの威力をテコに、どのように爆発的成長を遂げていったかという物語だ。

スーザン・ウォジスキは《タイム》誌の「インターネット上で最も影響力のある女性」に選ばれた[1]。スーザンはグーグルの創業期から、それも同社初のマーケティング・マネジャー（社員番号16番）として入社する以前から、同社にとってなくてはならない存在だった。１９９８年９月にグーグルが設立された数日後、スーザンはメンローパークにあった自宅ガレージを同社に貸した。ここがグーグルの初代本社となった。その８年後、アナリストからユーチューブの存続を危ぶむ声が高まるなか、グーグル取締役会にその買収を認めさせた中心人物がスーザ

グーグル誕生の地となったメンローパークの自宅ガレージ前に立つスーザン・ウォジスキ

ンだ。ネット動画がテレビネットワークに破壊的変化をもたらすこと、しかもそれが不可逆的な変化であることを、スーザンは見抜いていた。

2012年には、ユーチューブは市場のリーダーとなり、世界有数の動画プラットフォームとなっていた。しかしユーチューブの猛烈なイノベーションは鈍化していた。ひとたびブレーキがかかると、再加速するのは容易ではない。その頃にはスーザンは広告と商取引を担当するシニア・バイスプレジデントに昇格していた。そこで「アドワーズ」を刷新したほか、「アドセンス」を使ってウェブを収益化する新たな方法を編み出した（つまりグーグルの2大収益源の成功において、主導的役割を果たしたのだ）。

2014年、ユーチューブの新CEOとなったスーザンは、史上まれにみる野心的目標を引き継いだ。4年間で、ユーチューブ・ユーザーの1日あたりの総視聴時間を10億時間に増やす、すなわち10倍に増やすというミッションだ。ただスーザンは成長による歪みが生じるのも防ぎたい、責任ある成長を遂げたいと考えていた。スーザンとユーチューブの経験豊富な技術部門のリーダー、クリストス・グッドロウは、まさにその役割にうってつけだった。2人が目標に向かって一歩ずつ歩んでいくうえで、よりどころとなったのがOKRだ。

ストレッチ目標は組織に生気を吹き込む。大胆な質的改善にコミットすることで、硬直化した組織が切迫感を取り戻し、すばらしい恩恵を享受できる。ユーチューブの一時は停滞していたウェブ動画事業は、ユーザー数10億人以上に拡大し、インターネット人口の3分の1近くに達した。ユーチューブのサイトは80以上の地域を選択でき、70以上の言語で利用できる。モバイルプラットフォームだけでも、18〜49歳のユーザー数はあらゆるケーブルネットワークや放送ネットワークを上回る。

すべて偶然によって、あるいはたった1つのひらめきから実現したことではない。何年にもわたってOKRを厳格に、細部まで徹底的にこだわり、体系的に規律をもって実践してきた結果である。そしてもう1つ、重要な点がある。ユーチューブはこの途方もなく野心的目標に向かって突き進む前に、まずは本当に重要な指標が何かを確認したのだ。

スーザン・ウォジスキ　ラリーとセルゲイにガレージを貸したとき、私は会社としてのグーグルにはまるで興味がなかった。単に家賃収入が欲しかっただけだ。だがその後、次第に彼らの人となりや、モノの考え方を知った。私にも会社を立ち上げるアイデアがあったのだが、その実行をラリーやセルゲイに任せるほうがいいかもしれない、と思うようになった。そんなある日、グーグル検索がダウンし、私自身の仕事に影響が出た。グーグルは自分に不可欠なツールになったのだと、このとき気づいた。グーグルなしではもはや生きていけない。「これは万人にとって重要なツールになる」と、そのとき思った。

1999年秋にジョン・ドーアがOKRを説明しにグーグルにやってきたとき、私もその場にいた。その頃にはグーグルは私の自宅ガレージには収まりきらなくなり、かつてサン・マイクロシステムズの工場だったマウンテンビューのベイショア2400番地に移転していた。建物の床面積は3900平方メートルもあったが、私たちはその半分も使っていなかった。OKRミーティングは残りの半分、つまり私たちが全社員ミーティングに使っていた部分で開かれた。あの日ジョンがどんなふうにOKRの概念を説明したか、今も覚えている。「これが目標、これが主要な結果だ」と。そしてアメフト・チームの喩えを使って、OKRを実践する方法を具体的に示した。後日、たまたま何かファイルを探していた私は、ジョンがプレゼンで使った資料を見つけた。なんとそれはオーバーヘッド・プロジェクター（OHP）用のシートに書かれていた。それだけ歴史のある手法ということだ。

ラリーとセルゲイは、その道のプロには真摯に耳を傾けた。ジョンに反論をすることはあったと思うが、それでも話はきちんと聞いた。2人はそれまで会社を経営したことはおろか、会社に勤めたこともなかった。そこへジョンがやってきて「これは会社を経営する1つの手段であり、測定可能でトラッキング可能だ」と言ったのだ。ラリーとセルゲイは測定可能なものに直感的に惹かれるところがあった。インテルがOKRを使っていたという事実にも感銘を受けたに違いない。インテルは本当に偉大な会社であり、それに比べれば当時のグーグルなどとるに足らない存在だった。

グーグルの経験を振り返ると、OKRはこれから企業文化を創っていこうという若い会社に特に有益だ。会社が小規模で、リソースもわずかなときほど、自分たちがどこに向かおうとしているかを明確にすることがことさら重要だ。子供を育てるのと似ている。なんの規律もなく育ててきて、ティーンエイジャーになって突然「これがルールだ」と言い渡しても、うまくいかないだろう。できればルールは初めからあったほうがいい。ただそうは言っても、成熟した企業が生まれ変わり、社員やプロセスを一変させた例をいくつも見てきた。どんな会社にとってもＯＫＲを導入するのが早すぎることはないし、遅すぎることもない。

ＯＫＲにはサポート体制が必要だ。プロセスの守護神とも言うべきリーダーと、採点や評価を指揮する補佐役だ。私がラリーの下でＯＫＲを運営していた頃には、リーダーシップ・チームの会議は4時間に及んだ。そこではラリーが会社全体の目標をすべて議論し、担当者にはその正当性をきちんと説明できることが求められ、すべてが明確であることが確認された。グーグルではＯＫＲはトップダウンで設定されることが多かったが、各チームのエキスパートと十分議論が重ねられ、「主要な結果」についてはかなり相当なやりとりがあった。「われわれはこの方向性に進みたいが、どうすればそこに到達できるか提案してほしい」といった具合に。こうした長時間にわたる会議は、ラリーが自分にとって重要なことを強調すると同時に、特にプロダクトに関するＯＫＲの取り組み方について不満を伝える機会となった。「今の進捗ぶりを教えてほしい」「なぜ半分の期間でできないんだ?」と。

グーグルでは今でも四半期に一度、特別なビデオ放送を使って会社のトップレベルのＯＫＲについて全社員ミーティングを開いている。ただすでに会社の規模があまりに大きくなり、事業も多岐にわたることになったため、全員に私たちが取り組んでいることを説明するのは難しい。一度、ユーチューブの私の前任ＣＥＯだったサラー・カマンガーが司会者として、会社の全ＯＫＲを駆け足で紹介した全社員ミーティングは今でも忘れない（サラーにはどんなことも秩序立てて説明する能力がある）。ただ通常、詳細な議論はチーム単位で行われる。また今でもグーグルのイントラネットの会社全体とチームそれぞれのページでは、ＯＫＲが開示され、リアルタイムに更新されているので、コントリビューターは誰でもアクセスして確認することができる。

ユーチューブに勝てないのなら……

グーグルの無料動画共有サイト「グーグルビデオ」は、２００５年にサービスを開始した。ユーチューブが登場する１カ月前のことだ。私が担当者だったとき、チームがユーザーのために初めてアップロードしたのは、紫色のマペットがバカバカしい歌をうたっている動画だった。セルゲイと私にはどこが良いのかわからなかったが、私の子供たちは「もう一度見せて！」と大喜びした。それでひらめいた。これは次世代のビジネスチャンスなのだ、と。これは一般の人々が動画を作成し、世界に配信する新しい手段となる。私たちはインターフェースの開発に着手し、まもなく驚くべき初ヒットが生まれた。２人の若者が学生寮で人気グループ、バックストリート・ボーイズの歌をうたっており、その背後でルームメートが勉強している動画だ。グーグルビデオにはプロが作成した動画もあったが、ユーザーが作成したコンテンツのほうが受けは良かった。

グーグルビデオの最大の欠陥は、アップロードに時間がかかることだった。これは「高速化」というプロダクト開発に関する会社の大原則に反していた。ユーザーがアップロードした動画は、すぐには視聴できなかった。それがユーチューブではできた。これは大問題だった。私たちがこの問題を解決した頃には、相当な市場シェアが失われていた。ユーチューブがストリーミングする動画の数は私たちの3倍だった。だが彼らは財務的に苦労していた。圧倒的な需要に対応するため、インフラを構築するための資金を早急に必要としていた。ユーチューブが身売りしなければならないことは明白だった。

私は、これは2社のサービスを統合する好機だと思った。そこで、エクセルを使って16億5000万ドルの買収価格を正当化する材料をまとめ、グーグルが投資を回収できることを示し、ラリーとセルゲイを説得した。取締役会の直前、創業者2人は私にそのエクセルシートを持ってきてほしいと言った。たくさんの質問が出て、取締役会は私が示した年度ごとのユーザー増加見通しに完全に納得したわけではなかったが、買収にゴーサインを出した。おかしなもので、その後今日《こんにち》に至るまでユーチューブが確実に達成してきた事柄の1つが、劇的なユーザーの増加だった。

「大きな石」理論

クリストス・グッドロウ　スーザンに先立つこと3年、2011年2月に私がグーグル・プロダクト・サーチからユーチューブに移ってきたとき、OKRの運用には改善の必要があった。当時800人ほどいた社員は、四半期ごとに何百というOKRを設定していた。各チームはグーグル・ドキュメントを開いて目標を入力しはじめ、10人のメンバーが最終的に30〜40もの目標を設定し、実際に達成されるのはそのうち半分以下という状況だった。

技術者が目標設定で躓く理由は主に2つだ。まず自分が良いアイデアだと思ったものは、1つも削ろうとしない。そして目標達成までにかかる時間をきまって過小評価する。プロダクト・サーチでも同じだった。技術者の言い分はこうだ。「おいおい、オレは有能なんだ。それっぽっちしかできないわけがないだろう」。そんな彼らにとってチームの目標を3つか4つに絞り込むのは大変な自制を要することだったが、それは劇的な違いを生んだ。OKRはより厳格になった。一番重要なことは何か、全員がわかっていた。ユーチューブの検索および発見部門の責任者となったとき、そこにも同じやり方を持ち込むのは当然だと思えた。

その後ユーチューブCEOだったサラー・カマンガーは、技術面の執行責任をシシャー・メイロトラに任せた。シシャーは会社全体のフォーカスを明確にした。よく引き合いに出したのはスティーブン・コヴィーによって有名になった「大きな石」理論だ。あなたがまとまった量の石、小石、砂を渡され、そのうちできるだけ多くを1ガロン入りの広口瓶に入れるという目標を与えられたとする。まず砂を入れ、小石を入れたら、瓶には大きな石を入れる余地はなくなる。だが最初に石、続いて小石を入れ、砂を最後にしたら、砂は石のあいだの隙間を埋めてすべてが収まる。要するに、一番重要なことは最初にやるべきであり、さもなければやらずに終わる、というのだ。

ではユーチューブにおける大きな石とは何か。社員はそれぞれの仕事に取り組み、たくさんの花を咲かせていたが、会社のトップレベルのOKRが何なのかは誰にもわからなかった。そこでリーダー層はこう伝えはじめた。「みんなのアイデアはどれもすばらしい。でも今四半期、そして今年度の大きな石を2〜3個選んでくれないか」と。その後、ユーチューブでは誰もが会社の最優先事項を認識するようになった。大きな石は全部、瓶に入れられるようになった。

こうしてユーチューブは、私がそれからの4年間を費やすことになる壮大な目標の実現に向けて、大きな一歩を踏み出した。

もっと良い指標

ユーチューブは収益化の方法を見いだしたが、視聴者数を伸ばす方法は依然、模索が続いていた。会社と私にとって幸運だったのは、グーグル検索グループに1人の技術者がいたことだ。ジム・マックファデンは「シビル」という専門チームで、「次の動画」を推奨するシステムを構築していた。関連性の高い動画を「提案」する機能だ。これはユーチューブの視聴回数を大幅に増やす可能性を秘めていた。しかし私たちが本当に増やしたいのは、視聴回数だろうか？

マイクロソフトCEOのサティア・ナデラは、こう指摘している。「コンピュータの処理能力がほぼ無限になった世界において、人々の関心こそが真に希少なコモディティとなりつつある」[2]。ユーザーが貴重な時間をより多くのユーチューブ動画の視聴に費やすならば、そうした動画を観ることでより幸せにならなければならない。そうすることで好循環が生まれる。視聴者の満足度（視聴時間）が高ければ、広告収入は増え、それはコンテンツクリエイターのインセンティブとなり、それがさらに多くの視聴者を呼び込む。

ユーチューブにとって最も重要なのは、視聴回数やクリック数ではなかった。視聴時間である。これは、非の打ちどころのない論理だった。ユーチューブは、新たなコア指標が必要だった。

一にも二にも視聴時間

2011年9月、私は上司とユーチューブの幹部チームに挑発的なメールを送った。件名はこうだ。「一にも二にも視聴時間」。これは成功の指標を見直そう、という呼びかけだった。「他の条件が一定だとすれば、私たちの目標は〔動画の〕視聴時間を増やすことだ」。グーグル社員の多くは、これを邪道と思っただろう。グーグルの検索サイトは、ユーザーを最適な目的地に向けてできるだけすばやく送り出す「交換機」として設計されていた。視聴時間の最大化は、その崇高な使命への冒瀆《ぼうとく》だった。しかも視聴時間が増えれば、視聴回数にはマイナスのはずだ。そしてな視聴回数はユーザーとコンテンツ制作者の両方に関するきわめて重要な指標だった。そしてなにより視聴時間を最適化することは、少なくとも当面は収入にも相当響くはずだった。ユーチューブの広告は動画が始まる前だけに表示されていたので、視聴回数が減れば表示される広告の数も減るためだ。広告が減れば、収入も減る。[*]

それに対して、グーグルとユーチューブは別の生き物である、というのが私の主張だった。両者の違いをできるだけ明確にするため、私は架空のシナリオを考えた。ユーザーがユーチューブ・サイトに行き、「蝶ネクタイの結び方」と入力したとする。このトピックについては2つの動画がある。1つは1分間で、蝶ネクタイの結び方を手早く簡潔に説明する。2本目は10分間で、ジョークを交えて本当におもしろく説明する。私は同僚たちにこう尋ねた。「ユーチューブはどちらを検索結果の第1位に表示すべきだろう？」

グーグル検索で働く社員なら、迷わずこう答えるだろう。「もちろん1つめだ。ユーザーが蝶ネクタイの結び方を知りたくてユーチューブに来るなら、蝶ネクタイの結び方を教えてあげるのが一番だ」

だが私は彼らにこう言った。「私なら2つめの動画を見せたい」

すると検索チームは反論する。「なんでそんなことをするんだ？　気の毒なユーザーはさっさと蝶ネクタイを結んで、パーティに行きたいだけだろう」と（きっと私のことをとんでもな

＊ただ、まだ発展途上とはいえ、ユーチューブは視聴回数から視聴時間へという価値観の転換に対応し、現在は動画の途中に広告を挟むようになった。

いアホだと思っていたはずだ）。だが私が伝えようとしていたのは、ユーチューブのミッションはグーグル検索とは根本的に違うということだ。ユーザーが蝶ネクタイの結び方を知りたいのはもちろんで、**それだけしか**望まないなら、1分間のマニュアル動画を選ぶだろう。しかしユーチューブが目指しているのはそういうことではない。ユーチューブが目指すべきは、ユーザーを夢中にして、できるだけ長い時間をこのサイトで過ごしてもらうことだ。事実、10分間の動画を7分（あるいは2分だけでも）見たときのほうが、1分間の動画を**最後まで**見たときよりユーザーの満足度は高い。ユーザーがハッピーなら、私たちもハッピーだ。

結局6カ月かかったが、私の主張は認められた。記念すべき2012年3月15日、私たちは視聴時間を最適化するよう設計された推奨アルゴリズムを稼働させた。ユーザーのエンゲージメントと満足度を高めるのが目標だ。重視する指標を変えたことで、特に音楽、ハウツー動画、エンターテインメントや深夜番組のコメディ動画の分野で、ユーチューブは一段とユーザー・フレンドリーなプラットフォームになった。

切りのいい数字を目標にする

2012年11月、ロサンゼルスで開かれたユーチューブ年次リーダーシップ・サミットの会場で、シシャーが私たち数人を集めた。新年度のキックオフに際して、壮大なストレッチ目標を発表するというのだ。「1日あたりのユーザーの総視聴時間を10億時間にする」と（シンプルさには強いインパクトがある。切りのいい数字というのはまさにそうだ）。そしてシシャーは私たちにこう聞いた。「これをいつ達成できるかな？　期間はどれくらいだろう」。10億時間というのは、視聴時間を当時の10倍に増やすということで、数カ月ではなく年単位の時間がかかることはわかっていた。２０１５年では近すぎるが、２０１７年では中途半端だ（一般的に素数は収まりが悪い）。シシャーが登壇する直前に、私たちは２０１６年末を目標にすることにした。こうして４年がかりのＯＫＲとして、継続実施するいくつかの年次目標と、小刻みに改善していく四半期ごとの「主要な結果」で構成されることになった。

規律ある「ストレッチ」

ストレッチ目標は、社員が実現可能だと思わ

目標 | OBJECTIVE

以下を成長の推進力として、（2016年末までに）1日あたりの総視聴時間10億時間を達成する

主要な結果 | KEY RESULTS

1 検索チームとメインアプリ（+XX%）、リビングルーム（+XX%）

2 エンゲージメントと、ながら視聴を増やす（1日あたり総視聴をX時間にする）

3 「ユーチューブVRエクスペリエンス」を開始し、VRカタログの動画本数をXからYに増やす

なければ失敗に終わる可能性がある。そこで重要なのは、どのような枠組みで提示するかだ。敏腕経営者であるシシャーは、このＢＨＡＧを適正な大きさに分解した。１日10億時間というのはとてつもない数字に思えるが、世界の１日あたりのテレビ視聴時間の20％にも満たない。このように相対化してもらえると、少なくとも私にとっては参考になったし、わかりやすかった。ユーチューブは勝手気ままにとんでもない目標を掲げたわけではない。むしろユーチューブよりはるかに大きな存在があり、それを目指して拡大していこうとするだけだ。

それから４年かけてこのミッションを追求していくなかで、必ずしも10倍成長を絶対視していたわけではない。ユーザーのために視聴時間にはマイナスになるような意思決定もしている。たとえば釣り（クリックベイト）動画を推奨するのをやめる方針を実施した。３週間後、視聴時間は０・５％減少した。それでも方針を変えなかったのは、視聴者のエクスペリエンスを改善し、釣り動画を減らし、責任ある成長という原則に照らして正しかったためだ。３カ月後、動画の視聴時間は回復し、むしろ以前より**増加した**。こうしたコンテンツにアクセスしにくくなった結果、ユーザーがより満足度の高いものを選別するようになったためだ。

ただ10億時間というＢＨＡＧを設定して以降、**何をするときでも必ず**視聴時間への影響を検討するようになった。目標への進捗を遅らせるような変更をする場合には、その遅れがどれくらいか細かく見積もった。そのうえで実施前に、社内的合意を得るようにした。

加速する

スーザン　サラー・カマンガーは創業初期の会社が大好きだ。そうした会社を次のステージに導くことに喜びを感じ、実際その才能に長けている。２０１２年にはユーチューブは大組織に成長しており、サラーは別の事業に移ることにした。ユーチューブは事業と技術の２つの派閥に分裂しており、それをまとめあげる人物が必要だった。私は10年にわたってアドワーズを率いてきた経験から、複雑なエコシステムには慣れていたので、ユーチューブを統合するという難題にぜひ挑みたいと思った。

ユーチューブのリーダー層が１日あたりの総視聴時間を10億時間にするという目標を打ち出したとき、ほとんどの人が不可能だと思った。そんなことをしたらインターネットが破綻する、と。しかし私はこのような明確で測定可能な目標は社内を活気づけると思ったので、ユーチューブを心底応援した。

２０１４年２月に私がユーチューブに移ったのは、壮大なストレッチ目標の期限の３分の１が過ぎた頃だった。ただ目標は組織に定着してはいたものの、計画どおりに進捗していなかった。視聴時間の伸びは、期限どおりに目標を達成するのに必要な水準を大幅に下回っており、それが関係者全員のストレスのもとになっていた。グーグルではストレッチ目標については、全体として評点０・７（達成率70％）を目標とする。それでもまったく手の届かないときはあるが、初めから「70％で構わない。それを成功と見なそうじゃないか」と考えるチームはない。

誰もが100%を目指す。特に目標が手の届くものに思われればそうだ。1日の総視聴時間が7億時間に達すれば満足だと考えていた者など、ユーチューブには1人もいなかったと断言できる。

ただ正直に言って、私には期限までに10億時間を達成できるという確信はなかった。それでもアラインメントができて、全員一丸となっていれば、多少目標を下回っても構わないと思っていた。グーグルでも目標が未達に終わることはあったが、そういうときはフォーカスを再度明確にし、継続して取り組んだ。2007年にウェブそのものを収益源にしようとアドセンスを導入したときには、サービス開始日を四半期OKRとしていた。その日にリリースするために本当に努力したが、結局2日遅れた。それで何の問題もなかった。

OKRの最大の利点は、それによって目標への進捗をトラッキングできることだ。特にスケジュールに遅れているときはそうだ。私がグーグルで四半期半ばでのOKRのアップデートを担当していたとき、力点を置いたのは問題を修正し、正しい軌道に戻すことだった。アップデートは会社のリーダーを集め、「みんなで目標の達成に近づくため、それぞれが実施できるプロジェクトを5つ挙げてほしい」といった議論をする機会だ。困難なOKRに挑戦すれば、好ましいふるまいを促すことができる。だから私は必ずしも、午前0時の鐘が鳴る前に10億時間を達成することにこだわってはいなかった。

だがOKRの責任者であったクリストス・グッドロウの見方は違った。彼にとって「1日10億時間」は寝ても覚めても忘れない白鯨だった。私がユーチューブに入社してまもなく開かれた「アップ・トゥ・スピード」会議で、クリストスは私に46枚のスライドを見せた。5枚目を見る頃には、クリストスの決意ははっきりと伝わった。「遅れを取り戻さなければならない」と。

クリストス　私はとても心配していた。会社では毎年、年次目標とフォーカス分野が発表された。2013年から2016年まで、10億時間というOKRがプレゼンの冒頭に書かれていた。順調に前進しているかを測るための短期的マイルストーンも明確だった。初めてスーザンに会ったとき、私はまず10倍目標を維持してくれてありがとう、と伝えた。そしてこう言った。「ところで計画は大幅に遅れているんだ。本当にビクビクしているし、君も少しはビクビクしてくれたら嬉しい。そして何を優先し、どこに力点を置くかを決めるときには、視聴時間のOKRは何か手を打たなければ達成できない状況だということを忘れないでほしい」

スーザン　私は重大な懸念はいくつかあると思っていた。1つはグーグルの設備担当と協力し、ユーチューブの目標を支えるだけのインフラを確保する戦略を立てることだ。ユーチューブ動画をグーグルのデータセンターからユーザーに届けようとすると、膨大なバイト数になる（専門用語で「出力帯域幅」）。メールやソーシャル・メディアとは比較にならない。ユーザーの子猫の動画をスマホやノートパソコンに届けるためには、グーグルがあらかじめ膨大なバイト数を処理するだけのサーバーを備えておく必要がある。そのためにやるべきことをすべてやらなければならない。

10億時間のOKRを発表して以降、ユーチューブのリーダー層は2016年までに必要な帯域幅を確保するため、あの手この手の攻勢に出た。私がユーチューブのCEOになると、グーグルのサーバーグループは早速、一見法外な使用計画の見直しを求めてきた。私は難しい立場に置かれた。まだ移ったばかりだったし、実際にユーチューブのサーバーの使用実績は予測を下回っていた。しかしサーバーへの投資を抑えれば、元に戻すのは難しいこともわかっていた。そこで判断を先送りすることにして、優秀な技術部隊の面々にこう言った。「とりあえず当面は計画どおりということにして、3カ月後にもう一度話し合いましょう」と。現状を把握できるまで、すでに確保したサーバーは死守したかった。3カ月後にはデータも集まり、視聴時間も伸び、主張が通りやすい状況になっていた。

10億時間のOKRはユーチューブにとって重要なものであり、私はそれを支持するつもりだった。ただあまりにも白黒はっきりした目標なので、うまく管理しないと弊害が生じる恐れもあった。見過ごされがちなグレーの部分、つまり細かな変化に目配りするのが私の任務だった。日々の視聴時間は2つの要因で決まる。1日あたりアクティブビューアー数の平均（DAV）と、彼らの平均視聴時間である。2つめの変数については順調だったが、そちらのほうが達成しやすい項目であったのも事実だ。既存の関係を深めるのは、新たな関係を始めるより簡単だ。社内のリサーチからは、既存のユーザーにユーチューブの視聴時間を2倍に増やしてもらうより、ユーザーベースを拡大するほうが成長の可能性がはるかに大きいことがわかっていた。ユーチューブに必要なのは新しいユーザー。それは広告主も同じだった。

支え合う

クリストス　リーダーが変わると、すべてが見直しの対象となる。スーザンがユーチューブのCEOになったとき、10億時間のOKRを引き継ぐ必要はなかった。それは前経営陣が立てた目標だった。視聴回数を基本とする目標に戻す、あるいはもっと収益重視の目標に変更することもできた。視聴時間のOKRを維持しつつ、同じぐらい、あるいはもっと重要な目標を3つ追加することもできた。そうしていたら、期限どおりに10億時間の目標を達成することは絶対にできなくなるはずだった。注意散漫になり、遅れを取り戻すことなどできなかっただろう。

スーザンがCEOになった後、私たちはユーチューブの全社的目標の横に、それぞれ担当者の名前を書くようになった。また進捗具合を青、黄、赤の色別に示すようにもなった。毎週のスタッフ会議では、「クリストス」という名が「10億時間」の隣に書き込まれた。それが何四半期、何年にもわたって続いた。だからこのOKRの達成に個人的な責任を感じていた。

私はリスクの高い野心的目標を掲げ、失敗を容認するというグーグルの考え方を理解していた。またそのおかげで良い変化がすでに起きていることもわかっていた。このBHAGを掲げてから、私のチームは動画検索と推奨機能を大きく改善した。このOKRはグーグル・グループ内でのユーチューブの知名度と地位を高めたが、その中心的役割を果たしたのが私たちだった。社内の士気はかつてないほど高かった。マーケティング部門のスタッフが真剣に視聴時間について話し合っているのをよく耳にした。そんな日が来るとは夢にも思わなかった。

とにかく、このOKRは特別だった。ユーチューブという会社にとっても、私自身にとっても。OKRが設定されてまもなく、私はシシャーにこう伝えていた。4年後の期限までに10億時間を達成できなかったら、私はグーグルを辞める、と。本気だった。メロドラマのように聞こえるかもしれないが、それくらいのつもりで取り組んでいた。これほど強い思い入れがあったからこそ、諦めずにいられたのかもしれない。

2016年の年初、すなわち最終ラップが始まる時点で、プロジェクトはスケジュールどおりに進捗していたが、かなりギリギリだった。陽気が暖かくなると、一般的に外出が増え、動画の視聴は減る。ユーザーは戻ってくるだろうか？　7月になっても視聴時間の伸びは年末の目標に届いていなかった。私の不安は募り、チームにはプロジェクトの優先順位を見直し、視聴時間にテコ入れしてほしいと訴えた。

9月になると、多くの人が夏休みの旅行から戻ってきた。既存の視聴者がかつての視聴習慣を取り戻し、新しい視聴者が入ってくるにつれて、検索や推奨機能の改善が実を結びはじめた。10億時間の達成はあと一息のところまできた。技術者は視聴時間を0・2％でも伸ばせそうな変更点を血眼で探していた。2016年だけでそうした小さな進歩を150件近く積み上げていた。目標を達成するには、そのすべてが必要だった。

10月初頭、1日あたりの総視聴時間の伸び率は目標を大幅に上回っていた。そのときようやく目標の達成を確信した。それでも日々、視聴時間のグラフを確認するのはやめなかった。休暇で職場を離れていても、病気で休んでいるときも。そしてその秋、あのすばらしい月曜日の朝、いつものようにグラフをチェックした私は、週末のあいだに10億時間を達成したことを知った。多くの人が達成不可能だと思ったストレッチOKRを達成したのだ。それも期限前に。

翌日、私は3年以上向き合いつづけたグラフをチェックしなかった。

ユーチューブの歴史的OKRには想定外の影響がいくつかあった。4年間にわたって1日10億時間の視聴という目標に向かって邁進するなかで、1日あたりの視聴回数もそれと同時に急増していった。ストレッチOKRは強力な力

2015年、ユーチューブの誕生10周年を祝うスーザン・ウォジスキ

を呼び覚まし、それは予想もつかない結果につながる。もう1つ、私が学んだ重要な教訓は、トップのサポートがどれほど重要かということだ。

スーザンを筆頭に、ユーチューブの経営陣はこの目標を全面的に支持していた。担当者はその達成のために最善の道を選んでいると信頼し、それが野心的で明確な目標であることを評価してくれた。それでもグーグル検索チームから公然と、ユーチューブのOKRを疑問視する声があがったときには、グーグルの経営陣が介入し、支持を表明し、ユーチューブの意志を尊重してくれた。

発想を大きくする

スーザン　野心的目標は、組織全体のリセットにつながることもある。ユーチューブにとって10億時間の目標は、会社全体のインフラの見直しにつながった。「会社がそれほど大きくなるなら、アーキテクチャを設計し直す必要があるかもしれない。ストレージの再設計が必要かもしれない」といった議論がされるようになった。会社全体として将来に対する備えを見直すきっかけとなった。誰もがより大きな視点でモノを考えるようになった。

今振り返っても、ストレッチOKRのプロセス、体系、明確さがなかったら、4年間で目標を達成できたかは疑わしい。急成長を遂げる会社では、同じ目標に向かって全員がアラインメントし、フォーカスするのは難しい。全員の進捗度合いを測るための基準が必要だ。重要なのは、正しい基準を見つけることだ。１日あたりの総視聴時間を10億時間にするというのは、ユーチューブの技術者にとっての北極星となった。

とはいえ状況は常に変化する。２０１３年の時点では視聴時間がユーチューブのエクスペリエンスの質を測る最適な指標だった。現在私たちは、ウェブに追加された動画や写真の数、視聴者の満足度、社会的責任の重視といった、他の変数にも注目している。10分の動画が２本あるとする。どちらも視聴時間は同じだが、どちらのほうがよりユーザーを満足させるだろうか。

だからこの本が出版される頃には、まったく別の成長指標にフォーカスしているかもしれない。すでに２０１５年には、動画を推奨するうえでユーザー満足度を考慮するというかたちで、「視聴時間の次」への動きは始まっている。ユーザーに最も満足度の高かったコンテンツを尋ね、「好き」と「嫌い」を分析することで、ユーチューブで過ごす時間への満足度を確実に高められるはずだ。２０１７年にはホームページに最新ニュースの欄を設けた。権威あるニュースソースのなかで、最も注目されている有益なコンテンツをすくいあげる機能だ。推奨アルゴリズムのなかに、多種多様な意味のあるシグナルを新たに取り込んでいく努力は今も続けている。ユーチューブの事業が成長し、その社会的役割が変化するのにともない、今後も私たちのサービスにふさわしい指標、そしてそれにふさわしいＯＫＲを模索しつづけていく。

第2部

働き方の新時代

PART TWO

The New World of Work

第15章

Continuous Performance Management: OKRs and CFRs

継続的パフォーマンス管理

──OKRとCFR

話すことで考え方が変わり、行動が変わり、組織が変わることもある。

──シェリル・サンドバーグ

年1回の勤務評定はコストがかかり、エネルギーを消耗し、たいていは不毛だ。管理職は勤務評定のために、直属の部下1人につき平均7・5時間を費やす。それにもかかわらず、このプロセスが企業価値を高めるうえで「きわめて有効である」と考える人事責任者はわずか12％にとどまる。[1] 時間を費やすだけの価値があると考えるのは、わずか6％に過ぎない。[2] 直近バイアスによる評価の歪み、相対評価や正規分布といった制約のために、このような年度評価は正当で合理的に算出されたものにはなりえない。

ビジネスリーダーは多くの失敗を重ねながら、個人を単純な数字に置き換えることはできないと学んできた。合理的に算出された目標の重要性を訴えてきたピーター・ドラッカーでさえ、数字だけに頼るマネジメントの限界は認めていた。「マネジャーが果たすべき第1の役割は、人間関係にかかわるものだ。他者との関係、相互の信頼感の醸成、コミュニティの創出である」と語っている。[3] アルバート・アインシュタインもこう言っている。「数字で表せるものがすべて重要とは限らず、また重要なものがすべて数字で表せるとは限らない」

想像を超えるような目標を達成するには、もっと次元の高いマネジメントが必要だ。職場のコミュニケーション・システムはレベルアップが待ったなしの状況だ。四半期ＯＫＲによって形式的な年間目標が過去の遺物となったのと同じように、時代遅れのパフォーマンス管理システムにも抜本的改革が必要だ。要するにマネジメント新時代に適した、新たな人事管理の仕組みが求められている。この抜本的変革をもたらす仕組みが、年次勤務評定に代わる今日的手法、**継続的パフォーマンス管理**である。それを実践する手段がＣＦＲであり、以下の頭文字を取っている。

- **対話（Conversation）**　パフォーマンス向上を目的に、マネジャーとコントリビューターのあいだで行われる真摯で深みのある意見交換。
- **フィードバック（Feedback）**　プロセスを評価し、将来の改善につなげるための、同僚との双方向あるいはネットワーク型のコミュニケーション。
- **承認（Recognition）**　大小さまざまな貢献に対して、しかるべき個人に感謝を伝える。

ＯＫＲと同じように、ＣＦＲも組織のあらゆる階層での透明性、責任、エンパワーメント（権限付与）、チームワークを大切にする。コミュニケーションの刺激剤となって、ＯＫＲに点火し、一気に軌道へと送り出す。ＣＦＲは本当に重要なことを測定する文化を、組織の隅々まで浸透させるシステムだ。そこにはアンディ・グローブの革新的手法の魅力と威力が詰まっている。いわばＯＫＲに血を通わせる手段だ。

何より重要なこととして、ＯＫＲとＣＦＲには相互に補強しあう性質がある。ダグ・デナーラインはベターワークスのＣＥＯだ。ベターワークスはこの分野のパイオニアとして、ＯＫＲとＣＦＲをクラウドとスマホに載せ、何百という組織が活用できるようにした。ダグはこう語る。

「２つを融合させることがホームランの秘訣だ。組織内の対話が目標を達成したか否かだけに終始していたら、全体像が見えなくなる。『目標は設定時に想定したより困難なものだったのか』『そもそも正しい目標だったのか』『意欲を引き出すものか』『前四半期に本当にうまくいった2つか3つのことに資源をフォーカスすべきか、それとも方向転換すべきか』。このような本当に重要な問いと向き合うには、継続的パフォーマンス管理が必要だ。それを通じて、その答えを組織全体から吸いあげなければならない」

「反対に、そもそも目標がなかったら、いったい何について対話をするのか。何をどのように達成したのか。私の経験では、組織の目標と一致した明確な目標を与えられると、人はやりがいを感じる傾向がある。自分の仕事について疑問や迷いを感じることもない。それが組織とどのように結びつき、役立っているかがわかるからだ」

ここであえてもう1つ、アメフトの喩えを使おう。ゴールポストがあなたの目指す目標で、ヤードラインはそれぞれ目標に至るまでの「主要な結果」だとする。ただ集団として成功するには、プレーヤーとコーチに必要なものは他にもある。あらゆる集団的取り組みに不可欠なのは、試合を勝ち進んでいくなかでチームの絆を強くするさまざまなやりとりであり、それがＣＦＲだ。試合の翌日に開く録画を使った反省会、週半ばのポジション別ミーティング、試合前の作戦会議、さらにはプレーヤーがうまくいったときにエンドゾーンで抱きあって喜ぶことなどだ。

人事評価制度を見直す

心強いことに、変化の兆しは表れている。フォーチュン500企業の10％は、すでに昔ながらの年1回の勤務評定をやめた。その数は増えつづけている。伝統に縛られない、規模の小さい無数のスタートアップも同じだ。私たちは、人事をめぐるあらゆる慣習を見直すべきタイミングに来ている。フットワークの良い機敏な労働力と、非階層的な組織を実現するには、それが不可欠だ。

企業が年1回の評定を継続的対話とリアルタイム・フィードバックに置き換えるか、補完するようにすれば、年間を通じて改善していけるようになる。アラインメントと透明性は日々、確保されるようになる。部下が苦戦しているのに、マネジャーが裁きの日までぼんやり待っている

年次パフォーマンス管理と継続的パフォーマンス管理の比較[4]

年次パフォーマンス管理	継続的パフォーマンス管理
年1回のフィードバック	継続的フィードバック
報酬と連動	報酬とは切り離されている
指示的／高圧的	コーチング／民主的
結果に注目	プロセスに注目
弱みに主眼	強みに主眼
バイアスがかかりやすい	事実に基づく

のは許されない。消防士のようにためらいなく、困難な議論に飛び込んでいくことが求められる。

そんな簡単な話があるかと思われるかもしれないが、継続的パフォーマンス管理を導入することで、すべての社員のパフォーマンスは向上するだろう。組織の下から上まで、それまで以上の成果が出るようになる。魔法のように、リーダーとコントリビューターの士気は高まり、個人的成長が促される。そこに四半期目標とOKR本来のトラッキングという要素が加わることで、さらにその威力は高まる。

今は転換期であり、多くの企業がスキルやチームプレーなど新たな基準を追加し、幅広い視点からの評価を試みている。年1回の勤務評定と並行して、継続的パフォーマンス管理や継続的対話を実践する企業も多い。このように新旧の方法をバランスよく実践するのは、特に規模の大きい企業には効果的な場合もあるので、今後もそのやり方を続けるところもあるだろう。一方、それ以外の企業は過去と決別し、従来型の評点付けや順位付けを廃止し、より透明性の高い、協力的かつ多面的な評価方法を採用するようになるだろう。

Column

パクトにおける継続的パフォーマンス管理

ワシントンDCに本拠を置く国際貿易と開発を専門とする非営利組織、パクトは、OKRと継続的パフォーマンス管理のシナジーを身をもって経験した。パクトのディレクター、ティム・スタッファの話を聞こう。

「私たちがOKRを採用したのは、実態としてパフォーマンス管理の頻度が高まっていたためだ。OKRを採用した時点で、従来の年1回の勤務評定は正式に廃止し、その代わりとなる、マネジャーと従業員の面談の頻度を高めた。組織内ではこの仕組みを『プロペル（推進力）』と呼んでおり、4つの構成要素から成る。

1つめは、従業員がマネジャーと業務の状況について話し合うために、月1回実施する1対1の面談だ。

2つめは、OKRに対する進捗を評価するための四半期レビューだ。ミーティングの場で『今四半期に達成しようとしていた目標は何か』『達成できたことは何か』『達成できなかったことは何か』『その理由は何か』『何を変えればよいか』を話し合う。

3つめは、半年に1回開く、キャリア開発のための対話だ。従業員はそれまで何をしてきたか、今はどういう状況にあり、今後はどうなりたいのか、といった自らのキャリアの展望を議論する。そして新たな進路を、管理職や組織がどのように支援できるかを話し合う。

4つめは、継続的かつ自発的な振り返りだ。私たちの身の回りには、常に正の強化（好ましい行動を褒め、同じ行動を助長すること）やフィードバックがあふれているが、自発的にそれを求めようとする人は少ない。たとえばあなたがチームの前でプレゼンをしたとしよう。終わった後、誰かが近づいてきて『良かったよ』と言ってくれても、たいていの人は『ありがとう』で済ませてしまう。そこをもう少し、突っ込んでほしい。『ありがとう。良かった点を1つ挙げてもらえるかな？』と。そうすればリアルタイムに具体的なフィードバックをもらえる」

評定と目標管理を切り離す

継続的パフォーマンス管理に移行する場合、その第一歩は単純明快だ。報酬（昇給とボーナス）とOKRを切り離すことである。勤務評定と目標管理には別個の面談が必要で、それぞれの頻度とスケジュールは異なる。勤務評定は過去を振り返る評価で、通常は年度末に実施する。目標管理はリーダーとコントリビューターのあいだの継続的な未来志向の話し合いで、リーダーは主に5つの問いを投げかける。

- 今、何に取り組んでいるのか？
- 状況はどうか。ＯＫＲの進捗は？
- 業務の妨げとなっていることはあるか？
- もっと成果をあげるために、私ができることはあるか？
- あなたのキャリア目標を達成するためには、どのように成長する必要があるのか？

ただし、勤務評定と目標管理は完全に切り離せるとか、切り離すべきだと言っているわけではない。個人が「何を達成したか」をデータでわかりやすく示すことには、勤務評定の歪みを防ぐ効果もある。しかもＯＫＲは個人が取り組んでいる最も価値のある仕事を示しているので、次の評価サイクルで信頼性のあるフィードバックをするための材料となる。ただ、目標が報酬を決めるベースとなったり、悪用されたりすると、従業員は実力を隠すようになる。守りに入り、驚異的成果を目指して限界に挑戦しなくなる。そして仕事のやりがいのなさにうんざりする。最も割を食うのは組織だ。

社員Ａが、極端に困難なストレッチ目標を設定し、なんとか75％を達成したとする。この卓越した成果に対してボーナスは１００％支給すべきだろうか、あるいは１２０％に増額すべきだろうか。一方、社員Ｂは「主要な結果」の90％を達成したが、マネジャーはこの人物が努力をしなかったことをわかっているとしよう。しかも重要なチームミーティングをいくつも無視したとする。社員Ｂは社員Ａより多くのボーナスを手にするべきだろうか。

主体性や士気を高めたいと思うなら、答えはノーだ。

ラズロ・ボックによると、グーグルではOKRが評定に占める割合は3分の1以下だという。それよりも部門横断的チームからのフィードバックや、何よりその人物の置かれた状況が重視される。ラズロはこう言う。

「たとえ目標管理システムがあっても、目標そのものが間違っている可能性は常にある。市場でとんでもないことが起こったり、得意客が仕事を辞めてしまったりして、突然ゼロから事業を構築しなおさなければならないこともある。そうした事柄をすべて考慮に入れなければならない」

グーグルは意識的に、目標の評価結果を報酬の決定と切り離す。サイクルが終わるたびにOKRの評点をシステムから消去するほどだ。

人間の行動は複雑で、まだ解明されていない部分も多い。そこには主観がかかわってくるからだ。

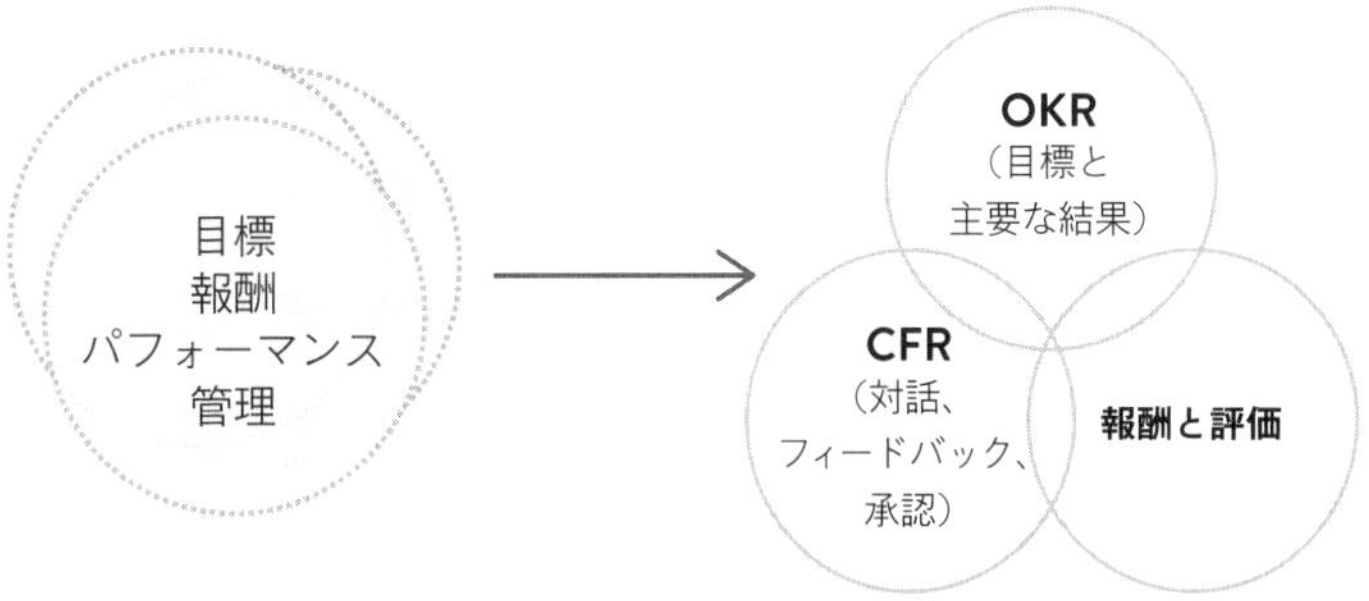

企業が継続的パフォーマンス管理に移行するのにともない、OKRとCFRは報酬や正式な評価とは独立して運用されるようになる。

今日《こんにち》の職場においても、ＯＫＲと報酬はまだ「友達」でいられる。完全に決別することはない。ただもはや一心同体ではなく、そのほうが健全だ。

対話

ピーター・ドラッカーは、マネジャーと直属の部下が定期的に1対1の面談をすることの重要性をいち早く指摘した1人だ。アンディ・グローブはマネジャーが面談に90分かけると「それから2週間にわたって部下の仕事の質を高められる」と考えていた。[5] これもまた時代に先駆けて、アンディはインテルで個別面談を義務化していた。その意義を、こう説明している。

> 面談は相互に示唆を与え、情報を交換する場である。具体的問題や状況について話し合うことを通じて、上司は部下に自らの技術やノウハウを伝え、問題への対処の仕方を提案する。同時に部下は上司に自分が何に取り組んでいるか、何に悩んでいるかを詳細に伝える。（中略）個人面談の要諦は、部下のためのミーティングであるということ。議題や雰囲気を決めるのは部下であり、上司は耳を傾け、コーチングする立場で出席する。*

また上司はこのような場で、腹を割った会話を促すべきである。というのも個人面談は、部下の仕事ぶりに影響を及ぼす、難しくも本質的な問題を持ち出す絶好の機会だからだ。自分の仕事ぶりに満足しているのか、何か不満や障害があるのか、自分の先行きに疑問があるのか、といったことだ。

パフォーマンスのトラッキングツールや頻繁に対話を調整するためのツールがそろっている今日《こんにち》、アンディの教えは一段と有用性を増している。** 個人面談が機能していると、日々の業務について突っ込んだ議論ができる。定期的に行われ、頻度は必要に応じて週1回から四半期に1回まで幅がある。数百社の取り組みを見てきたベターワークスによると、マネジャーとコントリビューターの対話には5つの重要分野がある。

- **目標設定と振り返り**　次のサイクルに向けて従業員のOKRを計画する。個人の目標や「主要な結果」を、組織の優先項目と一致させるにはどうすれば一番良いかが議論の中心となる。
- **継続的進捗報告**　従業員のリアルタイムの進捗状況を簡潔かつデータに基づいて確認し、必要があれば問題を解決する。***

＊アンディは面談では部下のほうが9割方話すべきだと考えていた。[6] 私がインテル時代に上司と面談したときは、私が自分の「主要な結果」を達成するために上司は何ができるかを集中的に話し合った。
＊＊ギャラップの調査では、個人面談の頻度が高いと、従業員のエンゲージメントは3倍に高まる。[7]
＊＊＊進捗報告は、次の2つの質問に基づいて行う。「うまく行っていることは何か」「うまく行っていないことは何か」

- **双方向のコーチング**　コントリビューターが潜在力を発揮し、マネジャーが任務をまっとうできるようにする。
- **キャリア開発**　技能を伸ばし、成長の機会を発見し、従業員が会社における自分の将来像を描けるようにする。
- **非公式なパフォーマンス評価**　組織のニーズと照らし合わせながら、従業員が前回の面談以降に達成したことを確認するフィードバックの仕組み（すでに指摘したとおり、この個人面談は年1回の報酬やボーナスを決定する評定とは別に行われる）。

職場の対話が日常の一部となれば、マネジャーの役割は監督から教師、コーチ、メンターへと変わる。たとえばプロダクトの責任者が設計について煮え切らず、期日どおりにリリースできないリスクが高まっているとしよう。CEOが有能なコーチなら、次の経営会議の前にこんな言葉をかけるだろう。「この問題について、どうすればもっと明確に君の意志を伝えられるか考えてくれるかな。たとえば最も好ましい選択肢を2つ挙げ、自分はどちらが良いと思っているかもはっきりと伝えるのはどうだい？　できそうか？」。プロダクト責任者ができると答えれば、あとは作戦どおりにやるだけだ。コーチングは相手を否定するような批判ではなく、将来の改善に照準を合わせる。

フィードバック

シェリル・サンドバーグは名著『LEAN IN』のなかで、こう語っている。

「フィードバックとは観察と経験に基づく他者の意見であり、自分が他者にどんな印象を与えているかを教えてくれるものだ[8]」

OKRのメリットを最大限に引き出すには、そのプロセスのなかにフィードバックを組み込んでおかなければならない。自分の仕事ぶりがどの程度かがわからなければ、改善できるわけがない。

さらにシェリルはこう指摘する。

「今日《こんにち》の労働者は何をすべきか命令されるのではなく、エンパワーメントとインスピレーション（知的刺激）を望んでいる。マネジャーからフィードバックが来るのを1年待ちつづけるのではなく、自分からマネジャーへフィードバックを返したいと望んでいる。定期的にマネジャーと目標を議論し、仲間とそれを共有し、互いに進捗をトラッキングしたいと考えている[9]」

公開された透明性の高いOKRには、あらゆる方向から良い質問が投げかけられる。

これは自分にとって（あなたにとって／私たちにとって）本当にフォーカスすべきことだろうか？

私が（あなたが／私たちが）これをやり遂げたら、すばらしい成功と見なされるだろうか？

私が（私たちが）さらなる高みを目指すために、何かフィードバックをもらえないか？

フィードバックが大きな恩恵をもたらすには、具体的でなければならない。

ネガティブなフィードバック

「君、先週は会議を始めるのが遅れたじゃないか。しかもまとまりがなかった」

ポジティブなフィードバック

「君のプレゼンは最高だったよ。冒頭のエピソードで聞き手の注意をしっかりつかんだ。次のアクションを決めて会議を締めくくったのが特に良かった」

発展途上の組織では、フィードバックは人事主導で、スケジュールも決められているのが通常だ。もっと成熟した組織では、フィードバックは適宜リアルタイムに、さまざまな方向から提供される。組織のあらゆる部署の人々とのオープンな対話と言ってもいい。誰もがウーバーの運転手を評価でき（相手からも評価され）、さらにイェルプの評価者まで評価できる時代に、職場でマネジャーと従業員の双方向のフィードバックを可能にする仕組みを作れないはずがない。それは社員がリーダーに対して**「あなたの成功のために私は何ができるか」「そして私もあなたにお願いしたいことがある」**と語りかける貴重な場となるはずだ。

従業員が自分の意見を届けるために、本社の投書箱に匿名のメモを投げ入れていたのは、それほど昔のことではない。今日《こんにち》、進歩的な企業は投書箱の代わりに常時使用できる匿名のフィードバック・ツールをいろいろ用意している。[10] 簡単に回答できる従業員アンケートから、匿名のソーシャル・ネットワーク、さらには会議や会議の主催者を評価するアプリまである。

ピア・トゥ・ピア・フィードバック（３６０度評価とも言う）は、継続的パフォーマンス管理のためのもう1つの視点と言えるだろう。匿名でも公開でも、あるいはその中間的なものでもいい。フィードバックは従業員のキャリア開発に結びつくような設計になっているだろうか（そうだとすれば、フィードバックは個人にひそかに伝えられる仕組みがあるはずだ）。組織の問題点を明らかにするためのものだろうか（その場合は人事に直接伝えられる）。これはすべて状況や目的によって決まる。

ピア・フィードバックはチーム間のつながりを醸成するので、部門横断型の取り組みでは特に有用だ。水平的コミュニケーションのルートができれば、部門間の連携は当たり前になる。ＯＫＲは３６０度評価を促すので、組織内の縦割りはすぐに過去の遺物となるだろう。

承認

承認はＣＦＲのなかで最も過小評価され、最も理解されていない構成要素だ。同じ企業で長年働き、金時計をもらうことが夢であった時代は終わった。今日の承認は、パフォーマンスに連動した水平的なものだ。クラウドソース型の能力主義とも言える。ジェットブルーでは企業理念をベースとしたピア・トゥ・ピアの承認システムを導入し、リーダーがそれまでレーダー圏外にいた人材に目を留めるようになって以降、従業員満足度はほぼ2倍に高まった。

継続的承認は、エンゲージメントを高める強力なツールだ。「甘っちょろく思えるかもしれないが、『ありがとう』と口に出して言うのはチームのエンゲージメントを高める最高の手段だ。（中略）積極的に社員を承認する企業は、そうではない企業と比べて社員の自発的退社が31％少ない」[11]。継続的承認を実践する方法はいくつかある。

- **ピア・トゥ・ピア承認を制度化する**　従業員の成果を常に仲間である同僚が認めるようになると、感謝の文化が生まれる。ズーム・ピザで毎週金曜日に全社員が参加して開かれる「まとめ会議」では、最後にすばらしい成果をあげた人の名前をみんなが自由に、思いつくままに叫ぶ。
- **明確な基準を設ける**　特別なプロジェクト、会社の目標の達成、会社の理念を体現する行為など、従業員の行動や成果を認める。「今月の従業員」を表彰する代わりに「今月の成果」を表彰する。
- **承認の事例を共有する**　ニュースレターや会社のブログで、優れた成果の背景を説明し、承認の理由を明確にする。
- **承認の頻度を高め、手の届くものにする**　ちょっとした成果も認める。期限に間に合わせるための懸命な努力、提案へのひと工夫など、マネジャーが当たり前と思いがちな小さなことをとりあげる。

・**承認を会社の目標や戦略と結びつける**　カスタマーサービス、イノベーション、チームワーク、コスト削減など、組織の優先目標に沿うような努力をタイミングよく認める。

ＯＫＲプラットフォームは、ピア・トゥ・ピア承認をしやすいようにできている。四半期目標によって、特にフィードバックや承認をすべき分野が常に明確になっている。透明性の高いＯＫＲがあることで、自然と大きな成果や小さな勝利を仲間たちでともに祝うようになる。すべての社員が応分のスポットライトを浴びることが望ましい。

チームや部門のあいだにこのようなつながりができれば、より多くの社員がその輪に加わろうとし、承認というエンジンによって会社全体に勢いがつく。肩書や所属にかかわらず、互いに拍手を送るようになる。１つひとつの拍手は事業の成功への一歩であり、それこそがＯＫＲとＣＦＲの最大の目的である。それを心に刻んでおこう。

第16章

Ditching Annual Performance Reviews: The Adobe Story

年次勤務評定を廃止する

——アドビのケーススタディ

顧客および従業員エクスペリエンス担当エグゼクティブ・バイスプレジデント　ドナ・モリス

6年前、ソフトウエア会社のアドビは、大方の企業と同じように昔ながらの年次勤務評定を実施していた。マネジャーは評定に従業員1人あたり8時間も費やしており、誰にとってもやる気を削がれるプロセスだった。毎年2月には、がっかりするような評定結果を受け取ったコントリビューターが才能を活かせる場を求め、自主退職が急増した。会社全体では、マネジャークラスの8万時間分の労働（実にフルタイム社員40人分の年間労働時間に匹敵する）を、特段価値を生まない機械的プロセスに費やしていたのだ。アドビは勝者でありつづけるため、ビジネスモデルを全速力でクラウド・ベースのサブスクリプション型サービスに転換しつつあった。しかしプロダクトや顧客対応が現代的なリアルタイム・オペレーションに移行していたにもかかわらず、人事は過去のくびきにとらわれていた。

アドビ幹部のドナ・モリスは2012年にインドに出張した際、従来型の勤務評定への不満を口にした。時差ボケのためにガードが緩んでいたこともあり、取材に来た記者には、アドビが年次評定や相対評価を廃止し、もっと頻度の高い未来思考のフィードバック・システムを導入するつもりだ、と話した。すばらしい計画だったが、1つ問題があった。ドナはこれを人事部門の部下にも、アドビのCEOにも伝えていなかったのだ。

ドナは持ち前のエネルギーと説得力で、組織の説得に取り組んだ。アドビのイントラネットには、会社が直面している課題をこう書いた。「私たちに必要なのは、個人の貢献を評価し、成果に報い、フィードバックを交換することだ。そのためにわざわざ面倒なプロセスが必要だろうか？　私はそう思わない。今こそ劇的に考え方を変えるときだ。『年次評定』をやめるとした

Adobe Set to Junk Annual Appraisals

Company to rely on regular feedback round the year to rate & reward stuff

DEVINA SENGUPTA

BANGALORE

About 10,000 employees at Adobe Systems, including 2,000 in India, have just completed what could probably be their last performance review. The global product services company plans to scrap the age-old practice of being pitted against colleagues and measured up by the bosses once a year.

"We plan to abolish the performance review format," says Donna Morris, senior VP-HR at the company. Still in its blueprint, the plan is to have managers give regular feedback to their teams to ensure a quicker and continuous self-actualisation, rather than wait for the year end.

Adobe took the plunge after it entered the digital marketing space, which required a completely different gamut of customer base and marketing strategies that called for an overhaul of HR processes as well.

Should Cos Scrap Yearly Reviews?

WHY . . .

Once-a-year review may be based on top of mind recall

Regular feedback can help improve performance continuously

Unfair to pit employees against one another in an annual exercise

WHY NOT . . .

Difficult to monitor employee's work constantly, especially in virtual teams

Promotions and increments may get complicated

Difficult to get the best out of employees without annual targets and reviews

Jaleel Abdul, HR head for the Indian arm. Not a borrowed practice, the roots can be traced to management guru Marshall Goldsmith's theory on how instant and real-time feedback can boost performance.

"Course correction is also faster and more immediate this way," says Abdul.

Companies constantly innovate and tweak their appraisal systems.

2012年、アドビの未来に向けた転換を報じる《インディア・タイムズ》紙の記事。大見出しには「アドビ、年次勤務評定廃止へ」とある

ら、みなさんは代わりにどんなものを取り入れたいだろうか。個人の貢献を促し、評価するもっと効果的な方法とはどんなものだろう」。この投稿によって、幅広い社員を巻き込んだアドビ史上類例のない活発な議論が沸き起こった。

ドナの率直な呼びかけから生まれたのが、新たな継続的パフォーマンス管理プロセス「チェックイン」だ。一丸となって会社を前進させるため、マネジャー、従業員、その同僚は毎年、何度も「チェックイン対話」を実施する。人事部門に頼るのではなく、組織のリーダー全員がプロセスを主体的に運営する。

チェックインには最低限のルールしかなく、トラッキングや書類作成は行わない。手軽で柔軟で透明性の高いプロセスだ。重視している分野は3つある。四半期ごとの「目標と期待事項」(アドビ版OKR)、定期的フィードバック、キャリア開発と成長だ。面談はコントリビューターが設定し、報酬とは切り離されている。従来は相対評価によって強制的に評価を分散させていたが、代わりに年1回「報酬決定チェックイン」が開かれることになった。マネジャーは研修で、従業員のパフォーマンスや事業への貢献、技能の相対的希少性、市場環境に基づいて報酬を決定する方法を学ぶ。絶対的指針は存在しない。

チェックインが導入された2012年秋以降、アドビの自主退職は大幅に減少した。CFRを使って継続的パフォーマンス管理を実施することで、アドビの事業全体が活性化した。*

ドナ・モリス　アドビには創業時から４つのコアバリューがあった。「本物」「卓越」「革新」「熱意」だ。かつての年次評定プロセスはそのすべてに反していた。そこで私はこう問いかけた。評点も順位も書類もなかったらどうだろう。そして全員にとって何を期待されているのかが明確で、全員にアドビでキャリアを発展させていく機会があり、全員が非常に大切にされていたらどうだろう、と。

チェックインによって、私たちは日々、アドビのコアバリューを実践できるようになった。新たなプロセスがどんなものか説明するため、最初に30～60分のウェブ・トレーニング会議を何度か開催した。最初は経営幹部、続いてマネジャークラス、最後に従業員に展

2017年のゴール・サミットで講演するドナ・モリス

開した（従業員の参加率は90％に達した）。そして四半期ごとに「期待事項の設定」「フィードバックの交換」などチェックインの異なるフェーズを説明していった。

従業員リソース・センターにも投資した。たとえば建設的なフィードバックをするのに必要なスキルを身につけるためのテンプレートや動画を提供した。アドビには率直な対話があまり得意ではない技術者も多いからだ。センターは彼らがチェックイン・プロセスになじめるよう後押しした。

幹部はチェックインを率先垂範した。自分たちもフィードバックを積極的に受け入れる用意があり、ビジョンについて質問を受けるのを厭わない姿勢を示す必要があった。

今ではすべてのマネジャーをビジネスリーダーとして扱うようになった。マネジャーは基本的インセンティブと自社株の予算を与えられ、自分が正しいと思うやり方で配分できるようになった。彼らは直属の部下について責任を全面的に委ねられていることを実感し、絶大なエンパワーメント効果があった。従業員が自分の意見もプロセスに反映されると知ったことにも同じ効果があった。年間を通じて自ら定期的なチェックインの予定を立てることで、前回の対話以降、課題や目標に対してどれだけ進捗したのか、マネジャーに常に知らせておくことができ

＊アドビの新たなモデルについてさらに詳しく知りたい読者は、以下のウェブサイトのオープンソース・コンテンツを参照してほしい。www.whatmatters.com/adobe

るようになった。同時に自らのキャリア開発のニーズや希望を伝えられるようになった。また社員が固定された報酬の原資を奪い合う仕組みをなくしたことで、チームメートはもはや敵同士ではなくなった。

誰もが自らの力で成功をつかみたいと思っている。評価が下されるのを年度末まで待つのは嫌だ。実際に仕事に取り組んでいる過程で、仕事ぶりを評価してもらいたいし、変更すべき点を指摘してもらいたい。アドビの新たなシステムの下では、コントリビューターは少なくとも6週間に1回は非常に具体的なパフォーマンス・フィードバックを受ける。ただ現実には、フィードバックは毎週行われている。誰もが自分の状況や、会社に対してどのような貢献をしているかを理解している。パフォーマンス管理は後追いではなく、先導的になった。

チェックインにおけるフィードバックの多くはマネジャーが従業員に与えるものだが、反対に従業員からマネジャーにフィードバックを返すこともできる。「私はXというプロジェクトで孤軍奮闘している。もっと支援が必要だ」といった具合に。またアドビの組織構造は縦横に結びついているので、ピア・トゥ・ピアのフィードバックも可能だ。たとえば私の部門の場合、コミュニケーション部門や財務部門、法務部門にパートナーがいる。彼らの上司は別にいるが、組織図上、私たちは濃い点線でつながっている。そこで互いの期待事項を評価しあい、それぞれの仕事ぶりについてフィードバックする。

アドビの経験を振り返ると、継続的パフォーマンス管理システムには3つの要件があると思う。1つめは経営幹部の支援。2つめは会社の目標や、それが個人の優先事項とどう結びついているかが明確であること。アドビの場合、ＯＫＲに相当する「目標と期待事項」がこの機能を果たしている。３つめが、マネジャーやリーダーが自らの役割をしっかり果たせるように研修に投資することだ。アドビでは社員を外部の講座に送らず、１時間のオンライン講座を多数提供している。そこでロールプレイのスキットを見せ、「フィードバックの方法を改善したいですか？　正しいやり方はこうですよ」などと教えている。

相手の誤りを正すための修正的フィードバックというのは難しい。しかしうまくやれば、相手にとって最高の贈り物となる。それによって相手の意識が変わり、非常に前向きで有益な方向に行動が変化する可能性があるからだ。私たちは、誰もが安心してこう言える環境を醸成しようとしている。「失敗したって構わない。それが自分を成長させる最善の道だ」と。これはアドビの企業文化における大きな変化だった。

チェックインで明確に示されているとおり、人事部門のリーダーは事業を成功させるために存在する。私たちの役割は他のリーダーと相談しながら、どうすれば会社のミッションの実現に向けて全社員が活躍できるかを模索することだ。成功は書類や評点や順位づけがもたらすものではない。社員のやる気を失わせ、仕事を阻害するような方針や制度がもたらすものでもない。社員の能力を高め、会社のために成果を出せるようにする仕組みこそが、真の成功のメカニズムだ。

サービス業にとって何より重要なのは、自分には成果を出せるという自信と、この会社で働きたいという意欲を持った従業員だ。社員流出のコストは大きい。一番望ましい「流出」は、

アドビの新旧パフォーマンス管理システムの比較

	旧：年次勤務評定	新：チェックイン
優先項目の設定	従業員の優先項目は年初に設定し、通常は見直さない。	優先項目はマネジャーと定期的に設定し、調整する。
フィードバック・プロセス	成果の提出、フィードバックの依頼、評価の記入までの時間のかかるプロセス。	継続的なフィードバックと対話のプロセス。評価は書面化しない。
報酬の決定	煩雑なプロセスを通じて個々の従業員の評点や順位を決め、昇給や自社株支給を決定する。	正式な評点や順位づけはしない。マネジャーは年1回、パフォーマンスに基づいて給与や自社株の支給を決定する。
面談の頻度	フィードバックの面談は場当たり的で、管理されていない。従業員の生産性は年度末のパフォーマンス評価面談の直前に跳ね上がる。	フィードバックの対話は四半期に1回、さらに継続的フィードバックが当たり前になる。年間を通じて面談やフィードバックがされるため、従業員の生産性は平準化する。
人事部門の役割	すべての手順が完了されるように、人事部門は書類やプロセスを管理する。	従業員とマネジャーが建設的対話をできるように、人事部門は必要な準備を整える。
トレーニングと支援制度	人事部門のパートナー企業がコーチや支援制度を運用していたが、全社員に提供されるわけではなかった。	「従業員リソース・センター」が一元的に、従業員が必要とする支援や対応を常時提供する。

社員が別の企業に移ることではなく、キャリア開発の一環として社内で異動することだ。人は本来、根無し草のように生きることを望んではいない。自分が本当に価値のある仕事をできる場所を見つけたいだけだ。アドビではチェックインがそれを実現しようとしている。

第17章

明日はもっとおいしく焼こう
——ズーム・ピザのケーススタディ

Baking Better Every Day:
The Zume Pizza Story

共同創業者兼共同CEO　ジュリア・コリンズ、アレックス・ガーデン

　ここまで見てきたとおり、ＯＫＲとＣＦＲはパフォーマンスを高め、爆発的成長を遂げるための手段として有効性が証明されている。それに加えてもっとささやかな、社内で日々実感できるような効果もある。経営幹部が成長する、目立たないコントリビューターが評価されるといったことだ。圧倒的成功をつかむまでの長く過酷な道のりにおいて、ＯＫＲとＣＦＲは組織の日々の改善を後押しする。リーダーのコミュニケーション能力や、部下のモチベーションを引き出す能力は高まる。コントリビューターは物事を秩序立てて緻密に考えるようになる。体系的目標設定を有意義な対話やフィードバックで補強すれば、組織はさまざまな制約のなかで仕事を進め、そのなかで自分たちの限界を広げていくすべを身につけることができる。これは特に規模の小さい、これから成長しようとする企業にとって重要な学びだ。

　ズーム・ピザの物語からは、こうした社内の変化がはっきりとうかがえる。これはＯＫＲとＣＦＲ（そしていくつかのロボット）を使って、業界の巨人たちに立ち向かったスタートアップ企業の話だ。

　１００億ドルの市場規模を持つアメリカの宅配ピザ業界が、３つの全国チェーンに支配されるようになってから何年も経つ。ドミノピザ、ピザハット、パパ・ジョンズだ。食べたこともないほどおいしいわけではないが、いずれも強固なブランド力とスケールメリットというすばらしい武器がある。２０１６年春、シリコンバレーの辺鄙《へんぴ》な場所にあるコンクリート造りの建物で開業したズーム・ピザには、懐疑的見方が多かった。「ロボットが作る本格派ピザ」という触れ込みは、カリフォルニア州らしい冗談だとバカにされた。成功する確率はきわめて低いように思われた。

それが2年後には、ズーム・ピザはとびきりおいしいピザを競争力のある価格で提供することで、誰も予想しなかったような成功を収めていた。ズームは単純作業を機械に任せ、従業員にはもっと付加価値の高い創造的仕事を任せている。人手を抑えて浮いたお金は、質の高い材料にまわしている。ピザ生地には非遺伝子組み換え小麦粉を使い、具材には有機栽培のトマト、地元で栽培された野菜、ヘルシーな加工肉などを使う。こうしてできた、おいしく体にも良いピザが、注文を出して最短5分後にはアツアツの状態で届く。

パソコンやモバイルアプリから入った注文がズームのコンベアベルトに伝えられると、ロボットが生地を伸ばして成形し、ソースを塗り、400度以上のオーブンに安全にスライドさせる。ロボット技術が成熟するのにともない、今

移動中もピザを焼ける自社トラックの前に立つズーム・ピザの共同創業者のジュリア・コリンズとアレックス・ガーデン

後はチーズの追加や追加トッピングを載せる、半焼けのピザをトラックに乗せるといった製造工程のすべてを自動化する計画だ。トラックもアルゴリズムで動いており、顧客の家に向かう道中もピザを焼きつづける（将来的にはトラックも自動運転車になる可能性が高い）。

事業開始から3カ月も経たないうちに、商圏内のズーム・ピザの市場シェアは10％に達した。2018年には、ベイエリア全体でピザ業界の寡占状態を突き崩しはじめた。まもなく西海岸全体に事業を拡げ、その後は全国展開する。創業者たちは2019年には海外にも進出したいと考えている。その1人、アレックス・ガーデンは「食品業界のアマゾンになる」と語る。アレックスはジンガ・スタジオの社長時代にOKRと出会った。

巨人ゴリアテに戦いを挑むダビデにとって、何より重要なのは時間と機会だ。フォーカスが不明確であったり、社員のアラインメントがされていなかったりというのは許されない。これからズームのリーダーたちが語るように、OKRは同社の予想を上回る成長を支えてきた。

ジュリア・コリンズ　当初、ズームは私たち2人の頭のなかだけに存在していた。アレックスと私にどんな質問をしても、まったく同じ答えが返ってきただろう。私たちはあまりにも長い時間を一緒に過ごしたので、お互いの考えは完璧に理解していた。関係者が2人ならそれでいい。その後、CTOが加わり、「チーズ」は3種類になったが、それでもまったく問題はな

かった。しかしモッツァレッラ、ロマーノ、プロボローネにパルミジャーノ・レッジャーノが加わったあたりで、何かが変わった。その時点で社員数は7人となり、「今日やらなければならないことは何だ？」という問いには8つの違う答えが返ってくるようになった。

最初に導入したのはリキッド・プランナーという、「ウォーターフォール型」のプロジェクト管理ソフトウエアだ。これはキッチンを造るのには大いに役立った。まずコンクリートを流し込み、乾かす。それからエポキシ樹脂を入れ、乾かす。最後にそれを覆って、ウォークイン式の冷蔵庫を設置する。線形プロセスには、うってつけだ。

しかし事業開始の準備を進めていた2016年6月の時点で、ズームの事業はそんな単純なものではなかった。正社員16人、さらにキッチンで働くパート従業員が30人、そしてピザを注

作業中のズームのピザロボット

文先に届ける大切な「パイロット」たちがいた。大量生産を開始し、さらにロボットを統合し、ソフトウエアを開発し、メニューを作る、といった状況のなかでウォーターフォールの各工程が滞ってしまった。あまりにも多くのことが同時に進み、その多くが複雑に絡み合っていた。常に機敏に動けるようにしておかなければいけないことはわかっていたし、社内の技術者たちは2週間単位の短期プロジェクト中は毎朝、別のプロジェクト管理用ソフトウエアであるJIRAをチェックしていた。

だがJIRAにもリキッド・プランナーにも答えられない重要な問いがあった。**「私たちがやるべき一番重要なことは何か」**だ。

ズームの最大の資産は、優秀でクリエイティブなチームだ。彼らの自由に任せたら、それぞれが**最も重要だと思ったこと**に飛びつくだろう。彼らのアイデアの多くは優れたものだが、必ずしも互いに連携していなかった。私たちが最初のピザを販売したわずか3週間後というかなり早いタイミングでOKRを導入したのは、全員に会社の最優先事項を把握していてほしかったからだ。最初のうちは必要不可欠な事柄を確実にこなすため、アレックスと私は100%トップダウンでアラインメントを図ることを基準とした。OKRの最初の2サイクルは、私たち2人が会社全体の目標を設定した。今後、企業の存続がそこまで切迫した課題でなくなれば、少しは手綱を緩めることになるだろう。

ＯＫＲは本当に重要なことを達成する

アレックス・ガーデン　ＯＫＲには否定しがたい明示的な価値がいくつもある。たとえば組織の方向性を、経営陣が本当に目指しているものと一致させるといったことだ。ただズームのような若い会社には、それらと同じぐらい重要な、それでいて見過ごされがちな**隠れた価値**がもう1つある。ＯＫＲは経営幹部やマネジャーのためのすばらしいトレーニング・ツールなのだ。既存の制約のなかで、どうやって会社を経営していくかを教えてくれる。限界に挑戦することは重要だが、限界は厳然と存在する。**誰もがヒト、モノ、カネといったリソースの制約に直面する。**そして組織が大きいほど、エントロピーは増大する。熱力学と同じだ。私がマイクロソフトでＸｂｏｘライブのゼネラルマネジャーをしていた頃、上にはすばらしくビジョンあふれる経営者が何人もいた。しかし私たちは、リーダーたちの願いと組織の能力との乖離に悩まされていた。「どうやるか」を考えるのは、私をはじめとする部門長だった（そもそも「何を」の部分もあまり明確ではなかったが）。壮大なミッションを実現するための、非現実的な命令を実行するのが私たちの仕事だった。初めから体系的な目標設定プロセスがあったら、多くの人があれほど苦労せずに済んだはずだ。

伝統的な経営モデルでは、経営者の社内での地位が高くなるにつれて、その役割は抽象的になっていくとされる。中間管理職がバッファーとなって日々の雑事を受けとめてくれるので、経営者は全体像に集中していられる、と。それは変化の速度が遅い時代なら機能したかもしれない。だが私の経験では、ＯＫＲはトップに立つ人々が徹底的にコミットしなければ効果が高まらない。ある意味では聖職者に似ている。人々を改宗させるのは困難で、報われない仕事だ。改宗が進むまでは（それには1年かかることもある）、嫌われ者になるかもしれない。だがそれだけの価値はある。

ＯＫＲは規律を強める

ジュリア　ＯＫＲの本質的価値と言えば、何よりも大きかったのは私たち共同ＣＥＯに規律を持たせたことだ。

アレックス　ＯＫＲの実践は私たちにとって、本当に何を達成すべきかを慎重に考え、それを経営幹部とそれぞれが率いるチームに伝える訓練になる。社会人になって間もない、まだコントリビューターであるあいだは、自分のした仕事の量と質で評価される。しかしある日突然、マネジャーになる。有能な仕事ぶりで、管理する部下の数が次第に増えていったとしよう。そうなると、もはや仕事の量で評価されるわけではなくなる。意思決定の質だ。しかし基準が変わったことは誰も教えてくれない。だから壁にぶつかると、もっと頑張って働けばいいんだと思う。そうやってここまで来たのだから、と。

しかしマネジャーが**実際にすべきこと**は、その直感とは逆である。しばし足を止め、雑音をシャットアウトするのだ。目の前の事態を本当に見るために、あえて目を閉じる。それから組織のニーズを踏まえて、自分とチームにとって最善の道を選ぶ。ＯＫＲが優れているのは、振り返りが正式なプロセスの一部となっていることだ。少なくとも四半期に一度は、コントリビューターは静かな場所で落ち着いて、自分の判断が会社の方針と一致しているか考えることを求められる。彼らは大きな視点から物事を考えるようになる。90ページにおよぶＯＫＲの論文を書くわけにはいかないので、的確かつ簡潔になる。3～5つの項目を選び、それをどのように測定するかを具体的に示さなければならない。そうした経験を重ねれば、「明日からマネジャーだ」と言われたときには、すでにマネジャーらしい思考ができるようになっている。これは非常に意味がある。

スタートアップ企業の多くは、あまり積極的に体系的目標設定に取り組もうとしない。「そんなものは必要ない」「猛スピードで前進するのみだ」「走りながら解決すればいい」と。実際、解決できることも多い。だがそれは**会社が大きくなる前に、社員にマネジャーになる準備をさせる機会**を逸することだと私は思う。企業としてこのような習慣を早めに身につけておかないと、結末は次のどちらかになる。事業が経営陣の能力では追いつかないほど拡大し、破綻するか、成功したのに経営陣がお払い箱になる。どちらも残念な結果だ。最初から、つまり各部門にまだスタッフが1人しかいないようなときから、リーダーのように思考できるよう社員を訓練したほうがいい。

　このようにOKRは人を育てる。経営幹部を強くし、新米幹部ならではの過ちを防ぐ。ほんの小さな会社に、大企業になっても有効な厳格さとリズムを植えつける。ズームでOKRを導入したとき、すぐに明らかになったメリットは、こうしたプロセスができたことそのものだ。社員は事業について思慮深く、透明性のあるかたちで、相互のつながりを意識しながら考えなければならなくなった。それだけで彼らの仕事ぶりは大きく改善した。

OKRはエンゲージメントを強める

アレックス　OKRは曖昧さを排除する。そうすると、必ず「自分はそんなことに同意したわけではない」と言い出す人が出てくる。その一方で「自分たちがやろうとしていることがようやくはっきりして、やる気が出た」という人もいるだろう。いずれにせよ明確さは確保できる。会社に残る人たちには、エンゲージメントの土台ができる。全員がミッションの下でまとまる。チーム全体が一丸とならなければ、チームスポーツは勝てない。

ジュリア　社員がOKRプロセスに慣れてくると、その運営は自然と協力的なものになる。2016年第3四半期には、アレックスと私は会社の最上位OKRを書き、その「主要な結果」のいくつかを部門長たちがそのまま各部門の目標とした。上のOKRをそのまま下の階層に下ろしたわけだ。第4四半期も会社の目標は私たち2人が書いたが、「主要な結果」については部門長たちが議論に加わった。それはとても良いことだった。彼らがクリエイティブに関与するようになったことで、ＯＫＲの質は高まった。会社の目標は依然としてかなり野心的だったが、社員はそれまで以上に実現可能だと感じるようになった。

ズームの核となるのは「配達中調理」の技術だ。私たちが業界のあり方を変え、顧客を一番喜ばせているのはここだ。２０１６年第４四半期の会社の最上位の目標は、高度なロジスティック・システムと注文予測システムにつながった、大型配送トラック（56台のオーブンを搭載した全長8メートルのトラック）を導入することだった。それによって顧客からネットで注文を受けてわずか5分後にはアルゴリズム制御でピザを焼きあげ、湯気のあがっている状態で玄関先に届けることが可能になる。当社初の「配達中調理」トラックを必要な数だけ発注し、メーカーと調整し、納品までこぎつけるＯＫＲの責任者となったのは、プロダクト・マネジャーのバイブハブ・ゴエルだ。それは一分の隙もないＯＫＲだった。バイブハブが3つの「主要な結果」をすべて達成すれば、目標の実現は確実だった。

どんな組織にも、自己主張が強い人はいる。意見が通らなくても、再びそれを持ち出すことを厭わない。しかしおとなしい人の意見はそれほど聞いてもらえず、ニーズが無視されることもある。ＯＫＲという枠組みは、各部門に同等の発言力と重みを付与する。誰も黙って苦しむ必要はない。というより、それは許されない。ＯＫＲの目的は、そういう人々の目標を他の人々と同じようにスクリーンに映し出し、コメントや支援を受けられるようにすることだ。

本当に優れた組織は、多様な意見を大切にする、という点を強調しておきたい。反対意見を

目標 | OBJECTIVE

マウンテンビュー本社用の配送トラックの手配を完了させる

主要な結果 | KEY RESULTS

1 品質が完全に保証されたオーブン126台を11月30日までに完成させる

2 品質が完全に保証されたラック11台を11月30日までに完成させる

3 品質が完全に保証され、完全にフォーマットされた配送車両2台を11月30日までに完成させる掘り起こし、それに光を当てる方法を模索する。そうすることで能力主義が根付く。

アレックス　私たちはＯＫＲを個々のコントリビューターに広げる前に、まず２四半期にわたって幹部レベルで実践してみた。まずは文化を構築する必要があったからだ。不思議なことに、一番積極的に参加したのは、当初は一番懐疑的であった人々だ。

ジョセフ・スズキ（マーケティング・ディレクター）　当初ＯＫＲはダイエット法のたぐいだろうと思っていた。「このプロセスに従えば、すっきり痩せてきれいになれますよ」と。帳簿を付けるようなイメージで、また雑務が増えるのかと思った。だがＯＫＲは私自身に、思ってもみなかったような影響を与えた。２週間に一度、数分間の定期チェックをしてみたところ、自分がしていることについて、またそれが四半期の会社の目標とどう一致しているかについて、確認することができた。

スタートアップ企業で働いていると、細かな戦術的な事柄に目を奪われやすい。特に私の部門のようにさまざまな役割を同時並行的にこなさなければならない場合はそうだ。荒れ狂う海で泳いでいて、陸地をすぐに見失ってしまうような経営状況において、そうなるのは危険だ。だがＯＫＲのプロセスに従って沈思黙考したことで、**「自分はこの事業のなかでどんな貢献をするのか」**という羅針盤をリセットすることができた。そうなるとＯＫＲは単なる報告書や一時的な活動やイベントではなくなる。もっと壮大な、意味のあることにつながる営みとなる。

ＯＫＲは透明性を高める

ジュリア　ＯＫＲを導入すると、誰が何の責任者であるかを明確にせざるを得なくなる。２人の外野手のあいだにフライが飛んでいったら、どちらかが「捕るぞ」と宣言しなければならない。さもなければ２人でお見合いになったり、衝突したりすることになる。ズームの創業期には、マーケティング部門と製品部門が外野手のような役割を果たしていたが、売上目標に責任を持つべきはどちらだろうか。それぞれの責任者は入社してまだ１カ月しか経っていなかった。ＯＫＲを使うのが初めてだっただけでなく、ズームのこともよく知らず、ズーム自体も未熟だった。２人の当惑に気づいたアレックスと私は、目標を新たな売り上げ（マーケティング）とリピート売り上げ（製品）に分割し、各部門長がそこへ向けて努力できるようにした。これはズームにとって重要な議論だった。それ自体が特定の目標の達成に結びついたわけではないが、ＯＫＲプロセスを実施しはじめたことによる副産物であったのは間違いない。ＯＫＲは明確になっていないことがあると、すぐにわかる。見逃されることはない。

ＯＫＲはチームワークを強める

アレックス　私たちは８カ月で、食品会社、物流会社、ロボティクス会社、そして製造会社を助走期間もなく次々と立ち上げた。そこでＯＫＲを、社員にじっくりモノを考える文化を教え込むツールとして活用した。自分が取り組んでいる仕事が周囲の人にどのような影響を及ぼすか、また自分もいかに彼らに頼っているかを振り返るきっかけになる。

ジュリア　私たちのチームには種々雑多なメンバーが集まっている。エグゼクティブ・シェフのアーロン・バトカスは、ニューヨーク市の家族経営のレストランで働いていた。配送マネジャーのマイク・ベソーニは映画制作に携わっていた。製品のプロやソフトウエア技術者もいて、それぞれがまったく違う言語を話す。ＯＫＲはそんな私たちにとっての共通言語だ。７人の経営チームは毎週月曜日にランチミーティングを開き、そのうち２回に１回はＯＫＲを議論する。「顧客の責任は誰にある？」「その目標にはどんな『主要な結果』を付けるんだ」といった発言がよく出る。そして誰もがその意味を的確に理解する。

世界一おいしいピザでも、届いたときに冷たかったら誰も喜ばない。マイクとアーロンは顧客満足という共通の目標に責任を負っている。マイクが「私の『主要な結果』の１つは配送範囲を拡大することだが、その達成が危うくなっている」と言い出したとしよう。製造チームが配送車を開発するのに手間取っているせいかもしれない。それを受けて経営チーム全員で、配送車の導入が遅れていることが商圏や売り上げにどのような影響を及ぼしているか議論する。これはマーケティング責任者のジョー・スズキの、会社全体の売り上げを伸ばすというＯＫＲともかかわっている。

このような仕組みがなかったら、マイクは製造チームの責任者を呼びつけて、「いったいどういうつもりだ？　さっさと仕事をしてくれよ、こっちはずっと待っているんだから！」と非難するかもしれない。それより「僕の『主要な結果』の達成が危なくなっているんだ」と言うほうが穏やかで、建設的だ。ズームでは完全にアラインメントができており、チーム全員が「主要な結果」とそれにともなう相互依存関係を了解している。そこに主観を交える必要はなく、単に解決すべき問題があるだけだ。すると何が起こるか。2部門のリーダーが**お互いのために**、もっとリソースが必要だとアレックスと私に求めてくるのだ。

アーロン・バトカス（エグゼクティブ・シェフ）　私が新しい季節商品を思いつきで売り出すことは許されない。マーケティング部門には最低1週間前には知らせ、写真とデザイン担当に写真を用意してもらう必要がある。新商品はウェブサイトを管轄するプロダクト・マネジャーや、モバイルアプリを担当する技術チームなど、あらゆる部門に影響を与える。ＯＫＲがあることで、私はやるべきことにフォーカスし、計画どおりにことを進められる。締め切りは「主要な結果」に織り込まれており、レシピを待っている全員のために期限どおりに仕上げられるように導いてくれる。会社の全体像がはっきりとわかるようになった。

ＯＫＲは間違いなくチーム・ビルディングのプロセスだ。自分がこのちっぽけな風変わりなコミュニティの一員であることを思い出させてくれる。特にキッチンで仕事をしていると、自分のことで頭がいっぱいになりがちだ。だがＯＫＲは「そうだ、僕らは全員でこれに取り組んでいるんだ、すべてが仲間との共同作業なんだ」とわからせてくれる。

ＯＫＲは対話を促進する

アレックス　ズームでは２週間に１回、全員が直属の上司と１対１の面談をする（ジュリアと私はお互いと対話する）。

これは神聖な時間だ。遅刻は許されないし、キャンセルもできない。そしてあと１つ、ルールがある。業務のことは一切話さない。議題は面談を受ける人自身のことで、今後２〜３年で個人として何を達成したいかを話し合い、それをその後の２週間の行動計画に落とし込む。

私は面談を次の３つの問いから始めることが多い。

君は何をしているときが楽しい？
何をしているとエネルギーを消耗する？
君の理想の仕事を説明してくれないか？

続いて、こう言う。

「わかった。今度は私が君に期待することを言うよ。１つめは常に本当のことを言ってほしい。２つめは常に正しいことをしてほしい。それだけを守ってくれれば、無条件に、会社は１００％

君をサポートする。そして君がこれからの3年で、個人的な目標と仕事上の目標を達成することを僕自身が保証する」

それが出発点となる。

ずいぶん人の良い話だと思うかもしれないが、これは社員と会社との絆を深め、流出を防ぐ強力な手段だ。彼らが直面している壁を乗り越えるヒントにもなる。たとえばリーダーは「このゴールは君にとってとても重要なもののようだけれど、ここ2週間はあまり前進がなかったね。なぜだろう」と問いかけるのだ。逆説的なようだが、仕事と直接かかわりのないこの1対1の対話は、継続的なパフォーマンス・フィードバックの機会でもある。個人的目標に向けた取り組みを議論することで、何が彼らのキャリアの推進力となるのか、あるいは阻害要因となるかがよくわかる。

定期的にじっくりと対話をしていると、ギアチェンジをして、部下に充電期間を与えるべきタイミングが直感的にわかるようになる。会社を挙げての大がかりなプロジェクトが完了したら、次の四半期はコントリビューターが個人的目標の追求に充てる時間を、業務時間の5%から15～20%に増やしてもいい。

かなりの負担に思えるかもしれないが、それによって会社は次の2～3四半期分の活力を取り戻す。

ＯＫＲは文化を改善する

ジュリア　文化とは、組織で働く人が互いに同じことを意図していて、しかもそれが重要であるという確信を持つための共通言語だ。さらに文化は意思決定のための共通の枠組みとなる。それがなければ社内の重要な機能に再現可能性や拡張可能性を持たせられない。

そして文化にはもう一次元高い、価値観というレイヤーがある。「自分たちは組織として何を目指すのか」「社員には仕事について、会社の製品についてどんな意識を持ってもらいたいのか」「世界にどんな影響を与えたいのか」といった議論がそれにあたる。

アレックス　ズームの創立理念、つまりミッションは２つある。それは知人の紹介で初めて電話で話したときにジュリアが語った言葉で、私に強烈な印象を残した。今では巨大なポスターとなって、当社のキッチンに掲げられている。１つめは「お客様に食事をお届けする事業は、尊い信頼で成り立っている」。２つめは「すべてのアメリカ人は、おいしく安価で健康的な食事をとる権利がある」だ。

このミッションと直接結びついているのが、次ページのＯＫＲだ。

ジュリア　ズームでは日々、非常に多くの意思決定がミッションに基づいて下されている。必

目標 | OBJECTIVE

お客様を喜ばせる

詳細

お客様に食事を提供する事業は、尊い信頼で成り立っている。その信頼を維持するために、私たちは最高のカスタマー・サービスと最高品質の食事をお届けしなければならない。企業として成功するには、常にお客様に私たちのサービスや製品にとことん満足していただき、さらに多くのピザを注文し、友人にすばらしい経験を伝えたくなるようにする必要がある

主要な結果 | KEY RESULTS

1 ネット・プロモーター・スコア42以上

2 注文の評価で、5段階中4.6以上

3 ブラインドテストで競合製品よりズームのピザがおいしいという回答が75%以上

死に努力してできるだけ新鮮なトマトを探すより、少しピザに塩を足したり、ソースに砂糖を足したりするほうがずっと簡単だ。だがそうした小さな妥協が蓄積することで、組織は知らぬ間にあるべき姿から乖離してしまう。

ズームの新入社員は全員、研修でミッションや価値観のトレーニングを受ける。アレックスと私は、社員に期待することをこのうえなくはっきりと伝える。はっきり伝える以上、私たちは組織として、また個人としてそれにしっかりと責任を負わなければならない。ズームには「最良のアイデアが勝つ」という文化があり、社員にはCEOを含めて誰に対しても物申す自由がある。

アレックス　CEOに物申してくれるのは一番ありがたい。自由討論の場で社員が私たちに異を唱えたら、まずはその人物が声をあげたのがどれほどすばらしいことかを全員に伝える。やりすぎと思えるほど、そこは強調する。誰もが手をあげられる空気を創るためだ。

OKRはリーダーを成長させる

ジュリア　私はこれまで、すばらしいリーダーの下で働いてきた。それぞれまったく違っていたが、1つだけ共通点があった。それは徹底的かつ真剣にフォーカスする姿勢である。彼らと20分も話をすれば、その思考がどこまでも理路整然としていることがわかった。やるべきことは何か、非常に明確に説明できた。

資金調達をするかたわら、ピザを焼くロボットを開発し、キッチンを整備していると、次々と頭を切り替えていかなければならない。ときには頭がパンクしそうになる。だが会社の目標を自分の名前と同じくらいはっきりとわきまえていれば、冷静になれる。

ＯＫＲは、私がリーダーとしてやるべきことを明確に理解し、フォーカスするためのよりどころだ。どれだけ大変な状況に陥っても、常に本当に重要なことに立ち返ることができる。

第18章

文化

Culture

ささやかな革新的アイデアを称える文化が必要だ。

——ジェフ・ベゾス

「文化は戦略を簡単に打ち負かす」と言われる。文化は組織の信念を表すもの、仕事に意義を与えるものだ。リーダーは当然、文化にこだわる。ベンチャー創業者は、どうすれば企業が大きく成長しても文化的価値観を守れるかを知りたがる。大企業の経営者は、文化を変革するツールとしてＯＫＲやＣＦＲに目を向けはじめている。求職者やキャリアを伸ばそうとする人たちのあいだでは、自分に合った企業文化があることを最も重要な企業選びの基準とする傾向が広がっている。

本書を通じて見てきたように、ＯＫＲはリーダーの優先事項や洞察を入れた透明な容器のようなものだ。それを組織の隅々まで確実に送り届けるのがＣＦＲだ。しかし目標は真空状態では達成されない。音波のように媒体を必要とする。ＯＫＲやＣＦＲにとって媒体となるのが組織の文化、すなわちその最も大切な価値観や信念である。

そこで湧いてくるのが次の問いだ。「企業はどうすれば前向きな文化を定義し、構築できるのか」。簡単な答えはないが、ＯＫＲやＣＦＲはそのための基本的枠組みとなる。少数の共通の目的に向けて一丸となって取り組むように各部門のアラインメントをはかり、目標を重視した率直なコミュニケーションによって人々をまとめていくことで、透明性と責任の所在が明確になる。両者は持続的に高い成果を達成するための支柱となる。健全な文化と限界に挑戦する目標設定は、相互に補完しあう。圧倒的成功を追求するための車の両輪ともいえる。

アンディ・グローブは両者の関係がきわめて重要であることを理解していた。『HIGH OUTPUT MANAGEMENT』にはこう書いている。「簡単に言えば、文化とは価値観と信念であり、企業内での仕事の仕方、その正しい姿についての知識である。要するに強固で前向きな企業文化は絶対的に必要である、ということだ」。技術者であるグローブは文化を効率性と同一視した。迅速で、より信頼性の高い意思決定のマニュアルである、と。会社に文化的まとまりがあれば、進むべき道は理解されている。

企業文化の価値観に従っている人、すなわち知的な企業市民は、同じような状況で一貫した行動をとる。これは経営者が堅苦しいルール、手順、規定から生じる非効率に悩まされずに済むことを意味する。（中略）経営陣は、信頼の基盤となる共通の価値観、目標、手法を開発し、育てていかなければならない。どうすればそれができるのか。1つの方法は説明すること、明文化することである。（中略）それ以上に重要なのが率先垂範することである。

グローブは経営者として、インテルのきわめて高い文化的基準を体現していた。「iOPEC」セミナーでは、それを新入社員に徹底的に植えつけようとした。次ページに1985年に使われた2枚のスライドを載せた。インテルの7つの中核となる文化的価値観についてのアンディの講義の概要である。

集団的責任、果敢なリスクテイク、測定可能な成果など、アンディ・グローブが重視した特性は、すべてグーグルも非常に重きを置いている。グーグルが社内180チームを対象に行っ

intel

経営方針　私たちの価値体系

- **ヒト重視**
  - ――互いへの強いコミットメントを大切にする
  - ――すべての業務に敬意を払う
  - ――挑戦と機会
- **率直さ**
  - ――問題や課題は積極的に指摘する
- **問題解決**
  - ――きれいさっぱり解決する
  - ――対立は建設的に
- **結果**
  - ――すべての業務は結果重視
  - ――表面的なことは報われない
  - ――成功にはポジティブなフィードバックで報いる

IOPEC

intel

- **規律**
  - ――競争が激しく、複雑な環境で成功するには規律が不可欠
- **リスクテイク**
  - ――技術重視を貫くには、リスクテイクが必要
  - ――失敗や、自らをリスクにさらすことを恐れない
  - ――闘士たれ
- **信頼と誠実さ**

IOPEC

インテルのスライド　経営方針

た調査「プロジェクト・アリストテレス」では、次の5つの質問への答えがイエスであるほど、傑出した成果に結びつく傾向が高いことがわかった。[1]

1　**体系的で明確**　チームの目標、役割、実行計画は明確か？
2　**心理的安全**　このチームでは不安や恥をかくことを恐れずにリスクを取れるか？
3　**仕事の意義**　チームの仕事は、各メンバーが個人的に重要と思えることか？
4　**信頼性**　質の高い仕事を期限内に仕上げることにおいて、お互いを信頼できるか？
5　**仕事の影響**　自分たちがしていることが重要だと心から信じているか？

1つめの項目（体系的で明確）は、ＯＫＲの存在理由である。それ以外もみな健全な企業文化の重要な側面であり、ＯＫＲの威力やＣＦＲのコミュニケーション・ツールと密接にかかわっている。たとえばピア・トゥ・ピアの「信頼性」を考えてみよう。ＯＫＲが非常にうまく行っている環境では、透明性とアラインメントによって社員は真剣に自らの任務を果たそうとするようになる。グーグルでは、チームは目標達成（あるいは未達）に共同責任を負う。それと同時に個人も、それぞれの「主要な結果」に対して責任を持つ。最高の成果は、**協力と責任**から生まれる。

ＯＫＲの文化とは、自ら責任を負う文化だ。目標に向かって努力するのは、上司に命令されるからではない。すべてのＯＫＲが会社にとって、そして自分を信頼してくれている仲間にとって重要であることがはっきりわかるからだ。自分がチームの足を引っ張っていることが、誰の目にも明らかという状況を好む者はいない。誰もがチームを前進させることに誇りを持つ。これは社会契約だが、あくまでも主体的なものである。

テレサ・アマビールとスティーブン・クレイマーは著書『マネジャーの最も大切な仕事』で、26プロジェクト、238人の1万2000件におよぶ日報を分析した。その結果、モチベーションの高い企業文化は、2つの要素（ファクター）に支えられていると結論づけた。[2]「触媒ファクター」は「仕事を支援する行為」と定義され、OKRとよく似ている。「そこには、明確な目標の設定、自律性の付与、十分なリソースと時間の提供、仕事の支援、問題や成功からの率直な学び、自由な意見交換が含まれている」。一方、「栄養ファクター」は「個人間の助け合いの行為」とされ、「敬意と承認、激励、安心感、連帯意識を感じる機会」などCFRと驚くほど共通点が多い。

企業にとってきわめて重大な問題である文化変革においては、OKRが新たな文化に身を投じるための目的意識と明快さを与えてくれる。CFRはその旅路を進むためのエネルギーを与えてくれる。社員が本音で対話し、建設的なフィードバックを与えられ、すばらしい成果が承認されれば、積極的な姿勢が社内に伝播していく。ストレッチ思考や日々の改善へのコミットメントについても、同じことが言える。社員を大切なパートナーとして扱う企業は、カスタマーサービスも最高だ。製品も最高で、売上伸び率はどこよりも高い。そういう企業が勝者となる。

継続的パフォーマンス管理が広がるなか、年1回の従業員意識調査に代わり、リアルタイム・フィードバックが使われるようになっている。注目される手法の1つが「パルシング」で、シグナルをとらえるための質問票を使い、オンラインで企業文化のスナップショットを確認する。質問票は人事部門主導で2週間に1回、あるいは月1回配布してもいいし、定期的にメールが自動送信される仕組みでもいい。いずれにせよパルシングはシンプルですぐに回答でき、幅広い項目をカバーする。

「十分な睡眠をとれているか」「最近マネジャーと面談して目標や期待事項を話し合ったか」「自分のキャリアパスをはっきりわかっているか」「やりがい、モチベーション、エネルギーを十分感じているか。自分が『ゾーンに入っている』と感じるか」などだ。

フィードバックは社員の声に耳を傾けるための仕組みだ。新たな時代の会社では、リーダーは企業口コミサイトの「グラスドア」に悪い評価が書かれたり、有能なコントリビューターが転職するのをみすみす許容してはならない。シグナルが発信されたら即座にとらえ、耳を傾ける必要がある。社員が目標設定プラットフォームにログインするたびに、パルシングの質問を2つか3つ表示したらどうか。このプラットフォームにおいて、目標への進捗に関する定量データと、頻繁な対話とパルシングへのフィードバックといった定性データを融合させたらどうか。マネジャーに「ボブと話せ。彼のチームで何かが起きている」といったメッセージを発信するソフトウエアが登場する日も、遠い先ではないだろう。

ＯＫＲが目標達成のための筋肉を鍛えるとすれば、ＣＦＲは柔軟性と反応を良くするための腱を強くする。パルシングは組織の健康をリアルタイムで測定する。体と心、つまり業務と文化の健全性だ。

オンラインの高等教育で世界をリードするコーセラは、創業翌年の２０１３年、ＯＫＲを一気に導入した。当時の社長で、インテル在籍時代にはアンディ・グローブの薫陶《くんとう》を受けたリラ・イブラヒムの後押しを受けた同社の取り組みは、まれに見るすばらしいものだった。コーセラはＯＫＲを会社の価値観および崇高なミッションステートメントと直接結びつけた。そこには企業文化がはっきりと表れている。「私たちは誰もがいつでも世界最高の学習体験にアクセスでき、人生を変えられる世界を目指す」。コーセラのチームレベルの目標は、会社のトップレベルの戦略目標につながっており、その戦略目標は５つのコアバリューとつながっている。

- **学習者第一**　学習者と絆を深め、彼らへの価値を高める。新たな学習者との接点を増やす。
- **最高のパートナー**　大学にとって最高のパートナーとなる。
- **大きな発想で教育を進化させる**　世界トップレベルの革新的な教育プラットフォームを構築する。
- **チームメートを大切にし、思いやりと謙虚さを忘れずに**　強靭で健全な組織を創る。
- **正しいことをして成功する**　試行錯誤を通じて持続可能なビジネスモデルを構築する。

目標 | OBJECTIVE

コーセラと新たな学習者との接点を増やす

主要な結果 | KEY RESULTS

1 新規学習者を獲得し、既存の学習者とのつながりを強化する方法を学ぶため、A/Bテストを実施し、学習し、それを繰り返す

2 モバイルの月次アクティブユーザー(MAU)を1億5000万人に増やす

3 主要な成長指標を追跡するための社内ツールを開発する

4 講師がより魅力的な動画を創れるようにするための機能をリリースする

それぞれのコアバリューには対応するOKRがある。たとえば「学習者第一」に対応するOKRは右の表のとおりだ。

OKRはコーセラのミッションを達成するまでの道筋を明確にした。各チームは自らの目標を定め、会社の目標、さらにはその壮大な価値観とアラインメントできるようになった。それから何年経ってもコーセラは、シリコンバレーのスタートアップに多い荒々しく攻撃的な性質とは明らかに異なる、友好的で包容力のある企業文化を維持している。

コーセラの元CEO、リック・レビンはこう語っている。「OKRがなければ、とてもここまで来られなかった。OKRは四半期が終わるたびに振り返り、それぞれが責任を自覚し、次の四半期にはどうすればもっと価値観に沿って活動できるかを考える規律を与えてくれた」

元社長兼COOのリラ・イブラヒム（左端）、共同創業者のダフニー・コラー（ジョン・ドーアの左）、共同創業者のアンドリュー・ウ（右端）とコーセラのチーム。2012年撮影

２００７年、傑出した経営思想家のダヴ・シードマンは名著『人として正しいことを』を発表した。その前提となるのは、組織における人々の行動、あるいは仕事の方法は文化によって決まるという考えだ。オープンソースでハイパー・コネクテッドな今日《こんにち》の世界において、企業を特徴づけるのは製品群や市場シェアではなく、その行動だ。最近会ったとき、ダヴは私にこう言った。「他者にまねされたり、コモディティ化しないのは文化だけだ」と。

ダヴの核となる主張は、競合に「行動で勝る」企業は成果でも勝る、というものだ。そのバリュー・ドリブン（価値観主導）の経営モデルを「自己統治組織」と名づけた。そこでは長年受け継がれてきた価値観が、次の四半期の投資利益率（ＲＯＩ）よりも重みを持つ。自己統治組織は単に社員のやる気を引き出すのではない。**火をつける**のだ。そこにあるのはルールではなく、共有された原則だ。アメとムチではなく、共通の目的意識で人は動く。自己統治組織の土台は信頼であり、それがリスクテイクを促し、イノベーションが生まれ、成果と生産性を押し上げる。

ダヴはこう語る。「従業員が次にやるべき仕事をこなせばよかった時代、つまり指示されたとおりに動けばよかった時代には、文化はさほど重要ではなかった。だが今、私たちが身を置くのは、従業員に**次にやるべき正しい仕事**をしてもらわなければならない時代だ。ルールブックを見れば、やってよいこととといけないことは書かれている。しかし**やるべきこと**を見きわめるには、文化が必要だ」

これは世界を変える力を秘めた卓越した思想だ。しかしダヴも認めるとおり、勇気や思いやりやクリエイティビティといった価値観の重要性を訴えるのと、それを組織の隅々まで浸透させるのとはまったく違う。組織に浸透させるには仕組みが、そして指標が必要だ。「私たちが選ぶ指標は、価値観と**私たちが大切にしていること**を反映している。何かを測定するのは、それが重要であると全員に伝えることにほかならない」

ダヴの主張の正しさを証明し、洞察を検証するには、膨大なデータが必要だった。そこで自らトップを務めるLRN社で実証的分析を実施し、年を追うごとに進化するその内容を毎年「HOWレポート」として発表している。[3]

アンディ・グローブが量的目標を補完するために質的目標を追加したのに対し、ダヴは信頼のような一見抽象的な価値を定量化する方法を見いだした。「信頼指数」は具体的行動を測定する。たとえば透明性に直結する行動だ。「人々に意見は問わない。たとえば『会社はあなたに対して誠実だと思うか』といった質問はしない。代わりに情報フローを見る。会社は情報を抱え込み、必要に応じて小出しにしているか、あるいは情報は自由に流れているか。上司の頭越しに幹部に意見したら、懲罰と称賛のどちらを受けるか、といったことだ」

2016年時点で、HOWレポートの分析対象は17カ国1万6000人の従業員に広がっている。全体に占める自己統治組織の割合は、2012年の3％から8％に高まった。これらのバリュー・ドリブンな企業のうち96％が、組織的イノベーションにおいても高得点を獲得している。95％が従業員のエンゲージメントとロイヤルティにおいても高評価だった。また「行動の優位性」は確かに成果の優位性に結びついており、94%が市場シェアの増加を報告している。「誰もが心を開き、真実を共有し、他者を巻き込み、自分をさらけ出す。そんな『積極的透明性』ほど、強力な文化はない」

そう語るダヴの姿に、アンディ・グローブの面影を見た気がした。

OKR・CFR文化の最大の特徴は透明性の高さだ。私はそれをインテルで初めて学び、その後グーグルをはじめ何十社という未来志向の会社で幾度となく目の当たりにしてきた。ビジョンに基づくリーダーシップは、指揮統制に基づくものに勝る。組織図がフラットであるほど、組織は機敏になる。パフォーマンス管理がネットワーク型の双方向なものであるほど、個人はすばらしい成長を遂げる。

結局のところ一番重要なのは、私たちが1つにまとまることだ。「協力すること、すなわち**他者とつながる能力**こそが、成長とイノベーションの原動力だ」とダヴは指摘する。

OKRとCFRをうまく生かせば、組織の上から下までのアラインメント、チームを最優先するネットワーキング、ボトムアップの自律性とエンゲージメントが生まれる。いずれも活気ある、バリュー・ドリブンな企業文化を支える柱である。

ただ次章で見ていくルメリスのように、ときにはOKRを導入する前に、文化の変革を開始しなければならないケースもある。あるいはボノの率いる「ONE」キャンペーンのように、カリスマ性のあるCEOや創業者（このケースでは正真正銘のロックスター）が率先して文化を変革するためOKRを採用するケースもある。

本書を締めくくる2つのケーススタディでは、文化変革と体系的な目標設定の興味深い相互関係を掘り下げていく。

第19章

Culture Change:
The Lumeris Story

文化の変革——ルメリスのケーススタディ

最高人事・組織開発責任者　アンドリュー・コール

組織が完全にオープンになること、そして責任を明確にすることへの備えができていないときには、ＯＫＲを導入する前に、まずは文化を改革する必要があるかもしれない。ジム・コリンズが『ビジョナリーカンパニー2　飛躍の法則』に書いたように、まずは「正しい人たちをバスに乗せ、間違った人たちをバスから降ろし、そして正しい人たちに正しい座席を割り振ること」が必要だ。そうして初めてハンドルを切り、アクセルを踏むことができる。

少し前のこと。医療企業ルメリスのリーダーは岐路に立たされていた。ルメリスはセントルイスに本拠を置き、医療機関と保険者にソフトウエア、サービス、ノウハウを提供するテクノロジーとソリューションの会社だ。顧客は大学病院のネットワークから伝統的な保険会社まで幅広い。創業は２００６年。保険会社エッセンス・ヘルスケアを通じて、セントルイス地域の２０００人の医師のグループと組み、「メディケア・アドバンテージ保険」に加入するミズーリ州の高齢者６万５０００人にサービスを開始した。

ルメリスは膨大な患者データを活用して、パートナー組織が従来型の出来高払い・従量制の「病人の治療をベースとする」モデルから転換するのを支援する。目指すのは病気の予防にインセンティブを与え、不要な検査や入院を抑制する医療システムだ。この「価値をベースとする」モデルでは、かかりつけ医がとことん患者に責任を持つ。目標は人生の質を改善しつつ、貴重な医療リソースや費用を節減することだ。ルメリスはこの2つの目標が両立しうることを証明してきた。

ＣＥＯのマイク・ロングによると、ルメリスのムーンショットと言うべき壮大な目標は、アメリカの医療サプライチェーンを合理化することだ。「どんな業界においても、成功の土台はコストの透明性、品質、サービス、そして選択肢の豊富さで決まる。だがそうした原則は医療業界にはまったく当てはまらない。システムそのものが完全に不透明だからだ。医師には患者のためにどのような医療サービスが請求されたか、ましてやその金額などわからない。それでは患者に生じた金銭的負担の責任を医師に求めることなどできない」。ＯＫＲを武器に、この医療を変える闘いの先頭に立つのがルメリスである。

ルメリスの事業は透明性の高いデータに依存していることから、アンディ・グローブ流の目標設定システムとは相性が良さそうだ。しかしこれから元人事責任者のアンドリュー・コールが明らかにするように、ＯＫＲの導入は簡単ではなかった。文化的障壁を放置していたら、「抗体が動き出し、体がＯＫＲという新たな臓器を拒絶していただろう」とアンドリューは話す。抜本的な組織変革の経験豊富なアンドリューが、ＯＫＲの移植を成功させる責任者であったことは、まさに「正しい人が正しい座席を割り振られた」ケースだったと言える。

アンドリュー・コール　私がルメリスに入社したのは、ＯＫＲが導入されて四半期のサイクルが3回完了したところだった（少なくとも記録の上では）。従業員の参加率はすばらしく高かった（少なくとも、私はそう説明を受けた）。しかしじっくり分析してみると、そのプロセ

スはきわめて皮相的であることがわかった。四半期末になると人事担当者が社内を走りまわり、マネジャーたちに取締役会までに数字をアップデートしろ、とせっついていた。社員は気まぐれにソフトウエア・プラットフォームにアクセスし、自分に都合よく目標の指標を修正して、「はい、できた！」と日付を記入して確認ボックスにチェックを入れていた。パワーポイントにはすばらしい結果が示されていたが、それは事実ではなかった。

ＯＫＲがなぜ事業に必要かを理解していた社員はほとんどいなかった。経営陣も明確にＯＫＲを支持していなかった。何より、ＯＫＲを適切に運用する責任が誰にも付与されていなかった。私が社員の目標を確認してみると、現実の担当業務と結びついていなかった。そこでマネジャーのところに行って「なぜこの項目があなたのＯＫＲに含まれているのか」と尋ねてみた。たいていマネジャーは、自分の目標が会社の目指しているものとどう結びついているのか、まるでわかっていなかった。ＯＫＲの大部分は見せかけに過ぎなかった。

私は組織改革に乗り出す前に、まずは組織を理解しようと努める。しかし入社して2四半期が過ぎても、ＯＫＲプロセスを存続させるべきだという確信が持てなかった。非公開の取締役会議で、私はジョン・ドーアに尋ねた。「このツールがルメリスに適さないと思ったら、やめてもいいですね？」と。するとジョンは「もちろん」と答えた。すでに私には、根本的問題がわかっていた。受動的攻撃アプローチ、つまり消極的に取り組んでプロジェクトを頓挫させる姿勢だ。「ＯＫＲが私に何の関係があるのか」というルメリスの誰もが抱いていた基本的な疑問に、誰も答えていなかったからだ。ＯＫＲプログラムは純粋に、目標設定と協力的コミュニケーションを促すことを目的としていたが、社員は信頼していなかった。環境を変えなければ、ＯＫＲが成功する見込みはないだろう。

変化は急には起こらない。経営陣がＯＫＲを導入したのは、組織内の2つの対立する文化を統合するためだ。セントルイスの医師のグループが設立した医療保険会社エッセンスは、リスクを嫌った。ヒポクラテス以来の伝統だろう。一方、ルメリスは技術やデータに関する新たな大発見を求めて、限界に挑戦した。エッセンスは競争がきわめて激しい業界において独自モデルを発展させてきた。ルメリスはそこから得られた知見を、世界と共有していた。

ルメリスのサービスへの需要は急増しはじめていたが、この文化ギャップのために会社の動きは鈍かった。私が入社して11週間後の2015年5月、私たちはルメリスの傘下に全事業を統合すると発表した（同じ会社なら名前は1つで良い、というのがその理由だった）。私にはＯＫＲがいずれ社内の共通言語となり、全員の目標を結びつける手段になることがわかっていたが、その前にすべきことがあった。文化的なまとまりがなければ、世界最高の経営戦略を持ってきてもうまくいかない。

人事の改革

周囲はあなたが何を言うかより、何をするかに注目する。ルメリスには昔ながらの高圧的アプローチを採る幹部が何人かいた。彼らは当事者意識、責任感、仕事への情熱、チームへの忠誠心といったルメリスのコアバリューを体現していなかった。こうしたリーダーが組織を去るまで、何をしても意味がない。退社にあたって、彼らの名誉と尊厳が傷つかないよう私たちは最大限配慮した。これはあらゆる企業変革の取り組みにおける重要な関門だ。

文化に関する会議では、毎回従業員にこう訴えた。「みなさんには会社の文化について、経営陣の責任を問う権利がある。いや、その義務がある。経営陣が『こうあるべきだ』と言っていることを自ら実践していなければ、アポを取るか、メールを送ってほしい。あるいは廊下でつかまえて、取り組み方が甘いと指摘してほしい」

それに応じる人が出てくるまでに、3カ月かかった。CEOのマイク・ロングはグループランチを開き、「互いに責任を押しつけ合うような職場で働きたい人などいない」と語った。これは重要な転換点となり、多くの人が変化を信じはじめた。しかし文化の変革というのは、きわめて個人的なものでもある。私たちは従業員と1人ずつ対話しながら、協力、共同責任、透明性が評価されることを説いていった。そして新生ルメリスでは、何も恐れることはない、と。

人事部門は、会社が圧倒的成功を手にするうえで強力な手段となりうる。また文化的変革を具体化する場所でもある。つまるところ文化とは、誰を採用するか、そして採用した人がどんな価値観を植えつけるかで決まる。ルメリスの中間管理職にはAクラス、Bクラスの人材もいたが、誤った基準や焦点の定まらない面接で採用されたCクラス以下のプレーヤーもいた。教育マニュアルが歪んでいれば、OKRを含めてどんなツールを取り入れてもうまくいかない。

時間は変革の敵だ。私たちは18カ月もかけずに、人事部門の社員の85%を入れ替えた。経営

目標 | OBJECTIVE

Aクラスの人材を引き寄せ、
維持する文化を確立する

主要な結果 | KEY RESULTS

1 Aクラスのマネジャーやリーダーの採用に注力する

2 Aクラスの人材を獲得するために採用部門を最適化する

3 すべての職務記述書を磨きあげる

4 面接プロセスにかかわる全員に再研修を実施する

5 継続的メンタリングとコーチングの機会を確実に提供する

6 新規および既存の社員の能力開発に向けて学習する文化を確立する

幹部と最前線の社員の意識が完全に切り替わると、私たちはさらに難しい課題に取り組んだ。中間管理職の強化だ。このプロセスは開始から落ち着くまで、たいてい3年はかかる。それが完了すれば、新しい文化は揺るぎないものとなる。

ＯＫＲの再生

２０１５年末、私は人事チームに、ルメリスが以前ＯＫＲを実施したときの状況を詳細に分析するよう求めた。ＯＫＲに再挑戦するなら、会社の全員に改めて研修を実施する必要がある。1人残さず、である。3度目のチャンスはないのだから。

翌年4月、運営グループの社員１００人を対象とする60日間のパイロットプログラムとして、ＯＫＲプラットフォームは再スタートした。当初、運営とサービス担当のシニア・バイスプレジデントはＯＫＲに懐疑的だった。だが、質を高めた研修と改良されたソフトウエアを体験して、熱心な支持者に転向した。開始から2週間も経たずに、パイロットグループに積極的にメールを送りはじめた。「なぜこの目標はこんな書きぶりにしたんだい？」「これの指標はなんだろう？」「このＯＫＲは理解できない。顧客のフィードバックから私が感じていることと一致しない」といった具合に。もちろんグループには「シニア・バイスプレジデントはこれに関心を持っている！　もっと真剣に取り組んだほうがいいな」という意識が広がった。

ルメリスの人々のＯＫＲへの支持を勝ち取るのは容易ではなく、相当な時間もかかった。透明性というのは、恐ろしいものだ。自分の失敗を全員の前で認めることに、恐怖を感じる人もいるだろう。誰もが幼稚園時代から叩き込まれた思考を変える必要があった。これは初めてスキューバダイビングをするときと似ている。初めて10メートル潜ると、アドレナリンが噴出し、取り乱し、恐怖を感じる。しかし水面に戻ってくると、興奮が止まらなくなる。水面下にどんな世界が広がっているのか、初めて知ったからだ。

ＯＫＲに飛び込むのも同じだ。部下と双方向の誠実な本音の対話をしてみると、彼らの心を動かすスイッチがわかるようになる。彼らが何か大きなものとつながりたいと感じていること、自分が意味のあることをしていると認めてほしいと思っていることもわかってくる。ＯＫＲという開かれた窓を通じて、お互いの弱みを知ることができる。それによって不利益を被るのではないかという不安を感じる必要もない（特に経営者にとり、ＯＫＲは自らの弱点を把握し、それを補完するような部下の採用につながるというメリットがある）。ルメリスの社員は、自分の失敗を取り繕おうとするのをやめた。ＯＫＲの下では賢く、速く失敗できるので、最善を尽くしたうえで失敗するのは恥ずかしいことではないと気づきはじめた。

流れは変わった。「私は完全な否定論者だったが、今では私にも役立つかもしれないと思うようになった」という声が聞かれるようになった。パイロットグループのうち、98％はＯＫＲプラットフォームのアクティブユーザーとなった。72％が会社の目標に沿った目標を最低１つは設定するようになった。そして92％が「マネジャーから何を期待されているかがわかった」と回答した。

評価を排した透明性

その頃には、私は2016年春に社長兼COOとして入社したアート・グラスゴーとともにOKRに取り組むようになっていた。私たちは、徹底的に取り組まなければOKRをやる意味がないという見解で一致していた。アートは目標設定プロセスの旗振り役であるエグゼクティブ・スポンサーを買って出た。全社員ミーティングでは全員の前に立ち、「OKRは私たちが会社を運営する方法であり、みなさんの上司の働きぶりを評価するのに使う」と宣言した（これはアメとムチのうち、アメにあたる部分だ）。この聖戦でアートが果たした役割は、どれほど強調しても足りない。「評価を排した徹底的透明性」という大原則を打ち出し、私の仕事の孤独感をやわらげてくれた。

第3四半期にルメリスの全社員800人にOKRを拡大するにあたって、私たちは独自のコーチ研修プログラムを立ち上げた。生まれ変わった人事部門は5週間にわたって残業を厭わず、250人以上のマネジャー全員を20人ほどのグループにわけて研修を実施した。また彼らが自由に出入りできる「オープンハウス」形式で、1対1で話し合いができるようにした。話し合いを始める前には、「くだらない質問」など1つもないとはっきり伝えた。この1対1のセッションは、1人ひとりのマネジャーのエンゲージメントを高め、期待事項を達成するモチベーションを引き出す絶好の機会となった。

目標設定は科学より芸術に近い。私たちは社員に、目標や測定可能な「主要な結果」を上手に作成する方法を教えていただけではない。文化的課題も解決しようとしていた。

- 透明性がなぜ重要なのか。なぜすべての部門の人々に目標を知ってもらうことに意味があるのか。なぜ私たちが取り組んでいることは重要なのか。
- 真の説明責任とは何か。（他者の失敗に対して）敬意を持って説明責任を求めることと、（自らの失敗に対して）謙虚に説明責任を果たすこととの違いは何か。
- ＯＫＲはマネジャーが「他者を通じて業務を遂行する」のに、どのように役立つのか（これは急成長企業が規模を拡大していくうえで、きわめて重要な問題だ）。どうすれば自分たちの目標を他のチームにも優先項目として採用してもらい、達成を支援してもらえるのか。
- チームの仕事量をストレッチすべきタイミングはいつか。またペースを緩めるべきタイミングはいつか。目標を別のチームメンバーに移管する、目標をより明確に書き換える、あるいは廃止すべきタイミングはいつか。コントリビューターの信頼を勝ち取るには、タイミングがすべてだ。

こうした問いに答えるためのマニュアルは存在しない。答えは、チームやマネジャーと個人的絆があり、彼らに成功とはどのようなものかを示すことができ、勝利を宣言するタイミング

（早すぎないほうがいい）を心得ているリーダー自身のなかにある。

研修への投資は実を結んだ。ＯＫＲが本格的に再始動した２０１６年第３四半期には、社員の75％がＯＫＲを少なくとも１つ設定した。社員の定着率にも好ましい変化が表れた。最近は会社の期待に届かない社員に辞めてもらうケースも減った。ルメリスは正しい人材を採用し、ここで活躍できる人材をしっかりとつなぎ留めている。

自分の「赤」を売り込む

アートはルメリスに入社してまもなく、リーダーシップ・チームを集めて丸１日がかりのオフサイト・ビジネス検討会を開いた。今では会社の月例行事となっている。そこでは会社の最上位のＯＫＲがスクリーンに表示さ

ルメリスの医師とリーダーたち。（後列左より）スーザン・アダムス医師、アート・グラスゴーCOO、（前列左より）トム・ヘイスティングス医師、マイク・ロングCEO。2017年撮影

れ、どのリーダーが自分の目標を達成したかがひと目でわかる。アートは黄色を好まないので、ＯＫＲは青（順調）か赤（リスクあり）で評価される。そこに曖昧さはなく、問題ははっきりと映し出される。

3時間続く検討会では、10人ほどの上級幹部が順番に発言する。青の評価の項目にはほとんど時間は割かない。一方、赤については徹底的に「売り込む」。最終的にチームは、リスクありと判断されたＯＫＲのうち、どれが会社全体にとって最も重要かを投票で決定し、必要なだけ時間をかけてその目標を順調な軌道に戻す方法をブレーンストーミングする。部門を超えた連帯を示すため、参加者は自主的に仲間の赤を「買う」。「私たちはみな、仲間に手を貸すためにここに集まっている。全員が同じ風呂の湯につかっているんだ」とアートは言う。私の知るかぎり、「赤を売り込む」というのはルメリス独自のＯＫＲの活用法のようだ。これは他の企業でも取り入れる価値があるだろう。

生まれ変わった今日《こんにち》のルメリスは相互の依存関係を大切にする。また意識的な協力を評価する。「ＯＫＲは単に組織で働くのではなく、組織のために働くことを促す。ルメリスの地域市場の責任者たちは、さまざまな機会を独り占めするのではなく、仲間と共有する」とアメリカ市場担当シニア・バイスプレジデント、ジェフ・スミスは語る。スミスにとって嬉しい驚きだったのは、運営・サービス・チームが自分たちの目標をスミスのチームの売上目標と直結させたことだ。「かつては『オレはサービス、おまえは営業。つべこべ言わずに自分の仕事をしろ』といった空気があった。それが今では『オレはここにいるぞ！　何か力になれることはないか』に変わった。ＯＫＲプロセスがこんな結果をもたらすとは、予想もしていなかった」

ルメリスはまずＯＫＲが根付くのにふさわしい文化を醸成する必要があった。その後は新たな文化を維持・発展させ、社員との絆を深めるのにＯＫＲを活用した。これは終わりのない取り組みだ。

あらゆる指標に照らして、いまや価値ベースの医療の市場リーダーとなったルメリスにとって２０１７年は最高の年となった。アート・グラスゴーは私にこう語った。「市場の変化が始まった。ようやくルメリスの売上計画が、実現可能なものに思えてきた。それどころかストレッチ目標を設定したほうがいいかもしれない」

本稿執筆時点で、ルメリスは医療保険者、医療機関、全米18州の医療制度と提携し、１００万人以上の健康を支えている。その潜在能力ははかりしれない。ルメリスのミズーリ・モデルがアメリカ全土で採用されれば、医療費の無駄が年８０００億ドル削減できる可能性がある。何より重要なのは、それによって国民の人生の質と長さが向上することだ。

ルメリスでは、ＯＫＲが日常の一部となった。アンドリュー・コールのたとえを借りるなら、こういうことだ。「ひとたび水面下の新しい会社を経験したルメリスの社員たちは、そこに戻るために潜りつづけるという誘惑に勝てなくなった」

第20章

Culture Change: Bono's ONE Campaign Story

文化の変革——ボノのONEキャンペーンのケーススタディ

共同創設者　ボノ

前章では、ＯＫＲが、すでに行われた企業文化の変革を定着させるのに役立つことを見てきた。ここではボノの事例を通じて、体系的な目標設定が組織文化のリセットを強力に後押しすることを見ていこう。世界最高のロックスターは20年近くにわたり、「世界規模で無関心と闘う壮大な実験」を進めてきた。ボノにとって最初のＢＨＡＧとなったのは、国際組織「ジュビリー２０００」と協力して展開した最貧国の債務救済の運動で、これは１０００億ドルの債務減免につながった。その2年後にはビル＆メリンダ・ゲイツ財団からスタートアップ向け助成金を受け、公共政策の転換を訴える国際組織「ＤＡＴＡ」（債務、エイズ、貿易、アフリカの頭文字）の共同創設者となった。ＤＡＴＡは政府組織や他の国際ＮＧＯと協力し、アフリカの貧困、疾病、開発問題の解決を目指すというミッションを掲げていた（ビル・ゲイツはＤＡＴＡへの助成金は人生で最も有益な投資だったと語っている）。２００４年には草の根の活動家たちが党派を超えて連携する「ＯＮＥキャンペーン」を立ち上げた。ＤＡＴＡが政策のインナーサークル向けの活動だとすれば、ＯＮＥはそれを補完する社会に向けて開かれた活動だった。

私はボノに初めて会ったとき、その「ファクティビズム」、すなわちファクト（事実）に基づくアクティビズムへの情熱に心を打たれた。ＯＮＥは冷静で、分析的で、結果重視の組織であり、ＯＫＲが受け入れられやすい土壌はあった。ここ10年、ＯＫＲはＯＮＥの優先目標を明確にするのに役立ってきた。世界を変えることをミッションに掲げる組織にとっては、なかなか難しい作業だ。ＯＮＥの元ＣＥＯ、デビッド・レーンは「何でもやろうとする私たちには、それに歯止めをかけるような規律のプロセスが必要だった」と語る。

ONEはその成長の過程で、OKRを抜本的な文化改革を進める手段として活用した。アフリカのための活動から、アフリカで、アフリカとともに活動する組織へと転換を進めたのだ。デビッドは私にこう語った。「途上国支援に対する認識は劇的に変化し、そうした国々に自ら成長する力を与えることに重きが置かれるようになっている」

世界で最も貧しい人々の命を救う歴史的な医療活動の資金として、ONEは500億ドル近い資金を集めた。それに加えて汚職を撲滅し、アフリカ諸国の石油やガスの収入を極端な貧困との闘いにまわすため、透明性に関するルール導入を呼びかけるロビー活動を展開し、成功を収めている。2005年、ボノはゲイツ夫妻と並んで、《タイム》誌の「パーソン・オブ・ザ・イヤー」に選出された。

ボノ　U2には初めからどでかい目標があった（きわめて早い時期から誇大妄想狂だった、とも言える）。エッジはもともとギタープレーヤーとして評価が高く、ラリーもドラマーとしてかなりの腕前だった。だがオレの歌はへたくそで、アダムはそもそもベースがまったく弾けなかった。それでオレたちはこう考えた。「他のバンドほどうまくない。だからやつらがどうやってもできないことをやろう」とね。

他のバンドほど洗練されてもいなければ評価もされていなかったが、オレたちには特別な何

2009年、U2の『360°ツアー』

か、魔法を生み出す力があった。自分たちを見失わなければ、世界がぶっ飛ぶようなことができる、世界最高のバンドになれると思っていた。他のバンドのようにすべてがそろっていたわけではないが、オレたちには**決定的な何かがある**。そう自分たちに言い聞かせていた。

成功はどう測るのか。最初の頃、オレたちは音楽チャートやクラブにとどまらず、世界における自分たちの位置を常に考えていた。「オレたちの音楽は**世の中の役に立つ**のか」「芸術は政治の変革を促せるのか」といったことだ。まだみんなが18歳だった1979年、最初に引き受けた仕事の1つが反アパルトヘイトのコンサートだった。もう1つは避妊を勧めるコンサートで、これはアイルランドでは大論争となっていたテーマだ。その後20代になると、アイルランドのテロリスト集団と、彼らに対して煮え切らない態度をとる人々を敵にまわすようなことを意識的にやった。子供のいるスーパーを爆破することが正しいはずがない。あの頃は自分たちにはね返ってくる罵声の大きさで、自らの政治的影響力を測っていたところがある。

そんな活動をしていると、ヒットチャートに入るような曲が欲しくなる。オレたちは音楽シーンの主流に食い込もうと、かなり意識的に努力した。U2はライブでは大人気だったが、シングル曲はまるで売れなかった。だから初めの頃はチケットの販売数で成功を測っていたが、その後、基準をアルバムの販売数に変えた。

敵を選ぶ

非営利組織DATAを設立したときも、U2を設立したときとまったく同じやり方を貫いた。つまりDATAもバンドだったのだ。メンバーはルーシー・マシュー、ボビー・シュライバー、ジェイミー・ドラモンド、そしてオレだ。誰がボーカルか、ベースか、ドラムか、ギターかはわからない。でも自分たちはヒッピーでもなければ、夢追い人の集まりでもないことはわかっていた。パンクロックに近い、意志の強いオポチュニストの集まりだ。目指していたのはたった1つ、最貧国の債務帳消しだ。一度に1つの敵を選び、とんでもないスケジュールでそれに挑むことをわれわれは得意としていた。

続いて取り組んだのが、抗エイズ薬へのユニバーサル・アクセスだ。これも明確な目標だが、面と向かって嘲笑されたこともあった。「おかしな頭がとうとうイカれたか。なぜ世界で最もカネのかかる病気を標的にするのか。マラリア、河川盲目症、あるいはポリオ撲滅を選べばいいものを」と。

それに対して、オレはこう答えた。「オレたちがエイズを選んだのは、この2粒の錠剤（今は1粒になった）は不平等の象徴だからだ。ダブリンやパロアルトの住人なら手に入る。だがアフリカのマラウイの首都リロングウェの住人には手に入らない。つまり緯度と経度のめぐりあわせで生死が決まる。それは正しいこととは思えない」

いずれにせよ、オレは自分たちの主張が正しいと確信していた。不平等が誤りであることは誰にでもわかるからだ。それほど単純な話だ。当時はまだOKRは使っていなかったが、オレは「まずエベレストをイメージして、それから登るのがどれだけ難しいかを説明する。最後に頂上に立つ方法を考える」と常々言っていた。エベレストと同じように、エイズ撲滅もおよそ達成不可能な目標に思える。まずはそのどこが難しいのかを説明するんだ。そうすれば必ず登れる。

そして今、2017年時点で2100万人が抗レトロウイルス薬による治療を受けている。本当にすばらしいことだ。そしてエイズ関連死はここ10年で45％減少した。子供への新たなHIV感染は半分以下に減った。2020年までに母から子への感染との闘いは終結し、この病気の息の根を止められる見通しだ。われわれが生きているあいだに、エイズのない世界が実現するとオレは信じている。

OKRとともに成長する

DATAは企業家精神にあふれていた。組織内では目標への進捗状況もトラッキングしていた。しかしプロセスがなければ、それも限度がある。活動による効果が本格的に表れ、活動範囲が広がると、より多くのデータが必要になった。より測定可能な手続きや結果が求められるようになった。その後、われわれは11の団体を集めて、「ONEキャンペーン」を立ち上げた。優秀な人材が大勢集まったが、あまりにも多くの目標を追いかけようとするという問題が起きた。アフリカのグリーン革命、女の子の教育、エネルギーの貧困、地球温暖化など、あらゆることをやろうとしていた。

ＤＡＴＡとＯＮＥの文化はまったく違っており、それによって非常に難しい状況が生まれた。自分たちに透明性が欠けていることもわかっていた。目標が明確になっていないと、組織内に重複や不協和が生まれる。従業員は自分が何をすべきか混乱する。こうしてしばらくのあいだ組織内には深刻な不和が存在していた。

問題は、われわれが常に大きな目標を追いかけようとすることだった。常にストレッチしようとする。しかし目標はどれもあまりに大きすぎたので、ストレッチも限度を超え、人々は疲弊していた。ＯＫＲはまさにわれわれの救世主だった。ＯＮＥの理事長だったトム・フレストンがその価値に気づき、組織の運営に取り込んだ。トムの果たした役割はとても大きい。ＯＫＲに導かれ、われわれは物事を明確に考え、既存のリソースで何ができるかをまとめた。ＯＫＲはわれわれの情熱に枠組みを与えた。それがなければ、どうしても思考は抽象化する。ＯＫＲの信号、つまり色別表示によって理事会は様変わりした。それによって戦略、執行、結果が明確になった。ＯＫＲによって、われわれは極端な貧困との闘いにおいて一段と強力な戦力となった。

転換

ジョン・ドーアはＯＮＥの初めての理事会に出席したとき、シンプルだが深い問いを投げかけた。「われわれは誰のために働いているのか。この組織の顧客は誰か」と。

われわれはこう答えた。「ジョン、われわれは世界で最も貧しく、立場の弱い人々のために働いているんだ」と。するとジョンはこう言った。「そうだとすれば、このテーブルに彼らの席はあるのか？」

「もちろんだ。このテーブル全体が彼らのためにある」

ありがたいことに、ジョンはさらに畳みかけた。「本当に彼らをイメージできるのか。彼らが物理的にこのテーブルに就くことを、われわれは検討すべきじゃないのか」

この発想が、やがてONEという組織を根本的に変える転換につながった。ジョンの問いかけは、われわれがパリで出会ったセネガル人の男性の言葉と重なった。この男性はこう言った。「ボノ、セネガルにはこんなことわざがあるんだ。『誰かの髪を切りたければ、部屋に呼ぶがいい』」。その口ぶりは穏やかだったが、真意ははっきりと伝わった。「われわれが何を望んでいるのか、わかっていると思っているとしたら注意したほうがいい。なぜなら、われわれには自分の望むものがはっきりとわかっているからだ。君たちはアフリカ人ではないし、この救世主コンプレックスはこれまで必ずしも良い結果を生んでこなかったじゃないか」

2002年、アフリカ南東部では大勢のHIV患者が命を落としていた。多くのエイズ活動家がそうしたように、オレもこの病気の広がりと深刻さを情熱的に訴えた。ONEキャンペーンの従業員には、「エイズ」という言葉を口にするときには必ず「危機」という言葉を添えてほしい、「エイズ危機」と言ってほしいと訴えた。しかし2009年には反動が出てきた。アフリカでも比較的恵まれた立場にある人々が、われわれがエイズ問題を誇張していると（そん

目標 | OBJECTIVE

ONEの活動に幅広いアフリカの人々の視点を
積極的に取り入れ、アフリカの人々の優先課題に
緊密に寄り添い、ONEの政治資源を
共有・活用してアフリカ内外での
具体的政策変更を達成する

主要な結果 | KEY RESULTS

1 4月までにアフリカを拠点に働く従業員を3人採用し、仲間に加える。また7月までにアフリカ人理事を2人承認する

2 7月までに「アフリカン・アドバイザリー・ボード」を設置し、12月までに2回招集する

3 最低10～15人のアフリカの思想リーダーとの強固な関係を構築し、積極的かつ定期的にONEの政策的立場や外部での活動に意見や助言をもらう

4 2010年中に4回、アフリカへの一般参加型ツアーを実施する

なことはなかったのだが）異議を唱えるようになったのだ。旗振り役となったのは、『援助じゃアフリカは発展しない』という本を書いたダンビサ・モヨという経済学者だ。その主張は「あなたがたの援助など要らない。益より害のほうが多い。われわれはアフリカ大陸のイメージを、投資し、生活し、働くのに好ましい場所として刷新しようとしている。あなたがたはそれを邪魔しているんだ」というものだった。

オレは、これはONEの信頼性にかかわる問題だと感じた。われわれの活動は北半球の政府にフォーカスしてきた。ワシントン、ロンドン、ベルリンの意思決定は最貧国の多くに多大な影響を与えるからだ。しかしジェイミーをはじめ、ジョン・ギソンゴ、オリー・オコロ、ラケシュ・ラジャニなど現地で活動する友人たちからも、同じようなメッセージが届いていた。アフリカの未来はアフリカ人が決めるべきだ、と。われわれは自らの組織を「ONE」と名づけたが、そこには問題解決に必要な人の半分しかいなかった。北半球の人々が南半球の人々との完全な協力関係なしに、極端な貧困を解決できるというのは幻想だった。

そこでONEは組織的、文化的変革を決意した。今でもアフリカのリーダーとの協力関係を広げようと努力している。草の根から国家のトップ、そしてそのあいだにいるすべてのリーダーとの連携だ。ヨハネスブルグをはじめ、アフリカ大陸全体に事務所を立ち上げた。OKRはわれわれが実行しなければならない具体的変革に集中するのを後押ししてくれた。アフリカでのスタッフ採用、理事会の拡充、かつてのジュビリーの仲間との関係復活、そして助言を求められる新たな人脈の開拓などだ。われわれは以前よりも良い「聞き手」になれたと思う。OKR

2016年、ONEの活動の一環として、ナイジェリアのダロリの国内難民キャンプを訪問するボノ

なくして、それは不可能だった。

情熱を測定する

スーダンの実業家で慈善事業家でもあるモー・イブラヒムが理事に加わったことは、組織に本当に大きな変化をもたらした。アフリカではモーの存在感は絶大で、まさにロックスターだ。モーとその娘のハデールは、アフリカ大陸についてわれわれが気づいていない点を知的かつ批判的に指摘してくれる。われわれにとってアフリカの声がよく聞こえるチャンネルに周波数を合わせるのは非常に重要なことだった。直接知り合う前、モーはわれわれの目標のいくつかを手厳しく批判していた。彼はわれわれに透明性こそが本丸だと示してくれた。これはアフリカだけでなく、ヨーロッパやアメリカの問題でもあった。われわれが調査した結果、途上国では毎年1兆ドルが汚職で消えていることが明らかになった。「これはHIV・エイズより重大な問題だ。その解決によってもっと多くの命を救うことができる」とモーはわれわれに語った。

アフリカの人々からの後押しを受けてONEの取り組みは進展した。われわれが民間団体「パブリッシュ・ホワット・ユー・ペイ（支払いを公開せよ）」と協力してロビー活動を展開した結果、今ではニューヨーク証券取引所に上場している企業やEUの上場企業が、途上国で鉱業権を獲得するために行った支払いを秘匿するのは違法になった。昨年には「アフリカのビル・ゲイツ」と呼ばれるアリコ・ダンゴーテが理事に加わった。

ここまでは申し分ない話だが、やはりデータもきちんと示すべきだろう。たとえば2017年12月時点で、ONEにはネットで登録をした、あるいは少なくとも1回何らかのかたちで参加したメンバーが890万人いる（今ではこのうち300万人以上をアフリカ人が占めるようになった）。だがビル・ゲイツなら呆れた顔でこう言うだろう。「それはたいしたものだが、署名しただけではメンバーとは言えない。単に名前を書いただけの話だ」。確かにそのとおりだ。そこでわれわれは次のような問いと向き合うようになった。「メンバーのエンゲージメントをどうやって測るべきだろうか。そして何らかの指標が見つかったとして、その数字は変わらないものなのか、それとも改善できるのか」。われわれは署名した人を本当のメンバーに、さらには活動家に、そして変化の触媒へと変えられることを証明したかった。そこで2回以上のアクションに参加してくれたメンバーに感謝し、報いるようにした。

アメリカの一部の上院議員と下院議員の選挙区に大勢のメンバーを送り込み、プレッシャーを与える、というのもそうしたアクションの1つだ。たとえばテキサス州選出の共和党の下院議員、ケイ・グレンジャーは、自分がどこに行っても、立場を明確にせよと訴えるONEのTシャツを着た人々がいる、と思っているはずだ。だがONEのメンバーはどこにでもいるわけではない。グレンジャーはわれわれが選んだ戦略的ターゲットの1人だった。そしてONEのためにすばらしい働きをしてくれた。

これまで活動家の情熱を測定した人はいなかった。奇異に思えるかもしれないが、情熱とOKRは相性がいい。あなたが情熱的な活動家だとしよう。では**どれぐらい情熱的**なのか。その情熱は、どんな行動につながるのか。今ではビル・ゲイツがＯＮＥの理事会で厳しい質問をしてきても、われわれはＯＫＲを示し、こう言うことができる。「これがわれわれの成し遂げたことだ。これがその効果である」と。

ＯＫＲの枠組み

ＯＫＲに弊害はないのだろうか？　ＯＫＲを誤解すると、**組織がきちんとしすぎる危険**はあると思う。ＯＮＥが大組織化することは許されない。破壊的変化を起こしつづける必要がある。ＯＮＥが大企業化し、四半期目標の達成に血道をあげるようになるのを、オレはいつも恐れている。「すべてに青がついたら、ＯＫＲは失敗だ」とわれわれに思い出させてくれたのはジョンだ。それに違和感を抱いたスタッフも多かった。今のＯＮＥは資金も潤沢になり、とびきり優秀な人材がそろっているから、なおさらだ。それでもジョンは言いつづける。「もっと赤を！」と。彼の言うとおりだ。もっと大きな志が必要だ。それこそわれわれの強みだからだ。少しずつ進歩するのは柄じゃない。

ＯＮＥの土台は情熱ではない。道義的怒りでもない。われわれの土台となるのは揺るぎない理念であり、それを支える壁や床に相当するのがＯＫＲという思考の枠組みだ。それがあることに心から感謝している。変化を起こすには知的厳格さが必要だ。磨き抜かれた戦略が必要だ。心と頭が完璧に呼応していなければ、情熱があっても何にもならない。ＯＫＲという枠組みは、組織のなかの狂気やひらめきを制御する。リスクテイクと信頼の環境を与えてくれる。そこでは失敗は許されざる罪ではない。安心して自分らしくいられる場所だ。そのような仕組みと環境、そして正しい人材がそろえば、魔法が起こるのはそう遠い先ではない。

つまり同じ話だ。エッジは初めから最高のギタリストだったが、オレは最高の歌い手ではなかった。アダムのベースもたいしたものではなく、ラリーのドラムも超一流というわけではなかった。それでもわれわれには目標があり、どうすればそこに到達できるかというざっくりとしたアイデアもあった。そうして世界最高のバンドを目指したんだ。

第21章

The Goals to Come

これからの目標

目標があるから、前に進みつづけることができる。

――モハメド・アリ

アイデアを思いつくのは簡単。実行がすべてだ。

本書をここまで読めば、ＯＫＲとＣＦＲはあらゆる組織が山を動かすうえで大きな力となることがおわかりいただけただろう。身をもってその効果を知った人々が、両者がいかに従業員を鼓舞し、リーダーを育て、チームを団結させてすばらしい成功に導くかを語ってくれた。ＯＫＲは、本当に重要なことを測定することによって、ボノやゲイツ財団がアフリカの貧困や疾病と闘う力となってきた。グーグルが野心的な10倍成長を達成し、あらゆる人が世界の情報に自由にアクセスできるようにするのを支えてきた。ズーム・ピザではロボットが作った職人風ピザをアツアツ、出来立ての状態で玄関先に届けることを可能にしてきた。

そして何よりワクワクするのは、こうした成功事例はほんの始まりに過ぎないことだ。

ＯＫＲはツール、プロトコル、あるいはプロセスと見ることもできる。だが私のイメージとしては、発射台が一番近い。次世代の企業家や仕掛け人が大きく羽ばたくための出発点だ。私の夢は、このアンディ・グローブの発明があらゆる分野に変革をもたらすのをこの目で見ることだ。ＯＫＲはＧＤＰ成長、医療、学校教育、政府のパフォーマンス、企業の業績、社会の進歩に大きな影響をもたらしうると私は確信している。そうした未来は、オーリー・フリードマンのような進歩的思想家によって少しずつ実現している。オーリーはカリフォルニア州マウンテンビューの小学校「カーン・ラボ・スクール」で、すべての児童にＯＫＲを実践させている（あなたが5、6歳の子供で、算数や読み書きを習うかたわら、自分の「目標と主要な結果」を設定している姿を想像してみてほしい）。

体系的な目標設定や継続的コミュニケーションを取り入れる組織が増えれば、そしてそれが厳格さと想像力を持って実践されれば、社会全体で生産性とイノベーションが飛躍的に向上・加速するはずだ。

OKRがそんなはかりしれない可能性を秘めているのは、とにかく柔軟な仕組みだからだ。OKRにドグマはなく、唯一の正しい活用法があるわけでもない。組織によって、またライフサイクルの段階に応じて、ニーズは変化する。オープンかつ透明性のある目標設定をするだけでも、大きな前進と言える組織もある。四半期に一度計画を立てるサイクルを導入することでガラリと変わる組織もある。どこに重点を置くべきかを決定し、自らの組織に合ったツールにしていくのは、それぞれの組織の役割である。

本書では、OKRとCFRを実践したいくつかの組織の舞台裏を見てきた。これから何千という企業が取り組みを開始したり、こうしたツールの存在を知ったりするだろう。今後はウェブサイト（whatmatters.com）で、さらに議論を深めていきたい。ぜひサイトを見に来ていただきたい。私にメール（john@whatmatters.com）をいただければ、みなさんも議論に参加できる。

私の究極のストレッチ目標は、人々を勇気づけ、一見不可能な目標の実現にともに取り組むことだ。「成功と生きがいに満ちた持続性のある文化の創造」というのがそれである。そしてもう1つ、本当に重要なすべての目標（特にあなたの目標）が実現されるようにインスピレーションを与えつづけることだ。

献辞

2016年、わずか4週間のあいだに2人の傑出した人物が相次いで私たちの元を去った。あまりに早い別れだった。本書はその2人に献じる。OKRの偉大な提唱者であるアンディ・グローブについては、本書でかなり詳しく述べた。一方、〝コーチ〟ビル・キャンベルの英知については軽く触れただけなので、この場を借りて彼の思い出を振り返りたい。とても多くの人に、とても多くを与えた男だった。正直かつ率直にコミュニケーションする才能から、データに基づく優れた経営への情熱まで、コーチはOKRの精神そのものを体現する存在だった。まさに本書の締めくくりにふさわしい人物である。

あの4月の朝、カリフォルニア州アザートンは快晴だった。セイクレッド・ハート競技場には、ビルの葬儀を開くために大きなテントが張られた。生前ビルが土曜日になると8年生（日本の中学2年生）にフラッグフットボールやソフトボールを教えた場所である。ラリー・ペイジ、ジェフ・ベゾスをはじめ、ビルの指導を受けた（かつての）若者たちが集まり、会葬者は3000

人を超えた。ビルはその1人ひとりを温かいハグと献身的な指導で包んでくれた。誰もがビルは自分の親友だと思っていた。彼の人生そのものが、われわれ全員を包む巨大なテントだった。

ビルの父親は体操教師で、夜はペンシルバニア州ホームステッドの製鋼所で働いていた。ビルが初めて「コーチ」と呼ばれるようになったのは、1970年代に愛する母校コロンビア大学のアメフト代表チームのコーチに就任したときだ。* しかしビルがコーチとして唯一無二の存在になったのは、アメフト競技場よりもさらに競争の激しいシリコンバレーの役員フロアに活躍の場を変えた後である。聞き手として世界トップクラス、メンターとしては殿堂入りにふさわしい才能があり、私がこれまで出会ったなかで最も賢明な人物だ。ビルの野心、思いやり、責任感、透明性、人間くささは、グーグルをはじめ、何十という企業の文化に大きな影響を与えた。

作家ケン・オーレッタは《ニューヨーカー》誌にこう書いた。「世界の技術の中心地、1人あたり所得が社会性と反比例するかのような地において、キャンベルは創業者たちにコンピュータ画面から目を上げることを教えた人物だった。（中略）キャンベルの追悼記事は多くの新聞の1面やテクノロジー・ニュースサイトのトップには掲載されなかったが、本来はそこにふさわしかった」[1]

私たちが出会ったのは1980年代末のことだ。私はこれまで投資したベンチャーのうち最も有名な失敗例の1つである、ペンを使ったタブレット・コンピュータを作っていたGOコーポレーションのCEOを探していた（ビルはよく「GO〔行く〕」じゃなくて、「GONE〔逝っちまった〕コーポレーション」と呼ぼう、とジョークを言っていた）。ビルを推薦してくれたのは、シリコンバレーでも名うてのエグゼクティブ・ヘッドハンター、デブラ・ラダボーと、ビルがアップルでマーケティングを担当していた時代の上司で、その後私がクライナー・パーキンスに引き抜いたフロイト・クバムである。私は当時ビルが働いていたアップルのソフトウエア子会社であるクラリスを訪問し、その場でビルの採用を決めた。ある企業家とかかわりを持つか否か、たいてい私の決断は早い（とはいえ、こちらとかかわりを持つよう相手を説得するにはもう少し時間がかかるが）。クラリスにはまばゆいばかりのチームスピリットと、ビルへの敬意がみなぎっていたので即決だった。

アップルと当時社長のジョン・スカリーが、クラリスがスピンオフして株式公開（IPO）することを拒否したため（ビルはそれはすでに確約されたことだと思っていた）、ビルはGOのCEOを引き受けた。GOのビジネスモデルは失敗に終わったが、私たちはすばらしい時間を共有した。ビルが入社する前は、GOの経営陣はどんな戦略的決定を下す前にも激論になり、議決後には勝者も敗者もそれ以外の全員も不愉快な気持ちになっていた。だがビルがCEOになると、状況は一変した。ビルは経営陣の1人ひとりと向き合い、それぞれの家族について尋ね、

＊ビルはコロンビア大学のアメフト・チームがアイビー・リーグで唯一優勝を飾った1961年のキャプテンだ。体重75キロの不屈のラインバッカーだった。半世紀後にはコロンビア大学の理事長となっていた。

いつもの気楽な調子で相手の興味をひくようなエピソードを話し、徐々に彼らが会社の問題についてどんな意見を持っているか引き出していった。ビルは会議が始まる前に全員の合意をまとめるすばらしい才能があり、すぐにGOではわざわざ決を採る必要はなくなった。ビルにとって常に一番重要なのはチームであり、会社だった。私利私欲とは無縁で、ミッションを何よりも大切にしていた。

ビルは優れたリーダーを育成する、リーダーのなかのリーダーだった。GOでビルの直属の部下だった者のうち、5人がベンチャーを立ち上げ、CEOあるいはCBO（最高ブランド責任者）となった（私は5社すべてに投資し、全社が収益化した）。ビルは私たちに多くを教えてくれたが、とりわけ重要なのがチームの人々の尊厳を大切にすることだ。会社が失敗したときはなおさらだ。GOが

経営者向けコーチング・セッションにお気に入りの飲み物を携えて登場したビル・キャンベル。2010年撮影

AT&Tに身売りしたときには、私たちは解雇した人々に最高の紹介状を用意し、良い転職先を見つけられるように最善を尽くした。

1994年、私はビルをクライナー・パーキンスに「常駐エグゼクティブ」として引っ張ってきた。私の隣のオフィスに入れ、次の会社を見つけると約束した。ちょうどその頃、インテュイット創業者のスコット・クックがCEOを雇うことを決めた。私がビルをスコットに紹介すると、2人でパロアルトのビルの自宅の周囲を散歩しているあいだに話がまとまった。ビルとスコットはすばらしい関係と見事な会社を築きあげた。

ビルはインテュイットで4年間CEOを務めたが、入社早々危機に直面した。売り上げは低迷し、四半期目標を達成できそうになかった。インテュイットの取締役会は、資金を投じて売り上げの未達分を強引に達成せよ、という非現実的な主張をしていた。ラスベガスのホテルで会議が開かれたが、ビルは取締役会の主張を受け入れようとはしなかった。「とんでもない話だ。われわれは人員削減をする。スリム化して、利益目標を達成する。それが私の目指す規律であり、企業文化だ」と。ビルは結果を出すことに強くこだわった。それは株主のためであると同時に、社員と顧客のためでもあった。

しかし出席者に1人ずつ意見を聞いたところ、取締役からは投資を増やし、力ずくで事態を乗り切るべきだという発言が相次いだ。ビルの表情は徐々に沈んでいった。そこで私の番が来たとき、私はこう言った。「われわれはコーチの意見に従うべきだと思うんだ」。ビルが正しいか、間違っているのか、私にはわからなかった。しかし決断を下すのは彼だと思っていた。私の発言で会議の流れが変わった。のちにビルは私の発言がどれだけ嬉しかったか、そして自分の主張が通らなければ辞任しようと思っていた、と打ち明けた。

この一件をきっかけに、私たちの絆は揺るぎないものとなった。ときには意見が対立し、互いに厳しいことを言い合うこともあったが、次の日にはどちらかが電話をして謝った。意見の違いがあっても、それ以上に重要なのは2人の関係やチームへの忠誠心であることを互いにわかっていた。

私がネットスケープの取締役に誘ったとき、ビルはまだインテュイットにいた。まもなく私は新たな企業に投資するたびに、まずビルに声をかけるようになった。クライナーが投資する、ドーアがスポンサーとなる、ドーアがキャンベルに電話をする、キャンベルが経営陣をコーチングする、というのが一連の手順となり、われわれはそれを幾度も繰り返した。

1997年、スティーブ・ジョブズがアップルに復帰した。1セントも支払わず、非敵対的に上場企業の経営権を取得するという驚くべき事件だった。スティーブは1人を除いてアップルの取締役全員に辞任を求めた。それから新たにビル・キャンベルを取締役として招いた。コーチは報酬の受け取りを拒んだ。それまで自分を育ててくれたシリコンバレーに恩返しをしたいと考えたのだ。それでもいくつかの会社が報酬として株式を受け取ることを認めさせたので、ビルはその収益を自らが設立した慈善団体に寄付した。

2001年、グーグルの創業者たちを説得してエリック・シュミットをCEOとして迎えさせた後、私はエリックにビルをコーチにするようアドバイスした。すでにノベルのCEOと会長を務めた実績のあるエリックは当然プライドもあり、私の提案に気を悪くした。「自分が何をしているかはわかっているつもりだ」と。こうした事情からビルに一目惚れというわけにはいかなかったが、1年も経たないうちにエリックの考えはすっかり変わっていた。自己評価にはこう書かれていた。「ビル・キャンベルはわれわれ全員のコーチとして大変力になってくれた。今から思えば、初めから彼の助けが必要だった。もっと早く、理想的には私がグーグルに入社した時点で、こういう仕組みを取り入れておくべきだった」[2]

ビルはグーグルにおける自分の役割に際限はないと思っていた。ラリー・ペイジとセルゲイ・ブリン、さらにスーザン・ウォジスキ、シェリル・サンドバーグ、ジョナサン・ローゼンバーグ、そしてグーグルの経営幹部全員をコーチングした。そこでは禅問答と「バド・ライト」を組み合わせた独特のスタイルを貫いた。ビルはほとんど指示を与えなかった。ごくわずかな質問をするだけだ（それがいずれも的を射ていた）。たいていは黙って相手の話を聞いた。経営において正解は複数あるのが常であり、リーダーの仕事は1つを選ぶことだと知っていたのだ。「とにかく腹を決めよう」とよく言っていた。「君は前進しているのか？　均衡を破っているのか？　とにかく進みつづけよう」と。

グーグルのOKRについては、ビルは地味なほう、つまり「コミットする目標」に目を光らせていた（「あのクソいまいましい電車を時刻表どおりに走らせろよ（物事をスケジュールどおりに進めろよ）」というのが口癖だった）。グーグルCEOのサンダー・ピチャイはこう振り返る。「ビルは常に優れた経営を意識していた」と。根っこにあったのは、ビルの一見控えめなモットーだ。「日々進歩する」。これほど難しく、またこれほどやりがいのある目標はないだろう。

コーチはグーグルで毎週月曜日に開かれる幹部会議の〝陰の枢機卿〟だった。非公式な取締役会長と言ってもいいだろう。それと同時に、アップルの取締役会の筆頭社外取締役でもあった。ふつうの人なら利益相反だと思うかもしれない。スティーブ・ジョブズはこれを許せなかった。特にiPhoneを脅かすアンドロイドが登場したときはそうだった。アップルを選び、グーグルを去ってほしいと繰り返し迫ったが、ビルは断った。「スティーブ、私はグーグルを技術面で支援しているわけじゃない。HTMLの綴りすらわからないぐらいだ。彼らが日々、より良い会社になるのを支援しているだけだよ」と。それでもスティーブが譲らないと、コーチはこう言った。「私に選ばせないでくれ。君の喜ぶような結果にはならないから」。それでスティーブは折れた。コーチは彼が本音で話せる唯一の相手だったからだ（エリック・シュミットは《フォーブス》誌のインタビューにこう語っている。「ビルはスティーブ・ジョブズの支えだった。メンターであり、友人であり、庇護者であり、インスピレーションの源だった。スティーブは誰よりもビルを信頼していた[3]」）。

コーチは自分で認めるよりかなり技術には詳しかったが、決して偉大な技術者あるいはプロダクト開発者ではなかった。しかしリーダーシップ、経営陣や従業員の意欲を引き出す方法、そして社員がプロセスに潰されないようにする方法については圧倒的な知識があった。誰かが不当な仕打ちを受けているのを見ると、すかさず電話を取ってCEOに連絡した。「これはプロセス・エラーだ」と。そしてすぐに是正した。

ビジネスの場に愛を持ち込むのは良くないとされる。しかし愛こそがビルの最大の武器だった。インテュイットで彼が会議室に入ってくると、全員の顔がパッと明るくなる様子は今も私の目に焼きついている。ときに愛は憎まれ口のかたちをとることもあった（みすぼらしいセーターを着ていると、「便所で取っ組み合いでもして奪ってきたか？」と声をかけられたりする）。それでもコーチはいつも自分のことを気にかけてくれていると思えた。いつも自分の味方なのだ、いつでもチームの力になってくれる、と。愛と歯に衣着せないフィードバックを同時に伝えられるリーダーはなかなかいない。ビル・キャンベルは厳しいコーチだったが、いつも選手の味方だった。

誰よりも家族を大切にした。娘のマギー（と私の娘のメアリー）のソフトボールのコーチをしているときが最高に幸せそうだった。どれほど重要な会議があろうとも、午後3時20分きっかりにフィールドに立った。試合が6回に入っても、決して携帯電話を見るなど注意散漫になることはなかった。常に１００％集中していた。そういう場での彼はまさに輝いていた。

病気がわかってからも、ビルはコーチをやめなかった。私がクライナー・パーキンスの会長になると決めたとき、背中を押してくれたのは彼のアドバイスだった。娘が2人とも大学に進んで家を出たので、ちょうど良いタイミングだった。私が仕事のペースを落とすつもりも、「名誉職」に収まるつもりもないことは、コーチにはわかっていた。最高の起業家を発掘し、資金を出し、事業を拡大しながらすばらしいチームを作っていくのを支援する。自分が心から愛するこの仕事に一段と邁進するために、私は新たな立場を引き受けた。それは私にとって、次の世代のリーダーとパートナーのための選手兼任監督になるチャンスだった。ビルをロールモデルとして。

亡くなる数カ月前、クライナーのパートナーであるランディ・コミサーとのポッドキャストで、コーチはこう語った。

「私は常に問題解決に参画したいと思ってきた。（中略）われわれにとって一番大切なのは人だ。彼らが成長できるように、手を尽くさなければならない」[4]

ビルはもういない。だが何百人という弟子たち、長年ビルがコーチングしてきた経営者たちにとって、その教えは今も生きている。われわれは今も成長するために努力を続けている。

コーチ、あなたは今も私の心のなかにいる。みんなの心のなかに。

２０１８年４月

ジョン・ドーア

コーチ、ビル・キャンベル。2013年撮影

参考資料①

グーグルのOKR実践マニュアル

グーグルほどOKRの実践経験が豊富な組織はない。グーグルは成長にともない、定期的にOKRのガイドラインとテンプレートを見直してきた。ここで紹介する内容は、グーグルの許可を得て同社の社内資料を抜粋したものだ（注：これはあくまでもグーグル流のOKRであり、みなさんのやり方は、当然違ってくるはずだ）。

グーグルでは大きなことを考えてもらいたい。壮大な目標を伝え、測定し、達成するために使うのが「目標と主要な結果（OKR）」というプロセスだ。

われわれの行動がグーグルの未来を決める。検索、クローム、アンドロイドなど、全社員のほんの数％が野心的な共通の目標に向かって力を合わせることで、2年も経たずに成熟産業を根本的に変えたのを、われわれは幾度も目の当たりにしてきた。このためグーグルの社員やマネジャーが個人レベルとチームレベルで、自らの時間とエネルギーをどのように配分するかを意識的に、慎重に、賢明に選択することがきわめて重要になる。ＯＫＲはこうした慎重な選択の結果であり、組織の大いなる目標に向けて個人の行動のベクトルを合わせる手段だ。

ＯＫＲを使うのは、社員が何を生み出すかを計画し、計画に対する進捗を追跡し、個人とチームの優先事項とマイルストーンを一致させるためだ。また社員が最も重要な目標にフォーカスし、緊急だがそれほど重要ではない目標によって注意が削がれるのを防ぐためにも、ＯＫＲは役立つ。

ＯＫＲは漸進的進歩ではなく、飛躍のための目標だ。だからすべてを達成することは期待しない（すべて達成すれば、それは野心が足りない表れだ）。達成度の評価は色で表示する。

０・０〜０・３＝赤
０・４〜０・６＝黄
０・７〜１・０＝青

効果的なＯＫＲを設定する

ＯＫＲの取り組みや管理の質が低ければ、時間の無駄である。経営陣の空疎なポーズに過ぎない。ＯＫＲをきちんと実施すれば、モチベーション管理の手段となり、チームにとって何が重要なのか、何を最適化すべきか、そして日々の仕事でどのようなトレードオフをすべきかが明確になる。

優れたOKRを書くのは容易ではないが、不可能でもない。次のシンプルなルールを意識してほしい。

目標＝「何を」

- ゴールと意図を表す。
- 野心的だが、現実的である。
- 具体的、客観的で、曖昧さがない。合理的なオブザーバーから見て、目標が達成されたか否かが明白でなければならない。
- 目標の達成は、グーグルに明確な価値をもたらす。

主要な結果＝「どのように」

- 測定可能なマイルストーン。それを達成することが、目標達成につながる。
- 活動ではなく、成果を書く。「相談する」「分析する」「参加する」といった言葉が含まれているなら、それは活動である。そうではなく、そうした活動がエンドユーザーにもたらす影響を書く。たとえば「グーグル・ファイル・システム『コロッサス』のレイテンシーを評価する」ではなく、「3月7日までに『コロッサス』のセル6つの平均レイテンシーとテール・レイテンシーの測定値を公表する」と書かなければならない。

- 完了のエビデンスを明記する。このエビデンスは入手可能で信頼性があり、簡単に確認できるものでなければならない。たとえば変更リスト、文書や記録へのリンク、公表された指標のレポートなど。

チーム横断的OKR

グーグルの重要プロジェクトの多くは、異なるグループの協力を必要とする。OKRはこのような協力を促すものであることが望ましい。チーム横断的OKRは、そこに積極的に関与すべきチームをすべて含むこと。また各チームは求められる貢献を達成するためのOKRを設定する。たとえば新たな広告サービスを実現するために、広告開発、広告SRE、ネットワーク・デプロイメントの各チームが協力する必要があれば、3つのチームはそれぞれプロジェクトにおいて果たすべき役割に関するOKRを設定すべきである。

「コミットするOKR」vs「野心的OKR」

OKRには2種類があり、両者を区別することが重要である。

「コミットするＯＫＲ」とは、組織として必ず達成すると決め、確実に達成されるようにスケジュールやリソースを積極的に調整するものである。

・コミットするＯＫＲに期待される評点は１・０である。１・０未満であった場合には原因を究明する。それは計画か執行（あるいはその両方）に誤りがあったことを示すからだ。

一方、「野心的ＯＫＲ」とは、われわれが実現したい世界を描くものだ。どうすればそこに到達できるのか、そのＯＫＲを達成するのにどれほどのリソースが必要か、まるでわからなくても構わない。

・野心的ＯＫＲに期待される平均評点は０・７だが、変動幅は大きい。

ＯＫＲを作成する際の落とし穴

落とし穴①　コミットするＯＫＲと野心的ＯＫＲを区別できない

・コミットするＯＫＲにすべき項目を、野心的ＯＫＲとすることで、未達の可能性が高まる。チームはまじめに取り組もうとせず、このＯＫＲの達成にフォーカスするために他の優先項目を調整しようとしなくなる。

・反対に、野心的ＯＫＲをコミットするＯＫＲにしてしまうと、それを達成する方法を見いだせないチームが守りに入る懸念がある。また野心的ＯＫＲにフォーカスするために、コミットするＯＫＲの人員が不足するなど、優先順位の逆転を招くこともある。

落とし穴②　通常業務をＯＫＲとする

・チームが自分たちにとって本当に必要なことや顧客にとって重要なことではなく、現在のやり方を一切変えずに達成できそうなことをＯＫＲにすることも多い。

落とし穴③　弱気な野心的ＯＫＲ

・野心的ＯＫＲは、現状を起点とするものが多い。つまり「今より少し人手が増えて、少し幸運に恵まれたら何ができるか」と考えるのだ。そうではなく、もっと好ましいやり方は「もし制約がほとんどなかったら、数年後、われわれ（あるいは顧客）の世界はどう変わっているだろうか」と考えるのだ。そもそも野心的ＯＫＲは、設定した時点でどうすれば達成できるかはわからないものだ。それが野心的と呼ばれるゆえんである。ただ目標を明確にし、明文化しなければ、絶対に達成することはない。

・リトマステスト：顧客に本当の要望を尋ねたとしたら、野心的目標はそれを叶える、あるいは上回るものだろうか？

落とし穴④　力の出し惜しみ

・チームのコミットするOKRには、入手可能なリソースの大部分を割くべきだが、全部ではない。コミットするOKRと野心的OKRを合わせると、入手可能なものをやや上回るリソースが必要になるはずだ（そうでなければ、すべてコミットする目標ということになる）。

・チームが人員や資金のすべてを費やさずに、すべてのOKRを達成できる場合、リソースをため込んでいるか、チームが限界に挑戦していない、あるいはその両方と見なされる。これは経営上層部から見ると、人員やリソースをもっと有効活用しそうなグループに再配分すべきだというサインになる。

落とし穴⑤　価値の低いOKR（＝「どうでもいい」OKR）

OKRは明確な事業価値を約束するものでなければならない。そうでなければ、そのためにリソースを割く理由がない。価値の低いOKRとは、たとえ1・0の評点で達成されたとしても、誰も気づかない、あるいは気にしないものである。

・典型的な（そして設定したくなる）価値の低いOKRの例。「タスクCPU使用率を

3％増やす」。この目標自体はユーザーにもグーグルにも直接的恩恵をもたらさない。ただ（これと関連性があると思われる）「品質やレイテンシーを一切変えずにクエリ実行のピーク時に使用されるコアを3％減らし、生じた余剰コアをフリープールに戻す」という目標には、明確な経済価値がある。こちらはすばらしい目標だ。

・リトマステスト：そのOKRは合理的に考えて、1・0の評点を得ても、エンドユーザーへの直接的価値あるいは経済的恩恵をもたらさない可能性があるか。その可能性があるなら、具体的恩恵にフォーカスするようにOKRの文言を修正する。たとえば明確な成功の基準を示さずに「Xを開始する」というのは悪い例、「BORGセルの90％以上でXを開始し、フリート全体のYを倍増する」が良い例だ。

落とし穴⑥　コミットする目標に対して、「主要な結果」が不十分

・OKRは望ましい成果（目標、O）と、その成果を達成するのに必要な測定可能なステップ（主要な結果、KR）に分かれる。すべてのKRで1・0の評点が得られれば、目標も1・0の評点が得られるようにKRを作成することが重要である。

・よくある失敗は、目標達成に対してKRが全体として「必要不十分」であることだ。この失敗が起こりやすいのは、チームが「困難な」KRを完了するのに必要なコミットメント（リソース、優先順位、リスク）を避けようとするからだ。

・この落とし穴が特に有害なのは、目標達成に必要なリソースの特定を遅らせるだけ

でなく、目標が予定どおりに達成されないリスクの発覚も遅らせるためだ。

•リトマステスト：すべてのＫＲで１・０の評点を得ても、目標の意図が達成されない可能性があるか。その場合はＫＲを完了すれば目標も確実に達成されるように、ＫＲを追加・修正する。

ＯＫＲを読み、解釈し、実行する

コミットするＯＫＲ

•チームには期限までに１・０の成果を確実に達成できるように、他の優先事項を調整することが求められる。

•コミットするＯＫＲで１・０を達成できそうにないチームは、速やかに上申しなければならない。**これは重要なポイントである。**この状況において、上申するのは適切であるというより必須である。問題が生じたのがＯＫＲをめぐる意見の相違のためか、優先順位についての意見の相違のためか、あるいは十分な時間、人員、リソースを配分できないためかにかかわらず、上申すべきである。それによってチームを管理する立場にある人々が、対策を検討し、対立を解決することができる。

当然ながら：新たなＯＫＲを設定すれば、常にある程度の上申が必要になる可能性が高い。というのも、それによって既存の優先事項やコミットメントを変更せざるを得なくなるからだ。チームの活動を何も変更する必要のないOKRというのは、通常業務であり、新しいものではないはずだ（それまで明文化されていなかったかもしれないが）。

・コミットするOKRで、期日までに1・0を達成できなかったら、必ず事後分析をする。チームを処罰することが目的ではない。OKRの計画段階や執行段階で何が起きたかを理解し、今後チームがコミットするOKRで確実に1・0を達成する能力を身につけるためだ。

・コミットするOKRは、さまざまな分野で目標達成を支えてきた。四半期SLA（サービス内容合意書）を満たすこと、インフラシステムの新たな機能や改良を期日までに完成すること、一定量のサーバーを一定のコストで製造・納品することなどだ。

野心的OKR

・野心的OKRは、特定の四半期のチームの業務遂行能力を超えるはずだ。チームのメンバーはOKRの優先順位を参考に、コミットする目標を達成した後に残された時間を何に使うかを判断する。一般的に優先順位の高いOKRを、優先順位の低いOKRより先に完了させるべきだ。

・野心的OKRと関連する優先事項は、完了するまでチームのOKRリストに残し、必要ならば次の四半期へと引き継いでいく。進捗がないのを理由に、リストから削除するのは間違いである。それでは優先順位のつけ方、リソースの配分、あるいは問題や解決策の理解の欠如といった根深い問題にフタをすることになるからだ。

当然ながら：特定の野心的ＯＫＲについて、現在の担当チームより他のチームのほうが達成するための専門知識や能力を備えているならば、そのチームのＯＫＲリストに移管するのは構わない。

• マネジャーにはチームの野心的ＯＫＲの達成に必要なリソースを評価すること、そして四半期ごとにそれを要求することが求められる。既知のニーズを組織に報告するのはマネジャーの義務である。ただその野心的ＯＫＲの優先順位が、組織がコミットするＯＫＲに次ぐものでないかぎり、要求したリソースがすべて与えられると期待すべきでない。

追加のリトマステスト

以下はみなさんのＯＫＲが優れたものか判断するための簡単なテストである。

• そのＯＫＲを書くのに５分もかからなかったら、おそらく良いものではない。じっくり考えよう。
• 目標が１行に収まっていないなら、十分簡潔とは言えない。
• ＫＲにチーム内でしか通じない用語（「Ｆｏｏ４・１を開始」など）が含まれていた

ら、おそらく良いものではない。重要なのは何かを開始することではなく、その影響度である。なぜ「Ｆｏｏ４・１」は重要なのだろうか？「登録者を25％増やすためにＦｏｏ４・１を開始する」のほうが良い。あるいはシンプルに「登録者を25％増やす」でもいい。

- 具体的日付を使う。すべてのＫＲの期日が四半期の最終日となっているのは、まともな計画がない証拠だろう。
- 「主要な結果」は必ず測定可能なものにする。四半期末に客観的に評点を付けられるようでなければならない。「登録者を増やす」はＫＲとして不出来だ。「５月１日までに１日あたりの登録者数を25％増やす」のほうがいい。
- 指標に曖昧さがないこと。「ユーザー１００万人」では、延べ人数か、それとも「７日間のアクティブユーザー数」かわからない。
- ＯＫＲに含まれていないが、チームにとって重要な活動（あるいは活動の一部）があれば、ＯＫＲを追加する。
- 規模が大きい組織では、ＯＫＲを階層式にする。チーム全体のハイレベルなＯＫＲと、サブチームごとのより詳細なＯＫＲだ。「水平的ＯＫＲ（複数のチームが関与するプロジェクト）」では、各サブチームにそれを支える「主要な結果」を割り振る。

参考資料②

標準的なOKRサイクル

「OKRを会社レベル、チームレベル、コントリビューターレベルで設定すると想定する（大企業ではさらに階層が増える可能性もある）」

四半期が始まる4〜6週間前	**年間および四半期の会社全体のOKRをブレーンストーミング** 経営幹部は最上位のOKRのブレーンストーミングを開始する。第1四半期OKRを設定するときに、年間計画も設定する。それによって会社の方向性が明確になる。
四半期が始まる2週間前	**年間および四半期の会社全体のOKRを伝達** 会社全体のOKRを完成し、全員に伝達する。
四半期の開始時点	**四半期のチームOKRを伝達** 会社全体のOKRに基づき、各チームがそれぞれのOKRを作成し、ミーティングで共有する。
四半期が始まって1週間後	**従業員が四半期OKRを共有** チームOKRが伝達された1週間後、コントリビューターがそれぞれのOKRを共有する。これはコントリビューターとマネジャーの話し合いを要することもある（通常は個人面談のかたちをとる）。
四半期を通じて	**従業員による結果の追跡と報告** 四半期を通じて、コントリビューターは自らの進捗を測定し、共有する。この間、定期的にマネジャーに報告する。四半期を通じてコントリビューターは、自分のOKRを完遂できる可能性を定期的に評価する。完遂が難しそうなら、OKRを再調整する必要があるかもしれない。
四半期の終わり頃	**従業員による四半期OKRの振り返りと評点** 四半期の終わり頃、コントリビューターは自分のOKRを採点し、自己評価を実施し、自分の業績を振り返る。

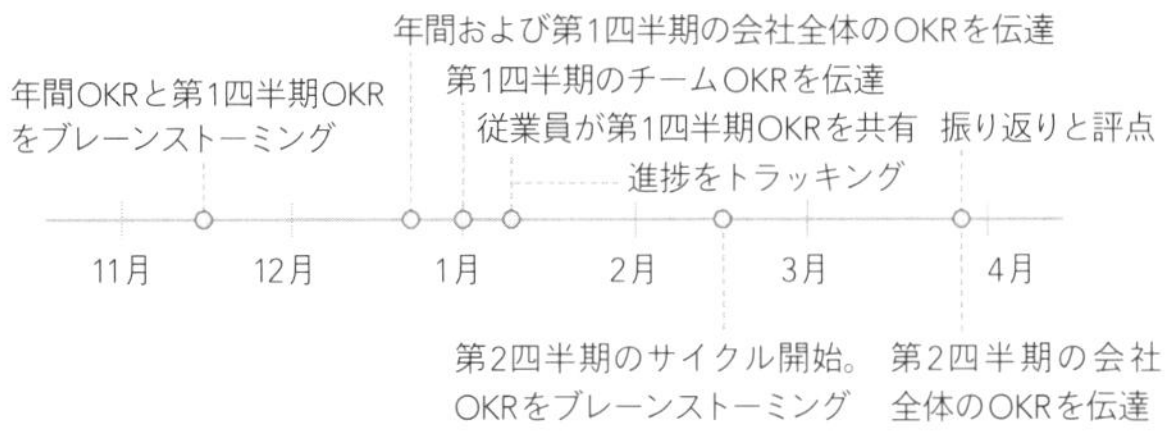

参考資料③

パフォーマンスを話し合う

継続的パフォーマンス管理は2部構成のプロセスだ。第1部はOKRの設定、第2部は組織のニーズに合わせた定期的かつ継続的な対話であり、両者は密接に絡み合っている。

目標の計画と振り返り

この対話を円滑に進めるため、マネジャーはコントリビューターに次のように問いかけるとよい。

- 君の職務のため、チームのため、会社のために最大の価値を生み出すには、どのOKRにフォーカスすべきだと思う?
- ここに挙げたOKRのうち、組織の主要な取り組みと方向性が一致しているのはどれだろう?

進捗報告

コントリビューターの話を引き出すため、マネジャーは次のような問いを投げかけるとよい。

- 君のＯＫＲの進み具合はどうだい？
- ＯＫＲの達成に欠かせない能力はどんなものだろう？
- 目標達成を阻害する要因はあるかい？
- 優先事項の変化を受けて、修正、追加、あるいは削除が必要なＯＫＲはあるかい？

マネジャー主導のコーチング

この対話の準備として、マネジャーは以下の問いを検討しておく。

- 私が部下に常に期待する行動や価値観とはどのようなものか。
- 私が部下に新たに身につけてほしい、あるいはやめてほしい行動や価値観とはどのようなものか。
- 部下の能力を最大限引き出すために、私はどんなコーチングをすべきか。
- 対話のなかで、マネジャーはこんな質問をしてもよい。

仕事のうち、一番楽しいと感じるのはどの部分だい？

君の任務でどこか変えたいところはあるかな？

部下から上司へのフィードバック

コントリビューターから率直な意見を引き出すには、マネジャーは次のように問いかけるとよい。

- 私は何か君の役に立つことをしているかな？
- 君が能力を発揮するのを、私が妨げている部分はあるかい？
- 君がもっと能力を発揮できるように、私に何かできることはあるかい？

キャリア形成

コントリビューターのキャリア形成にまつわる夢や志を引き出すため、マネジャーは次のような質問をするとよい。

- 現在の任務でさらに活躍するため、どんな技能や能力を身につけたい？
- 君のキャリア目標を達成するために、どの分野を伸ばしたい？
- 未来の任務に向けて、どんな技能や能力を身につけたい？
- 学習、成長、発展という視点で、君が目標を達成するうえで私や会社はどんな支援をできるだろう？

パフォーマンス面談への準備

コントリビューターとパフォーマンス面談をする前には準備が必要だ。具体的には、マネジャーが考えておくべき点は以下のとおりだ。

- 対象期間中のコントリビューターの最も重要な目標と責任は何だったのか。
- コントリビューターのパフォーマンスはどうだったか。
- コントリビューターのパフォーマンスが期待以下であるなら、どう軌道修正すべきか。
- コントリビューターのパフォーマンスが良好あるいは期待以上である場合、どうすれば燃え尽きを防ぎつつ、高いパフォーマンスを維持させられるだろうか。
- コントリビューターはどんなときに最も意欲的に仕事に打ち込むか。
- コントリビューターはどんなときに最も意欲を削がれるか。
- このコントリビューターの職務における最大の強みは何か。
- どんな学習機会を与えると、コントリビューターにとってプラスなのか。
- これからの半年間で、コントリビューターは何にフォーカスすべきか。現在の役職の期待水準に達することか。現在の役職で最大限の貢献をすることか。あるいは新たなプロジェクト、責任範囲の拡大、新たな役職など次の機会に備えることか。

コントリビューターの側もパフォーマンス面談に向けて準備すべきである。具体的には、次のような点を自問しておきたい。

- 私は順調に目標を達成しつつあるか。
- 私は新たな機会を見つけただろうか。
- 私は自分の仕事が会社全体のマイルストーンとどう結びついているかを理解しているか。
- 私はマネジャーに何をフィードバックすべきか。

参考資料④

まとめ

OKRの4つの威力
1　優先事項にフォーカスし、コミットする
2　アラインメントと連携がチームワークを生む
3　進捗をトラッキングし、責任を明確にする
4　驚異的成果に向けてストレッチする
継続的パフォーマンス管理
文化の重要性

優先事項にフォーカスし、コミットする

- 組織に適したOKRのサイクルを設定する。私は四半期OKR（短期的目標）と年

間ＯＫＲ（長期的戦略と結びついたもの）を並行して使うダブルトラック方式を推奨する。

- 実施するうえでの問題点を解決し、またリーダーのコミットメントを強めるため、ＯＫＲは段階的に、まずは経営上層部から導入する。ＯＫＲが順調にまわりはじめてから、個々のコントリビューターを招き入れるようにする。
- すべての個人が各サイクルで最も重要なことを選ぶように目を光らせる「ＯＫＲの番人」を任命する。
- 1サイクルあたり3～5個の全体目標（**絶対に達成すべきこと**）にコミットする。ＯＫＲが多すぎると、人々の努力が希薄化して散漫になる。ＯＫＲに振り向ける能力を増やすため、**しないこと**を決め、それに応じて業務を廃止、延期、縮小する。
- ＯＫＲを選ぶ際には、圧倒的なパフォーマンス向上に最も効果的なものを探す。
- 組織のミッション・ステートメント、戦略、あるいは経営陣が選んだ大きなテーマのなかから、最上位のＯＫＲの素材を探してくる。
- 特定部門の目標の重要性を明確にし、他部門からも支援を得たいなら、それを全社のＯＫＲに昇格させる。
- 1つの目標に対し、最大でも5つの、測定可能で曖昧さのない、期限が明確に区切られた「主要な結果」を決める。それは目標を**どのように**達成するかを示すものだ。すべての「主要な結果」を完了すれば、目標が達成されるはずだ。

- バランスと品質管理のため、質的な「主要な結果」と量的な「主要な結果」を組み合わせる。
- 特に注目すべき「主要な結果」がある場合は、それを1～2サイクルのあいだ目標に昇格させる。
- OKRが成功するうえで最も重要な要素は、組織のリーダーがそれを信じ、支持することである。

アラインメントと連携がチームワークを生む

- 社員に彼らの目標がどのようにリーダーのビジョンや会社の最優先事項と結びついているかを示し、インセンティブを与える。現場からCEOまでの目標が公開された透明性の高い環境は、優れた経営を実現する近道となる。
- 全社員ミーティングの場で、なぜ組織にとってOKRが重要か説明する。それを自分でも聞き飽きたと思うぐらい繰り返す。
- OKRの運用において、トップが設定した最上位目標を段階的に下ろしていくかたちをとるとき、「主要な結果」については最前線のコントリビューターと意見交換をする。イノベーションは会社の中心より、端っこで起こりやすい。
- ボトムアップのOKRの割合を健全な水準に保つ。おおよそ半分が望ましい。

- ＯＫＲを水平的に共有することでチーム同士を結びつけ、部門ごとの縦割りを崩す。部門横断的な組織運営は迅速かつ一貫性のある意思決定を可能にし、競争優位を確立する土台となる。
- 部門を超えた相互依存関係を可視化する。
- ＯＫＲを改定あるいは廃止するときは、必ずすべての利害関係者に知らせる。

進捗をトラッキングし、責任を明確にする

- 責任を明確にする文化を醸成するために、継続的な評価の更新と、正直で客観的な採点を制度化する。それをトップから始める。リーダーが自らの誤りを率直に認めれば、コントリビューターも健全なリスクを取りやすくなる。
- 外的報酬より、成果を示すオープンで具体的な指標によってコントリビューターの意欲を高める。
- ＯＫＲをタイムリーで妥当なものにするため、番人を任命し、定期的な確認と進捗報告を徹底させる。頻繁な状況確認によって、チームも個人も機敏に軌道修正したり、速く失敗できるようになる。
- 高いパフォーマンスを維持するため、コントリビューターとマネジャーの週１回のＯＫＲ個人面談と、月１回の部門会議を開くことを奨励する。

- 状況変化に応じて、たとえサイクルの途中でもOKRの見直し、追加、削除は行って構わない。目標は石碑に刻まれているわけではない。すでに妥当性を失った、あるいは達成不可能となった目標に頑なにしがみつくのは非生産的である。
- サイクルが終わったら、OKRの評点と主観的な自己評価の結果をもとに、パフォーマンスを評価する。成果を称え、未来に向けた改善計画を立てる。次のサイクルに進む前に、ひと呼吸おいて終わったサイクルで自らが成し遂げたことを振り返り、達成感を味わおう。
- OKRを常に適宜適切な状態にしておくために、自動化されたクラウドベースの専用プラットフォームに投資する。OKRに最適なのは、公開型、コラボレーション型のリアルタイムな目標設定システムである。

驚異的成果に向けてストレッチする

- サイクルが始まる時点で、100％達成しなければならない目標（コミットするOKR）と、社運を賭けた大胆な目標（BHAG、野心的OKR）をはっきりと区別する。
- 個人が悪い評価を恐れず、のびのびと失敗できる環境を創る。
- 問題解決を促し、社員をすばらしい成果に駆り立てるために、たとえ四半期目標の一部が未達に終わるリスクがあっても野心的目標を設定する。ただ、ＯＫＲがどう見ても非現実的なものにならないように、目標を高くしすぎるのも避ける。成功できないことがわかりきっていると、社員の士気は下がる。
●生産性の飛躍的向上やイノベーションを実現するため、グーグルの「10倍主義」を見習い、漸進的ＯＫＲは飛躍的ＯＫＲに差し替えよう。それが産業の破壊的変化やジャンルの再活性化につながる。
●組織の文化に合致するストレッチＯＫＲを考案する。会社にとって最適な「ストレッチ」の度合いは、事業上のニーズに応じて時間とともに変化する可能性がある。
●チームがストレッチＯＫＲを達成できなかった場合、それがまだ妥当性を失っていなければ、次のサイクルでも継続するか検討する。

継続的パフォーマンス管理

●小さな問題が大きな問題に発展する前に解決するため、そして苦戦しているコントリビューターに適宜必要な支援を与えるため、年次パフォーマンス管理から継続的パフォーマンス管理に移行する。
●未来志向のＯＫＲと過去を振り返る年次勤務評定を切り離すことで、野心的目標設定を促す。目標達成をボーナスと結びつけると、力の出し惜しみやリスク回避行動につながる。

- 社員の相対評価や順位づけをやめ、透明性の高い、強みに主眼を置く多面的な評価基準に基づくパフォーマンス評価を導入する。数字だけを見ず、コントリビューターのチームプレー、コミュニケーション能力、野心的に目標設定をしているかを評価する。
- 金銭的インセンティブに頼るのではなく、有意義な仕事や成長の機会を与えて内的モチベーションを引き出す。後者のほうがずっと強力だ。
- パフォーマンスの向上を促すため、体系的目標設定と併せて継続的CFR（対話、フィードバック、承認）を実施する。透明性の高いOKRによって、具体的かつ有益なコーチングが可能になる。継続的CFRは日々の業務の質を高め、真の協業を促す。
- パフォーマンスを高めるためのマネジャーとコントリビューターの面談では、コントリビューターに議題を決めさせる。マネジャーの務めは学習とコーチングである。
- パフォーマンス・フィードバックは組織図に縛られず、双方向性があるのが望ましい。適宜さまざまな方向から集まるようにする。
- 特定の業務や組織全体の士気を測るため、組織の「パルス」をとるリアルタイムの意識調査を活用する。
- 部門横断的OKRと組み合わせてピア・トゥ・ピア・フィードバックを実施し、チームや部門間のつながりを強化する。

● 社員のエンゲージメントとパフォーマンスを高めるため、互いの優れた働きを認める仕組みを創る。効果を最大限引き出すため、承認は頻繁に、具体的に、目立つかたちで行い、最上位ＯＫＲとの関連性を明示する。

文化の重要性

● 最上位のＯＫＲは、組織のミッション、ビジョン、最も重要な価値観と一致させる。

● 文化的価値観を言葉で、そして何より行動で示す。

● 協力と責任の明確化によって、最高のパフォーマンスを引き出す。ＯＫＲにグループとして取り組む場合、「主要な結果」を個人に割り当て、責任を持って取り組ませる。

● モチベーションの高い文化を醸成するため、ＯＫＲという「触媒」（業務を支援する活動）とＣＦＲという「栄養」（個人間の支え合い、ちょっとした親切な行為）のバランスを保つ。

● ＯＫＲは透明性、明快さ、目的意識、そして全体像を見る姿勢を促すためにある。ＣＦＲは前向きさ、情熱、ストレッチ思考、そして日々の改善を促すためにある。

● ＯＫＲを**導入する前に**解決すべき文化的障害がないか、特に説明責任と信頼の面で組織に問題がないか注意する。

参考文献

アンディ・グローブとインテル

● アンドリュー・S・グローブ『HIGH OUTPUT MANAGEMENT（ハイアウトプットマネジメント）――人を育て、成果を最大にするマネジメント』（小林薫訳、日経BP、2017年）

● リチャード・S・テドロー『アンディ・グローブ（上・下）』（有賀裕子訳、ダイヤモンド社、2008年）

● マイケル・マローン『インテル――世界で最も重要な会社の産業史』（土方奈美訳、文藝春秋、2015年）

文化

● ダグ・シードマン『人として正しいことを』（近藤隆文訳、海と月社、2013年）

● シェリル・サンドバーグ『LEAN IN（リーン・イン）――女性、仕事、リーダーへの意欲』（村井章子訳、日本経済新聞出版社、2013年）

● *Radical Candor: Be a Kick-Ass Boss Without Losing Your Humanity*, by Kim Scott

ジム・コリンズ

● ジェームズ・C・コリンズ『ビジョナリーカンパニー2　飛躍の法則』（山岡洋一訳、日経BP、2001年）

●ジム・コリンズ、モートン・T・ハンセン『ビジョナリーカンパニー4　自分の意志で偉大になる』（牧野洋訳、日経BP、2012年）

ビル・キャンベルとコーチング

●*Playbook: The Coach –Lessons Learned from Bill Campbell*, by Eric Schmidt, Jonathan Rosenberg, and Alan Eagle (forthcoming)
●*Straight Talk for Startups: 100 Insider Rules for Beating the Odds*, by Randy Komisar

グーグル

●エリック・シュミット、ジョナサン・ローゼンバーグ、アラン・イーグル『How Google Works（ハウ・グーグル・ワークス）――私たちの働き方とマネジメント』（土方奈美訳、日本経済新聞出版社、2017年）
●ラズロ・ボック『ワーク・ルールズ！――君の生き方とリーダーシップを変える』（鬼澤忍・矢羽野薫訳、東洋経済新報社、2015年）
●スティーブン・レヴィ『グーグル　ネット覇者の真実――追われる立場から追う立場へ』（仲達志・池村千秋訳、CCCメディアハウス、2011年）

OKR

●www.whatmatters.com
●クリスティーナ・ウォドキー『OKR（オーケーアール）――シリコンバレー式で大胆な目標を達成する方法』（二木夢子訳、日経BP、2018年）

謝辞

本書の編集を終えた今、感謝の念でいっぱいだ。まず私たちの可能性を最大限に引き出すアンディ・グローブの手法を受け継ぐことができたのは、非常に幸運だった。優れた企業家、リーダー、チームがそれを使って夢をかなえようとする姿を見られたことも。またリスクを取る者が報われる、アメリカというすばらしい国家にも感謝している。それを当然と思ったことはない。

そして何より読者のみなさんの関心、エンゲージメント、フィードバックに感謝している。ぜひ感想をメールでお寄せいただきたい（john@whatmatters.com）。

本書が形になったことで、勝利するには良い仲間が必要だという私の信念が改めて確認できた。構想段階から最終プロダクトに至るまで、支えつづけてくれたポートフォリオ・ペンギンのみなさん。本書の可能性を見抜いてくれた発行人のエイドリアン・ザックハイム。大変な苦労を乗り越え、しかもユーモアを忘れずにいてくれた最高の編集者であるステファニー・フレリッチ。そしてタラ・ジルブライド、オリビア・ペルーゾ、ウィル・ワイザーにも感謝している。そしてエージェントのミルシニ・ステファニズ、弁護士のピーター・モルデーブにも感謝している。貴重な洞察と意見を提供してくれた有能で多才なライアン・パンチャドサラムにも。信じられないくらい多忙なスケジュールのなか、本書の草稿を読み、改善のための貴重なフィードバックを与えてくれた多くの方々には特に感謝を伝えたい。

まずはビン・ゴードン。ビンは私にデブラ・ラダボーを紹介してくれ、そのデブラが〝コーチ〟キャンベルを紹介してくれた。

グーグルでのＯＫＲの実践について多くの優れた考察をまとめ、グーグルの「ストレッチ」のケーススタディに目を向けさせてくれたジョナサン・ローゼンバーグに感謝する。

目標、継続的パフォーマンス管理、文化に関する優れた思想的リーダーであるラズロ・ボックと、文化と価値観に関する知見を提供してくれた偉大な経営思想家、ダヴ・シードマンにお礼を言いたい。

トム・フリードマン、ローレン・パウエル・ジョブズ、アル・ゴア、ランディ・コミサー、シェリル・サンドバーグは、すばらしい頭脳と温かいハートを備えた友人たちで、それぞれのユニークな価値観とチームや組織を創りあげる知恵を共有してくれた。

ジム・コリンズの経営書は私の愛読書であり、そのデータ・ドリブンで明快な思想は、本書を書くうえで大きな目標となった。ジムの画期的業績が進むべき道を示してくれたからこそ、本書を書き上げることができた。

非凡な伝記作家であるウォルター・アイザックソンは、本書の構想段階で私の相談相手となり、とても貴重なアドバイスを与えてくれた。

クライナー・パーキンスのパートナーのみなさんにも感謝したい。彼らの起業家に尽くす姿勢は、私を日々奮い立たせてくれる。マイク・アボット、ブルック・バイヤーズ、エリック・フェン、ビン・ゴードン、マムーン・ハミド、ウェン・シエ、ノア・クナウフ、ランディ・コミサー、メアリー・ミーカー、ムード・ロウガニ、テッド・シュライン、ベス・サイデンバーグ。また、スー・ビグリエリ、アリックス・バーンズ、ジュリエット・デボービグニー、アマンダ・ダックワース、ローズ・ジャザイエリ、スコット・ライルズに感謝している。そしてレイ・ネル・ローズ、シンディ・チャン、ノエル・ミラグリアの揺るぎないサポートには特に感謝している。ティナ・ケースは本書に彩りを添える写真を探してくれた。

ＯＫＲの４つの威力と、それを支え、実りある活動とするＣＦＲは、本書の屋台骨と言える。ただＯＫＲとＣＦＲの最新の活用例であるさまざまな企業のインサイド・ストーリーがなければ、本書は味気ないものとなっていたはずだ。だからここで自らの経験を惜しみなく共有してくれた語り手の方々に、心からお礼を言いたい。

まずは過去と現在のゲイツ財団のみなさん。その活動の圧倒的スケールと人命救済へのインパクトには本当に刺激を受ける。ビルとメリンダ、パティ・ストーンサイファー、ラリー・コーエン、ブリジット・アーノルド、シルビア・マシューズ・バーウェル、スーザン・デズモンド・ヘルマン、マーク・サズマン、アンクール・ボラ、ありがとう。みなさんの活動のすばらしい成果もぜひ本にまとめてほしい。

そして疾病、貧困、汚職との世界規模の聖戦を繰り広げてきた、アイルランドの生んだ偉大なるロックスターにお礼を言いたい。ボノ、そして彼とともにONEを設立したジェイミー・ドラモンド、デビッド・レーン、ルーシー・マシュー、ボビー・シュライバー、ゲイル・スミス、ケン・ウェーバーに感謝している。

グーグルの仲間たちにも触れないわけにはいかない。言うまでもなくグーグルを21世紀の体系的目標設定のお手本に育てたのはラリー・ペイジ、セルゲイ・ブリン、エリック・シュミットだ。彼らのOKRに対する意気込みと結果には、アンディ・グローブでさえ一目置いていた。しかし目標設定という福音を世界中に伝えた10万人以上のグーグル社員とOB・OGの功績も見落とすわけにはいかない。特にサンダー・ピチャイ、スーザン・ウォジスキ、ジョナサン・ローゼンバーグ、クリストス・グッドロウに感謝している。またティム・アームストロング、ラジャ・アヤーガリ、ショーナ・ブラウン、クリス・デール、ベス・ダウド、サラー・カマンガー、ウィニー・キング、リック・クラウ、シシャー・メイロトラ、アイリーン・ノートン、ルース・ポラット、ブライアン・ラコウスキ、プラサド・セッティ、ラム・シュリラム、エスター・サン、マット・サスカインド、アストロ・テラー、ケント・ウォーカーにも。

インテルの過去と現在のリーダーたちは、その知恵を惜しみなく分け与えてくれた。ゴードン・ムーア、レス・ヴァデス、エヴァ・グローブ、ビル・ダビドウ、デイン・エリオット、ジム・ラリー、そしてケイシー・パウエルに感謝したい。ブライアン・クルザニッチCEO、スティーブ・ロジャース、ケリー・ケリー、そして長年アンディ・グローブのエグゼクティブ・アシスタントを務めたテリー・マーフィーにも感謝している。

リマインドのブレット・コプフ、デビッド・コプフ、ブライアン・グレイ。

ヌナのジニ・キム、デビッド・チェン、カティア・グスマン、ニック・サン、サンジェイ・シバネサン。

マイフィットネス・パルのマイク・リーとデビッド・リー。

インテュイットのアティカス・タイセン、スコット・クック、ブラッド・スミス、シェリー・ホワイトリー、オルガ・ブライロフスキー。

アドビのドナ・モリス、シャンタヌ・ナライェン、ダン・ローゼンスワイグ。

ズームのジュリア・コリンズとアレックス・ガーデン。

コーセラのリラ・イブラヒム、ダフニー・コラー、アンドリュー・ウ、リック・レビン、ジェフ・マジョンカルダ。

ルメリスのアンドリュー・コール、アート・グラスゴー、マイク・ロング。

シュナイダーエレクトリックのエルベ・キュレルとシャロン・アブラハム。

ウォルマートのジョン・ブラザース、ベッキー・シュミット、アンジェラ・クリストマン。

カーン・アカデミーのオリー・フリードマンとサル・カーン。

またOKRを広める運動と本書のために、優れた洞察や意見を寄せ、多大な貢献をしてくれたエキスパートの名前をここに挙げたい。アレックス・バーネット、トレイシー・ベルトレーン、イーサン・バーンスタイン、ジョシュ・バーシン、ベン・ブルックス、ジョン・ブラザース、アーロン・バトカス、アイビー・チョイ、ジョン・チュウ、ロジャー・コーン、アンガス・

デービス、クリス・デプチュラ、パトリック・フォリー、ウーベ・ヒゲン、アーノルド・ハー、トーマス・コルディッツ大将、コーリー・クリーク、ジョナサン・レッサー、アーロン・レヴィ、ケビン・ルイ、デニス・ライル、クリス・メイソン、アメリア・メリル、ディープ・ニシャール、ビル・ペンス、ステファニー・ピメル、フィリップ・ポトロフ、オーレリー・リチャード、デビッド・ロック博士、ティモ・ザルシーダー、ジェイク・シュミット、エリン・シャープ、ジェフ・スミス、ティム・スタッファ、ジョセフ・スズキ、クリス・ビラー、ジェフ・ワイナー、クリスティーナ・ウォドキー、ジェシカ・ウッドール。

ベターワークスのCEO、ダグ・デナーラインと、常に目標を意識しているスタッフのみなさんに感謝する。OKRとCFRの普及に努めるかたわら、自らも日々、仕事において向上しようとしている。

そして私が長年ともに働いてきた、「卓越《エクセレンス》」という言葉を体現するような特別な友人たちにも感謝したい。特にジム・バークスデール、アンディ・ベクトルシャイム、ジェフ・ベゾス、スコット・クック、ジョン・チェンバース、ビル・ジョイ、クル・スリダーに感謝する。またすでに故人となったが、決して私の記憶から消えることのないアンディ・グローブ、ビル・キャンベル、スティーブ・ジョブズ。

本書を形にするうえで、チームの中心的役割を果たし、改めて「実行がすべて」ということを証明してくれたジェフ・コプロンにも心から感謝している。

私がOKRと出会うずっと以前に、父でありヒーローであるルー・ドーアはフォーカス、コミットメント、高い基準、とびきり大きな志（そして「RMA：正しい心のあり方《ライト・メンタル・アティテュード》」）の重要性を教えてくれた。母のローズマリー・ドーアは父の教えを実践する私を常に無条件に支えてくれた。

　そして最後に、妻のアン、娘のメアリーとエスターに尽くせぬ感謝の気持ちを伝えたい。彼女たちの忍耐強さ、励まし、愛のおかげでこの長く困難なプロジェクトを完遂することができた。私に日々、何が一番大切かを思い起こさせてくれる女性たちだ。

10. Josh Bersin, "A New Market Is Born: Employee Engagement, Feedback, and Culture Apps," josh-bersin.com, September 19, 2015.

11. "Becoming Irresistible: A New Model for Employee Engagement," *Deloitte Review*, issue 16.

第18章　文化

1. https://rework.withgoogle.com/blog/five-keys-to-a-successful-google-team.

2. Teresa Amabile and Steven Kramer, "The Power of Small Wins," *Harvard Business Review*, May 2011.

3. この研究はボストン・リサーチ・グループ、南カリフォルニア大学センター・フォー・イフェクティブ・オーガニゼーション、リサーチ・データ・テクノロジーが実施した。

献辞

1. Ken Auletta, "Postscript: Bill Campbell, 1940- 2016," *The New Yorker*, April 19, 2016.

2. Eric Schmidt and Jonathan Rosenberg, *How Google Works* (New York: Grand Central Publishing, 2014)（邦訳『How Google Works』）.

3. Miguel Helft, "Bill Campbell, 'Coach' to Silicon Valley Luminaries Like Jobs, Page, Has Died," *Forbes*, April 18, 2016.

4. 2016年2月2日、ランディ・コミサーとのポッドキャスト。soundcloud.com.

7. "Intel Crush Oral History Panel," Computer History Museum, October 14, 2013.

8. William H. Davidow, *Marketing High Technology: An Insider's View* (New York: Free Press, 1986)（ウィリアム・H・ダビドウ『ハイテク企業のマーケティング戦略』溝口博志訳、ティビーエス・ブリタニカ、1987年）

9. Steven Levy, "Big Ideas: Google's Larry Page and the Gospel of 10x," *Wired*, March 30, 2013.

10. Eric Schmidt and Jonathan Rosenberg, *How Google Works* (New York: Grand Central Publishing, 2014)（邦訳『How Google Works』）.

11. Levy, "Big Ideas."

12. ボックとのインタビューより。

13. Locke and Latham, "Building a Practically Useful Theory of Goal Setting and Task Motivation."

14. 1992年のiOPEC 講義より。

第13章　ストレッチ――グーグル・クロームのケーススタディ

1. Laszlo Bock, *Work Rules!: Insights from Inside Google That Will Transform How You Live and Lead* (New York: Grand Central Publishing, 2015)（邦訳『ワーク・ルールズ！』）.

2. 前掲書。

3. https://whatmatters.com/sophie.

第14章　ストレッチ――ユーチューブのケーススタディ

1. Belinda Luscombe, "Meet YouTube's View-master," *Time*, August 27, 2015.

2. サティア・ナデラが2015年6月25日にマイクロソフトの全従業員に発信したメールより。

第15章　継続的パフォーマンス管理――OKRとCFR

1. "Performance Management: The Secret Ingredient," Deloitte University Press, February 27, 2015.

2. "Global Human Capital Trends 2014: Engaging the 21st Century Workforce," Bersin by Deloitte.

3. www.druckerinstitute.com/2013/07/measurement-yopia.

4. Josh Bersin and BetterWorks, "How Goals Are Driving a New Approach to Performance Management," Human Capital Institute, April 4, 2016.

5. Andrew S. Grove, *High Output Management* (New York: Random House, 1983)（邦訳『HIGH OUTPUT MANAGEMENT』）.

6. "Former Intel CEO Andy Grove Dies at 79," *Wall Street Journal*, March 22, 2016. 私がインテル時代、上司と面談するのは上司が私の仕事ぶりを調べるためではなく、私が「主要な結果」を達成するために上司には何ができるかを確認するためだった。

7. Annamarie Mann and Ryan Darby, "Should Managers Focus on Performance or Engagement?" *Gallup Business Journal*, August 5, 2014.

8. Sheryl Sandberg, *Lean In: Women, Work, and the Will to Lead* (New York: Knopf, 2013)（シェリル・サンドバーグ『LEAN IN――女性、仕事、リーダーへの意欲』村井章子訳、日本経済新聞出版社、2013年）.

9. Josh Bersin, "Feedback Is the Killer App: A New Market and Management Model Emerges," *Forbes*, August 26, 2015.

11. Edwin Locke and Gary Latham, "Building a Practically Useful Theory of Goal Setting and Task Motivation: A 35-Year Odyssey," *American Psychologist*, September 2002.
12. グーグルの元人事オペレーション責任者、ラズロ・ボックとのインタビューより。

第9章　連携する――インテュイットのケーススタディ

1. http://beta.fortune.com/worlds-most-admired-companies/intuit-100000.
2. Vindu Goel, "Intel Sheds Its PC Roots and Rises as a Cloud Software Company," *New York Times*, April 10, 2016.

第10章　OKRの威力③　進捗をトラッキングし、責任を明確にする

1. Teresa Amabile and Steven Kramer, *The Progress Principle: Using Small Wins to Ignite Joy, Engagement, and Creativity at Work* (Boston: Harvard Business Review Press, 2011)（邦訳『マネジャーの最も大切な仕事』）.
2. Daniel H. Pink, *Drive: The Surprising Truth About What Motivates Us* (New York: Riverhead Books, 2009)（ダニエル・ピンク『モチベーション3.0――持続する「やる気!」をいかに引き出すか』大前研一訳、講談社、2010年）.
3. Peter Drucker, *The Effective Executive: The Definitive Guide to Getting the Right Things Done* (New York: Harper & Row, 1967)（P・F・ドラッカー『経営者の条件』上田惇生訳、ダイヤモンド社、2006年）.
4. ドミニカン・ユニバーシティ・オブ・カリフォルニアのゲイル・マシューズの研究より。www.dominican.edu/dominicannews/study-highlights-strategies-for-achieving-goals.
5. Stephen R. Covey, *The 7 Habits of Highly Effective People* (New York: Simon & Schuster, 1989)（スティーブン・R・コヴィー『完訳　7つの習慣』フランクリン・コヴィー・ジャパン訳、キングベアー出版、2013年）.
6. "Don't Be Modest: Decrypting Google," *The Economist*, September 27, 2014.
7. Giada Di Stefano, Francesca Gino, Gary Pisano, and Bradley Staats, "Learning by Thinking: How Reflection Improves Performance," Harvard Business School working paper, April 11, 2014.
8. 前掲論文。

第12章　OKRの威力④　驚異的成果に向けてストレッチする

1. Steve Kerr, "Stretch Goals: The Dark Side of Asking for Miracles," *Fortune*, November 13, 1995.
2. 2016年2月2日、ランディ・コミサーとのポッドキャスト。soundcloud.com.
3. Jim Collins, *Good to Great: Why Some Companies Make the Leap . . . and Others Don't* (New York: HarperCollins, 2001)（ジェームズ・C・コリンズ『ビジョナリーカンパニー2　飛躍の法則』山岡洋一訳、日経BP、2001年）.
4. Edwin A. Locke, "Toward a Theory of Task Motivation and Incentives," *Organizational Behavior and Human Performance* 3, 1968.
5. Edwin A. Locke and Gary P. Latham, "Building a Practically Useful Theory of Goal Setting and Task Motivation: A 35-Year Odyssey," *American Psychologist*, September 2002.
6. Andrew S. Grove, *High Output Management* (New York: Random House, 1983)（邦訳『HIGH OUTPUT MANAGEMENT』）.

代の経営』).
6. Grove, *High Output Management.*
7. Mark Dowie, "Pinto Madness," *Mother Jones*, September/October 1977.
8. 前掲記事。「安全は儲からない」はアイアコッカの口癖だった。
9. Lisa D. Ordóñez, Maurice E. Schweitzer, Adam D. Galinsky, and Max H. Bazerman, "Goals Gone Wild: The Systematic Side Effects of Overprescribing Goal Setting," Harvard Business School working paper, February 11, 2009, www.hbs.edu/faculty/Publication%20Files/09-083.pdf.
10. Stacy Cowley and Jennifer A. Kingson, "Wells Fargo Says 2 Ex-Leaders Owe $75 Million More," *New York Times*, April 11, 2017.
11. Grove, *High Output Management.*
12. 前掲書。
13. 前掲書。

第5章 フォーカスする——リマインドのケーススタディ

1. Matthew Kraft, "The Effect of Teacher-family Communication on Student Engagement: Evidence from a Randomized Field Experiment," *Journal of Research on Educational Effectiveness*, June 2013.

第6章 コミットする——ヌナのケーススタディ

1. Steve Lohr, "Medicaid's Data Gets an Internet-Era Makeover," *New York Times*, January 9, 2017.

第7章 OKRの威力② アラインメントと連携がチームワークを生む

1. ベターワークスが10万個の目標を分析した結果に基づく。
2. Wakefield Research, November 2016.
3. "How Employee Alignment Boosts the Bottom Line," *Harvard Business Review*, June 16, 2016.
4. Robert S. Kaplan and David P. Norton, *The Strategy-Focused Organization: How Balanced Scorecard Companies Thrive in the New Business Environment* (Boston: Harvard Business School Press, 2001).
5. Donald Sull, "Closing the Gap Between Strategy and Execution," *MIT Sloan Management Review*, July 1, 2007.
6. RMSの人事・戦略リーダー、アメリア・メリルとのインタビューより。
7. Laszlo Bock, *Work Rules!: Insights from Inside Google That Will Transform How You Live and Lead* (New York: Grand Central Publishing, 2015)(ラズロ・ボック『ワーク・ルールズ!——君の生き方とリーダーシップを変える』鬼澤忍・矢羽野薫訳、東洋経済新報社、2015年).
8. Andrew S. Grove, *Only the Paranoid Survive: How to Identify and Exploit the Crisis Points That Challenge Every Business* (New York: Doubleday Business, 1996)(アンドリュー・S・グローブ『パラノイアだけが生き残る——時代の転換点をきみはどう見極め、乗り切るのか』佐々木かをり訳、日経BP、2017年).
9. Peter Drucker, *The Practice of Management* (New York: Harper & Row, 1954)(邦訳『新訳 現代の経営』).
10. Andrew S. Grove, *High Output Management* (New York: Random House, 1983)(邦訳『HIGH OUTPUT MANAGEMENT』).

17. *Fortune*, March 15, 2017.

第2章　OKRの父

1. 私が出席した講義の記録は残っていないが、その3年後にグローブが行った同じような講義の録画を発見できた。この発言はその録画から引用している。

2. Frederick Winslow Taylor, *The Principles of Scientific Management* (New York and London: Harper & Brothers, 1911)(フレデリック・W・テイラー『新訳　科学的管理法――マネジメントの原点』有賀裕子訳、ダイヤモンド社、2009年).

3. Andrew S. Grove, *High Output Management* (New York: Random House, 1983)(アンディ・S・グローブ『HIGH OUTPUT MANAGEMENT――人を育て、成果を最大にするマネジメント』小林薫訳、日経BP、2017年).

4. Peter F. Drucker, *The Practice of Management* (New York: Harper & Row, 1954)(P・F・ドラッカー『新訳　現代の経営(上・下)』上田惇生訳、ダイヤモンド社、1996年).

5. Robert Rodgers and John E. Hunter, "Impact of Management by Objectives on Organizational Productivity," *Journal of the American Psychological Association,* April 1991.

6. "Management by Objectives," *The Economist*, October 21, 2009.

7. Grove, *High Output Management.*

8. アンドリュー・S・グローブが1978年に行ったiOPECセミナーより。最近の例を挙げると、ラリー・ペイジは「積極的な内向型」人材である。

9. Tim Jackson, *Inside Intel: The Story of Andrew Grove and the Rise of the World's Most Powerful Chip Company* (New York: Dutton, 1997)(ティム・ジャクソン『インサイドインテル』渡辺了介・弓削徹訳、翔泳社、1997年).

10. *New York Times*, December 23, 1980.

11. *New York Times*, March 21, 2016.

12. *Time*, December 29, 1997.

第3章　クラッシュ作戦――インテルのケーススタディ

1. Tim Jackson, *Inside Intel: The Story of Andrew Grove and the Rise of the World's Most Powerful Chip Company* (New York: Dutton, 1997)(邦訳『インサイドインテル』).

2. "Intel Crush Oral History Panel," Computer History Museum, October 14, 2013.

第4章　OKRの威力①　優先事項にフォーカスし、コミットする

1. Andrew S. Grove, *High Output Management* (New York: Random House, 1983)(邦訳『HIGH OUTPUT MANAGEMENT』).

2. "Lessons from Bill Campbell, Silicon Valley's Secret Executive Coach." 2016年2月2日のランディ・コミサーとのポッドキャスト。https://soundcloud.com/venturedpodcast/bill_campbell.

3. Stacia Sherman Garr, "High-Impact Performance Management: Using Goals to Focus the 21st-Century Workforce," Bersin by Deloitte, December 2014.

4. Donald Sull and Rebecca Homkes, "Why Senior Managers Can't Name Their Firms' Top Priorities," London Business School, December 7, 2015.

5. Peter F. Drucker, *The Practice of Management* (New York: Harper & Row, 1954)(邦訳『新訳　現

原註

第1章　グーグル、OKRと出会う

1. Steven Levy, *In the Plex: How Google Thinks, Works, and Shapes Our Lives* (New York: Simon & Schuster, 2011)（スティーブン・レヴィ『グーグル　ネット覇者の真実――追われる立場から追う立場へ』仲達志・池村千秋訳、CCCメディアハウス、2011年）。「主要な結果」が、達成できたか否かの二者択一の場合もある（たとえば「新入社員向けマニュアルを完成する」など）。

2. Lisa D. Ordóñez, Maurice E. Schweitzer, Adam D. Galinsky, and Max H. Bazerman, "Goals Gone Wild: The Systematic Side Effects of Overprescribing Goal Setting," *Academy of Management Perspectives*, February 1, 2009.

3. 前掲論文。

4. Edwin Locke, "Toward a Theory of Task Motivation and Incentives," *Organizational Behavior and Human Performance*, May 1968.

5. "The Quantified Serf," *The Economist*, March 7, 2015.

6. Annamarie Mann and Jim Harter, "The Worldwide Employee Engagement Crisis," gallup.com, January 7, 2016. 世界全体では企業に積極的にかかわろうとしている従業員はわずか13%しかいない。またデロイトによると、改善傾向も見られない。エンゲージメントのレベルは10年前と比べてまったく上昇していない。

7. Dice Tech Salary Survey, 2014, http://marketing.dice.com/pdf/Dice_TechSalarySurvey_2015.pdf.

8. Annamarie Mann and Ryan Darby, "Should Managers Focus on Performance or Engagement?" *Gallup Business Journal*, August 5, 2014.

9. *Global Human Capital Trends 2014*, Deloitte University Press.

10. "Becoming Irresistible: A New Model for Employee Engagement," *Deloitte Review*, Issue 16, January 26, 2015.

11. Teresa Amabile and Steven Kramer, *The Progress Principle: Using Small Wins to Ignite Joy, Engagement, and Creativity at Work* (Boston: Harvard Business Review Press, 2011)（テレサ・アマビール、スティーブン・クレイマー『マネジャーの最も大切な仕事――95%の人が見過ごす「小さな進捗」の力』中竹竜二監訳、樋口武志訳、英治出版、2017年）.

12. Ordóñez, Schweitzer, Galinsky, and Bazerman, "Goals Gone Wild."

13. Levy, *In the Plex*.

14. Eric Schmidt and Jonathan Rosenberg, *How Google Works* (New York: Grand Central Publishing, 2014)（エリック・シュミット、ジョナサン・ローゼンバーグ、アラン・イーグル『How Google Works――私たちの働き方とマネジメント』土方奈美訳、日本経済新聞出版社、2017年）.

15. Levy, *In the Plex*.

16. Schmidt and Rosenberg, *How Google Works*.

著訳者略歴

ジョン・ドーア
John Doer

世界的ベンチャー・キャピタル、クライナー・パーキンスの会長。1980年にクライナー・パーキンス・コーフィールド・アンド・バイヤーズ（KPCB）に加わり、Amazon、Google、Twitter、ネットスケープなど数多くの世界的な成功企業に初期段階から投資。投資先が大企業へと成長を遂げるなかで、時価総額世界2位と3位の企業を生みだし、50万人以上の雇用創出にかかわってきた。クライナー・パーキンスでの職責以外では、公教育、気候変動、世界の貧困といった問題に関心を寄せる社会起業家と共に活動しており、オバマ財団およびONEの理事を務めている。

土方奈美
Nami Hijikata

翻訳家。1995年慶應義塾大学文学部卒業、日本経済新聞社入社。日本経済新聞、日経ビジネスなどの記者を務めたのち、2008年に独立。2012年モントレー国際大学院にて修士号（翻訳）取得。米国公認会計士、ファイナンシャル・プランナー。主な訳書に『How Google Works』『デジタル・ゴールド』『インテル 世界で最も重要な会社の産業史』『グーグル秘録』などがある。

Measure What Matters

［メジャー・ホワット・マターズ］

伝説のベンチャー投資家が
Googleに教えた成功手法
OKR

2018年10月15日　1版1刷
2021年9月6日　4刷

著者
ジョン・ドーア

序文
ラリー・ペイジ

訳者
土方奈美

発行者　白石　賢
発　行　日経BP
日本経済新聞出版本部
発　売　日経BPマーケティング
〒105-8308　東京都港区虎ノ門4-3-12

ブックデザイン
新井大輔

本文DTP
アーティザンカンパニー

印刷・製本
大日本印刷株式会社

ISBN978-4-532-32240-3　Printed in Japan